OEUVRES
COMPLÈTES
DE BERQUIN.

2

PARIS, IMPRIMERIE DE E. POCHARD,
RUE DU POT-DE-FER, N. 14.

Oh! pourrez-vous me pardonner ce vol, et mon indigne conduite!

OEUVRES
COMPLÈTES
DE BERQUIN

NOUVELLE ÉDITION

REVUE ET CORRIGÉE

PAR M. F. RAYMOND

AVEC UNE NOTICE SUR BERQUIN

PAR

M. BOUILLY

Auteur des *Conseils à ma Fille*, etc.

Ornée de quarante jolies Gravures.

AMI DES ENFANS.

TOME II.

PARIS
MASSON ET YONET, LIBRAIRES,
RUE HAUTEFEUILLE, N° 14.

1829

L'AMI DES ENFANS.

LA LEVRETTE
ET
LA BAGUE.

Drame en un acte.

ACTE PREMIER.

SCÈNE PREMIÈRE.

SÉRAPHINE, *seule*.

Ah! ma chère Diane! je ne saurais plus sans toi faire un seul point de broderie. C'était là, dans cette petite corbeille, que tu étais couchée à mon côté pendant mon travail. Quelle joie pour nous deux, lorsque tu te réveillais! Tu courais en secouant ton grelot, sous le sofa, sous les chaises et sous la table; puis tu sautais de fauteuil en fauteuil. Combien tu paraissais heureuse, quand je te prenais dans mon sein! comme tu me léchais les mains et les joues! comme tu me caressais! Oh! quel chagrin ce serait pour moi de ne plus te revoir! Ce n'est pas ma faute, c'est cet étourdi....

SCÈNE II.

SÉRAPHINE, EUSTACHE.

EUSTACHE, *qui a entendu les derniers mots.*
Je vois qu'il est question de moi.
SÉRAPHINE.
Et de qui serait-ce donc? Si tu ne t'étais pas obstiné à la prendre hier en sortant, elle ne serait pas perdue.
EUSTACHE.
Cela est vrai; et j'en souffre bien autant que toi. Mais que puis-je y faire à présent?
SÉRAPHINE.
Ne t'avais-je pas prié de me la laisser? Mais tu ne pouvais faire un pas sans l'avoir sur tes talons.
EUSTACHE.
J'en conviens. J'avais tant de plaisir lorsqu'elle m'accompagnait; quand je la voyais aller tantôt devant, tantôt derrière moi! Quelquefois elle s'échappait, comme si je la poursuivais; puis elle revenait de toutes ses jambes se jeter, en caracolant, dans les miennes.

SÉRAPHINE.

Tu devais donc y faire plus d'attention.

EUSTACHE.

Oui, je l'aurais dû. Mais, comme elle était accoutumée à s'éloigner et à revenir d'elle-même, sans que j'eusse besoin de l'appeler, je croyais....

SÉRAPHINE.

Tu croyais....? Tu ne doutes jamais de rien; et voilà pourquoi Diane est perdue.

EUSTACHE.

Une autre fois, ma sœur, je te promets...

SÉRAPHINE.

Oui, une autre fois, quand nous n'avons plus rien à perdre. Je n'ai pu dormir un quart d'heure tranquille de toute la nuit. Je n'ai fait que rêver à elle; il me semblait l'entendre m'appeler de loin, en jappant. Je courais du côté d'où paraissaient venir ses cris. Je me réveillais, et je me trouvais seule. Ah! je suis sûre qu'elle est aussi bien triste de son côté.

EUSTACHE.

Cela me fait doublement de la peine, ma petite sœur, en voyant tes regrets. Si je pouvais la ravoir pour tout ce que je possède!

SÉRAPHINE.

Tu m'affliges encore plus. Mais ne sais-tu pas au moins dans quel endroit tu l'as égarée? On pourrait s'informer chez toutes les personnes du quartier.

EUSTACHE.

Je parierais qu'elle m'a suivie jusque dans notre rue, et même tout près de la maison. Comme elle va furetant dans toutes les allées, il faut qu'on l'ait retenue en fermant la porte sur elle.

SÉRAPHINE.

Oui, je crois que cela est comme tu dis ; car elle serait revenue à son gîte. Elle en sait bien le chemin.

EUSTACHE.

Léon, qui était alors avec moi, m'a protesté qu'il l'avait vue un instant avant qu'elle ne se perdît. C'est lui qui en est cause. Il faisait de si drôles de polissonneries, que j'ai oublié un moment de prendre garde à Diane.

SÉRAPHINE.

Il aurait bien dû au moins t'aider à la chercher.

EUSTACHE.

C'est ce qu'il a fait aussi tout hier au soir, et encore aujourd'hui de bonne heure. Nous avons parcouru toutes les places et tous les carrefours : nous avons visité la halle et tous les marchés : nous sommes allés chez tous nos amis, chez tous les gens de notre connaissance ; nous n'en avons eu aucune nouvelle. Je n'ose te regarder, ma sœur. Tu dois être bien en colère contre moi.

SÉRAPHINE, *lui tendant la main.*

Je ne suis plus fâchée : ton intention n'était pas de me faire de la peine; et tu es toi-même si affligé ! Mais j'entends quelqu'un sur l'escalier. Vois qui c'est.

SCÈNE III.

SÉRAPHINE, EUSTACHE, LÉON.

LÉON, *ouvrant la porte.*

C'est moi, c'est moi, mon ami. Bonjour, mademoiselle Séraphine.

SÉRAPHINE.

Bonjour, M. Léon.

LÉON.

Je suis à la piste de Diane, et j'espère bientôt...

SÉRAPHINE.

Que dites-vous? la retrouver?

LÉON.

Écoutez un peu. Vous savez cette vieille qui est au coin de la rue, et qui vend du pain d'épice et des marrons?

SÉRAPHINE.

Comment! elle a ma chienne?

LÉON.

Non, non; c'est une honnête femme, et la meilleure de mes amies. Tu sais bien, Eustache, que Diane voulait aussi, l'autre jour, faire connaissance avec elle, en mettant les deux pattes de devant sur la table, et en flairant ses biscuits?

EUSTACHE.

Hélas! oui. Cette gentillesse ne lui réussit guère. Elle n'y gagna qu'un bon coup de gant fourré sur le museau.

SÉRAPHINE.

Laissons cela : achevez, achevez, M. Léon.

LÉON.

Eh bien ! tout à l'heure, en allant déjeûner à sa boutique, je lui ai raconté notre malheur. Quoi! m'a-t-elle dit, cette petite doguine?....

SÉRAPHINE.

Doguine, M. Léon ? n'appelez pas ainsi ma Diane ; j'aimerais mieux ne pas en entendre parler.

LÉON.

Je ne fais que vous rapporter ses paroles. Cette petite doguine, m'a-t-elle dit, qui appartient à ce joli petit monsieur qui est de vos amis ? Oui, lui ai-je répondu. Eh bien ! a-t-elle repris, vous connaissez un autre petit monsieur qui demeure là-bas à ce grand balcon ? C'est lui qui l'a détournée.

EUSTACHE.

Comment ! ce serait Rufin ?

LÉON.

Ne te souviens-tu pas qu'il était arrêté hier à la boutique de cette vieille lorsque nous passâmes, et qu'il ne fit pas semblant de nous voir, de peur d'être obligé de nous offrir de ses marrons ?

EUSTACHE.

Cela est vrai ; je me le rappelle à présent.

LÉON.

Eh bien ! lorsque nous fûmes éloignés de quelques pas, il appela Diane qui nous suivait, lui présenta un marron dans lequel il avait mordu ; et lorsque la pauvre bête ne songeait qu'à se régaler, il la saisit, la serra sous son bras, et l'emporta à sa maison. C'est la bonne femme qui m'a dit tout ce manége.

SÉRAPHINE.

Oh! le méchant! Mais enfin, nous savons où elle est. Mon frère, tu n'as qu'à y aller tout de suite.

LÉON.

Je crains bien qu'il ne l'y trouve plus. Rufin ne l'a prise que pour la vendre, comme il fait de ses livres et de tout ce qu'il peut attraper chez son père. Il est capable de tout. Nous avons joué l'autre jour à la paume, il a triché.

EUSTACHE.

Que me dis-tu? J'y cours à l'instant.

LÉON.

Tu ne le trouveras pas chez lui. J'en viens : il était sorti.

SÉRAPHINE.

Il a peut-être fait dire qu'il n'y était pas.

LÉON.

Non; j'ai parcouru toute la maison. J'ai dit à une servante que j'étais venu proposer à son maître une revanche qu'il me doit à la paume, et que j'allais l'attendre chez vous.

SÉRAPHINE.

Il n'osera jamais se présenter devant nos yeux, s'il est vrai qu'il ait pris Diane.

LÉON.

Oh! vous ne connaissez pas son effronterie. Il y

viendra tout exprès pour détourner les soupçons ; mais je vais vous le démasquer.

SÉRAPHINE.

Il faut agir avec prudence, et le questionner adroitement pour lui faire avouer son secret.

LÉON.

Tenez, toute l'adresse est de lui faire voir, au premier mot, qu'il est un fripon et un voleur.

EUSTACHE.

Non, non, mon ami : cela ne servirait qu'à faire une querelle ; et mon papa ne veut pas qu'il y en ait dans sa maison. Des paroles de douceur seront peut-être plus propres à le toucher, que des reproches violens.

SÉRAPHINE.

Peut-être aussi ne sait-il pas que la petite chienne nous appartient ?

LEON.

Bon ! ne la voit-il pas tous les jours sortir avec votre frère ? Il a joué cent fois avec elle ; et il la dérobe aujourd'hui pour la vendre. Voilà bien de ses traits.

EUSTACHE.

Chut ! le voici.

SCÈNE IV.

SÉRAPHINE, EUSTACHE, LÉON, RUFIN.

RUFIN.

On m'a dit, Léon, que tu étais venu me demander pour une revanche à la paume : je suis prêt à te la donner. Ah! bonjour, Eustache. Votre serviteur très-humble, mademoiselle.

SÉRAPHINE.

Vous allez vous divertir. M. Rufin. Rien ne vous chagrine; et nous, nous restons ici à nous désoler.

RUFIN.

Quel est donc le sujet de votre peine?

SÉRAPHINE.

Notre petite levrette, que nous avons perdue.

RUFIN.

Ah! c'est bien dommage. Elle était gentille, gentille, vraiment. Le corps gris-de-cendre, la poitrine, les pattes et la queue blanches, avec de petites taches noires, par-ci, par-là. Elle vaut deux louis, comme un liard.

SÉRAPHINE.

Vous vous la remettez si bien! Ne pourriez-vous pas nous aider à la retrouver?

RUFIN.

Est-ce que je suis inspecteur des chiens? ou m'avez-vous donné le vôtre à garder.

EUSTACHE.

Ma sœur n'a pas voulu te fâcher, mon ami.

SÉRAPHINE.

Mon Dieu, non. Ce n'était qu'une petite question d'amitié. Vous demeurez dans notre voisinage. C'est ici tout près qu'elle s'est perdue; j'ai pensé que vous auriez pu nous en donner des nouvelles.

LÉON.

Certainement on ne pouvait pas mieux s'adresser.

RUFIN.

Que voulez-vous dire par-là, M. Léon?

LÉON.

Ce que vous devez entendre encore mieux que moi-même, quoique je sois pafaitement instruit.

RUFIN.

Si ce n'était par considération pour mademoiselle...

LÉON.

Rendez-lui grâce vous-même de ce que je ne vous châtie pas de votre impudence.

EUSTACHE, *écartant Léon.*

Doucement donc, mon ami, ou notre chienne est perdue.

SÉRAPHINE, *retenant Rufin.*

Si, comme vous le dites, vous avez quelque considération pour moi, M. Rufin, faites-moi la grâce de m'écouter attentivement, et de me répondre par un oui ou un non.

LÉON.

Et sans barguiner.

SÉRAPHINE.

N'avez-vous point notre levrette? ou ne savez-vous pas où elle est?

RUFIN, *déconcerté.*

Moi, moi! votre levrette!

LÉON.

Vous vous troublez? vous l'avez. Aussi bien, j'en sais toutes les circonstances. Vous l'avez prise en traître, en l'affriandant d'un marron.

RUFIN.

Qui vous a dit cela?

LÉON.

Qui vous a vu faire.

SÉRAPHINE.

Je vous le demande en grâce, M. Rufin, cela est-il vrai ou faux?

RUFIN.

Et quand j'aurais régalé votre chienne d'un marron, quand je l'aurais prise un moment pour la caresser, s'ensuit-il que je l'aie, ou que je sache ce qu'elle est devenue?

SÉRAPHINE.

Nous ne le disons pas non plus. Nous vous demandons seulement si vous ne savez pas où elle est dans ce moment-ci?

EUSTACHE.

Ou si, par espiéglerie, tu ne l'aurais pas gardée cette nuit chez toi, pour nous mettre un peu en peine, et nous causer ensuite le plus grand plaisir?

RUFIN.

Est-ce que vous prenez ma maison pour une auberge de chien?

LÉON.

Il faut être bien effronté!

RUFIN.

Ce n'est pas à vous que j'ai à faire. Soyez, tant qu'il vous plaira, l'avocat des levrettes; je n'ai rien à vous répondre.

LÉON.

Parce que je vous ai confondu.

SÉRAPHINE.

Doucement, M. Léon; il faut que vous vous soyez trompé. Je ne puis soupçonner M. Rufin de tant de bassesse, que s'il avait trouvé notre chienne, il voulût la garder.

EUSTACHE.

S'il avait perdu quelque chose, et que je pusse lui en donner des indices, je me ferais une joie de de les lui procurer. Ainsi, il ne doit pas s'offenser de nos questions.

RUFIN.

J'en suis très-offensé, et je vais m'en plaindre à votre père.

LÉON.

Venez plutôt chez la marchande de marrons qui vous accuse. Je vous y accompagne.

RUFIN.

C'est bon à vous d'en croire les caquets de femmes du peuple, et non à moi.

LÉON.

Les femmes du peuple ont des yeux et des oreilles; et tant qu'il s'agira d'honnêteté, je m'en rapporterai plutôt à elles qu'à vous.

RUFIN.

Je ne souffrirai pas cette insulte; et vous me la paierez. (*Il sort.*)

SCÈNE V.

SÉRAPHINE, EUSTACHE, LÉON.

LÉON.

Voilà un menteur bien impudent! Je gagerais ma tête qu'il a la chienne. N'avez-vous pas vu comme il avait l'air embarrassé, quand je lui ai dit positivement qu'il l'avait?

SÉRAPHINE.

Je ne puis le croire encore; ce serait aussi trop coquin.

LÉON.

Vous ne pouvez le croire, parce que vous avez une âme si belle! mais, de sa part, je crois toutes les noirceurs.

SÉRAPHINE.

Je conviendrai toujours qu'il est bien grossier de n'avoir pas répondu poliment à nos questions.

LÉON.

Si vous n'aviez pas été là, je l'aurais un peu secoué par les oreilles.

EUSTACHE.

Bon! il est plus grand que toi de toute la tête.

LÉON.

Quand il le serait deux fois plus; je parie qu'il est sans courage. N'avez-vous pas observé qu'il devenait plus impudent à mesure que nous étions plus polis, et qu'il prenait un ton plus honnête à mesure que je lui serrais le bouton? Mais je vais le suivre; et j'irai lui prendre Diane, en quelque endroit qu'il l'ait mise.

SÉRAPHINE.

Votre peine serait inutile, M. Léon. Encore une fois, je ne puis le croire. Nous demeurons trop près l'un de l'autre, pour qu'il ait pu espérer de cacher son vol.

EUSTACHE.

Pourvu qu'il n'aille pas la tuer, s'il l'a prise; de peur d'être convaincu de mensonge.

LÉON.

Il ne la tuera pas, mon ami; c'est pour la vendre qu'il l'a dérobée.

SÉRAPHINE.

O mon Dieu! quelle idée avez-vous donc de lui?

LÉON.

Celle que je dois avoir; et je vais vous en convaincre. (*Il sort.*)

SCÈNE VI.

SÉRAPHINE, EUSTACHE.

EUSTACHE.

Léon prend aussi trop vivement les choses: il fait une grande bataille du moindre différend. S'ils ont à se chamailler, je suis bien aise que ce ne soit pas ici.

SÉRAPHINE.

Nous aurions été joliment tancés par notre papa!

L'AMI DES ENFANS.

Léon a, je crois, un caractère officieux; mais je suis fâchée qu'il ait encore plus envie de se venger que de nous servir.

EUSTACHE.

Il ne demande qu'à se fourrer dans toutes les querelles, et il nous a fait plus de tort que de bien. S'il est vrai que Rufin ait dérobé Diane, il me l'aurait plutôt rendue pour de bonnes paroles que pour des menaces. Mais voici mon papa.

SCÈNE VII.

M. DE CALVIÈRES, SÉRAPHINE, EUSTACHE.

M. DE CALVIÈRES.

Qu'avez-vous donc fait à Rufin? Il est venu tout échauffé me trouver dans mon appartement. Il se plaint beaucoup de vous, et surtout de Léon. Il dit que vous l'accusez de vous avoir dérobé Diane. Est-ce qu'elle est perdue?

EUSTACHE.

Hélas! oui, mon papa. Je n'ai pas voulu vous le dire, parce que j'espérais à chaque instant la retrouver. C'est moi qui l'ai égarée hier au soir.

SÉRAPHINE.

Ah! vous ne sauriez imaginer combien je la regrette. J'ai pleuré toute la nuit de ne pas la sentir à mes côtés.

M. DE CALVIÈRES.

Heureusement, ce n'est qu'un chien. On fait tous

les jours, dans la vie, des pertes plus importantes. Il faut s'accoutumer de bonne heure à les soutenir. Mais, toi (*A Eustache.*), que n'y faisais-tu plus d'attention?

EUSTACHE.

Vous avez raison, mon papa; c'est ma faute. J'aurais dû la laisser à la maison, ou ne pas la perdre de vue, puisque je m'en chargeais. Cela me fait surtout de la peine par rapport à ma sœur, parce que Diane lui appartenait encore plus qu'à moi.

SÉRAPHINE.

Oh! je ne saurais en prendre de l'humeur contre mon frère. Je lui ai fait quelquefois de la peine sans le vouloir, et il me l'a pardonné.

M. DE CALVIÈRES.

Embrasse-moi, ma fille. J'aime à voir que tu sais supporter un malheur avec courage : mais j'aime bien plus encore à te voir, dans tes chagrins, sans aigreur contre celui qui te les cause.

SÉRAPHINE.

Mon pauvre frère est assez puni de sa négligence. Diane lui était aussi chère qu'à moi; elle faisait tous ses plaisirs. Il a encore de plus le regret de causer ma peine.

M. DE CALVIÈRES.

Conservez toujours ces sentimens l'un pour l'autre, mes chers enfans. Prenez-les pour tous vos semblables; ils sont aussi vos frères. Je connais des personnes qui, pour une pareille bagatelle, auraient chassé un honnête domestique de leur maison.

SÉRAPHINE.

Oh! que le ciel m'en préserve! Préférer un chien à un domestique; une créature sans raison, à une personne de notre espèce!

M. DE CALVIÈRES.

Pourquoi tous les hommes ne font-ils, comme toi, ma chère fille, cette différence? on n'en verrait pas qui aimeraient mieux laisser souffrir la faim ou le froid à un pauvre enfant, qu'à leur chien favori; qui pleurent sur une indisposition de leur épagneul, et qui voient, sans pitié, le sort d'un malheureux orphelin abandonné de toute la nature.

SÉRAPHINE.

Oh! mon papa!

M. DE CALVIÈRES.

En récompense du sentiment qui t'arrache ce soupir généreux, je te promets, ma fille, une chienne aussi jolie que celle que tu as perdue, si tu as le malheur de ne pas la retrouver.

SÉRAPHINE.

Non, mon papa, je vous en remercie. J'ai trop souffert de la perte de Diane. Si elle ne revient pas, je n'en veux plus d'autre. Je ne veux pas m'exposer davantage aux mêmes chagrins.

M. DE CALVIÈRES.

Tu vas trop loin, ma chère Séraphine. Nous devrions donc renoncer au plus doux plaisir de la vie, en craignant de nous choisir un ami, parce que la mort ou l'absence pourrait un jour nous en séparer? Si tu compares le plaisir que Diane, depuis qu'elle est née, t'a fait sentir par son attachement, avec le chagrin passager que te cause sa perte, tu verras que le premier excède de beaucoup le second. Rien n'est plus naturel que de prendre de l'attachement pour une charmante petite bête comme Diane ; et ce serait même, de ta part, un trait d'ingratitude...

SÉRAPHINE.

Oui, si je cessais de penser à elle, parce qu'elle n'est plus là pour me caresser.

M. DE CALVIÈRES.

Ce qui me console un peu dans ce malheur, c'est la force que tu dois en retirer pour en soutenir, s'il le faut, de plus grands. Tout ce que nous possédons sur la terre peut échapper de nos mains avec la même rapidité ; et il est sage de s'accoutumer de bonne heure aux privations les plus sensibles. Mais, pour en revenir à notre premier sujet, vous avez donc maltraité Rufin ?

SÉRAPHINE.

Ce n'est pas nous, mon papa : nous ne lui avons parlé qu'avec douceur. C'est Léon qui l'a poussé un peu vivement.

M. DE CALVIÈRES.

Et quelle a été sa réponse ?

EUSTACHE.

Il s'est assez mal défendu. Il a été même tout décontenancé à la première question.

SÉRAPHINE.

Mais vous, mon papa, croyez-vous qu'il pût être

assez effronté pour nier d'avoir pris ma levrette, s'il l'a effectivement dérobée ?

M. DE CALVIÈRES.

Je ne puis rien affirmer là-dessus; cependant ce trouble ne vient pas d'une conscience bien pure. Au reste, pour n'avoir rien à nous reprocher au sujet de Diane, il faut la réclamer dès demain dans les Annonces publiques.

EUSTACHE.

Mais, mon papa, si elle est réellement en son pouvoir, ce soin devient inutile.

M. DE CALVIÈRES.

Il peut ne pas l'être. Un chien demande à être nourri : et ce n'est pas un animal si petit et si tranquille, qu'on puisse le cacher aux yeux de tout le monde. Il se trouvera peut-être dans sa maison quelqu'un d'assez honnête pour nous en donner des nouvelles. Je ne veux faire aucune démarche auprès de son père; je connais trop sa grossièreté. D'ailleurs, il est piqué contre moi de ce que je vous ai défendu une liaison étroite avec son fils. Il faut attendre l'effet de nos réclamations.

SÉRAPHINE.

J'en espérerais quelque chose, si je pouvais promettre une récompense à celui qui me rapporterait la chienne.

M. DE CALVIÈRES.

C'est moi qui me charge de ce point. Viens, Eustache, je vais dans mon cabinet dresser le signalement de Diane; et tu le porteras au bureau des Petites-Affiches.

SÉRAPHINE.

Oh! quelle joie ce serait pour la pauvre petite bête et pour moi, de nous revoir.

Fin du premier acte.

ACTE II.

SCÈNE PREMIÈRE.

EUSTACHE, *entrant dans le salon en sautant de joie.*

Ma sœur! ma sœur!

SCÈNE II.

EUSTACHE, SÉRAPHINE, *accourant d'un autre côté.*

SÉRAPHINE.

Qu'est-ce donc? Te voilà bien joyeux! Est-ce que Diane est retrouvée?

EUSTACHE.

Diane? Oh! je suis bien plus heureux! Tiens, regarde ce que j'ai trouvé au coin de notre porte. (*Il lui donne un étui de bague.*)

SÉRAPHINE, *ouvrant l'étui.*

Oh! la belle bague! Mais la pierre du milieu, où est-elle?

EUSTACHE.

Elle s'était apparemment détachée. La voici dans un papier. Regarde ce diamant au grand jour. Vois comme il brille. Celui de mon papa n'est pas si gros.

SÉRAPHINE.

Je plains bien celui qui l'a perdu.

EUSTACHE.

C'est encore plus triste que de perdre une levrette.

SÉRAPHINE.

Oh! je ne sais pas. Ma petite Diane était si jolie! elle nous aimait tant! nous l'avions vue naître. Ah! quand je pense à la joie que nous avions de la voir profiter tous les jours, de lui faire des caresses, de recevoir les siennes! la plus belle bague à mon doigt ne m'aurait jamais donné tant de plaisir.

EUSTACHE.

Mais de cette bague tu pourrais acheter cent levrettes comme elle.

SÉRAPHINE.

Ce ne sera pas la mienne. Celui qui a perdu la bague en a d'autres, peut-être ; et moi, je n'avais que ma Diane. Je suis bien plus à plaindre que lui.

EUSTACHE.

Elle doit appartenir à un homme riche. Les pauvres n'ont pas de ces bijoux.

SÉRAPHINE.

Cependant si c'était un malheureux domestique qui l'eût perdue, en la portant au joaillier! si c'était le joaillier lui-même! Le diamant détaché me le fait craindre. Quel malheur ce serait pour ces honnêtes gens!

EUSTACHE.

Tu as raison. Tiens, me voilà à présent tout fâché

de ma trouvaille. Il faut aller consulter notre papa. Bon! le voici qui vient.

SCÈNE III.

M. DE CALVIÈRES, EUSTACHE, SÉRAPHINE.

M. DE CALVIÈRES.

Eh bien! l'article de ta chienne sera-t-il dans les Affiches de demain?

EUSTACHE.

Mon papa, je ne suis pas encore allé au bureau. Voyez ce qui m'a retenu; c'est une bague que j'ai trouvée. (*Il lui donne l'étui.*)

M. DE CALVIÈRES.

Voilà un superbe diamant!

EUSTACHE.

N'est-il pas vrai? il vaut bien la peine qu'on oublie un moment une petite chienne.

M. DE CALVIÈRES.

Oui, s'il t'appartenait. Est-ce que tu te proposes de le garder?

EUSTACHE.

Mais, si personne ne le réclame?

M. DE CALVIÈRES.

Quelqu'un te l'a-t-il vu ramasser?

EUSTACHE.

Non, mon papa.

SÉRAPHINE.

Pour moi, je n'aurais pas de repos avant de savoir à qui il appartient.

####### EUSTACHE.

Que le maître se montre, la bague ne restera pas sûrement entre mes mains. Fi donc! ce serait comme si je l'avais volée. Il faut rendre à chacun ce qui est à lui.

####### M. DE CALVIÈRES.

Tu ne seras peut-être pas alors si joyeux?

####### EUSTACHE.

Pourquoi donc, mon papa? Je vous avouerai que je n'ai d'abord pensé qu'à mon bonheur de trouver un si beau bijou : je le regardais déjà comme mon bien. Mais ma sœur m'a fait sentir quelle devait être la peine de celui qui l'a perdu. Je me réjouirai bien plus encore de finir son chagrin que de garder cette bague, qui me ferait rougir toutes les fois que j'y jetterais les yeux.

####### SÉRAPHINE.

Il y a tant de plaisir à soulager ceux qui souffrent! Ainsi, je ne puis me figurer que Rufin ou quelque autre soit assez méchant pour retenir ma Diane, quand il saura combien je la regrette.

####### M. DE CALVIÈRES, *les embrassant.*

Ames pures et innocentes! ô mes enfans! combien je me réjouis d'être votre père! Nourrissez et fortifiez tous les jours dans vos cœurs ces sentimens généreux. Ils feront votre bonheur et celui de vos semblables.

####### SÉRAPHINE.

Vous nous en donnez l'exemple, mon papa : comment pourrions-nous sentir différemment?

EUSTACHE.

Oh! je vais montrer ma trouvaille à tout le monde; et je cours faire annoncer tout à la fois dans les Affiches, que nous avons perdu une levrette, et trouvé une bague.

M. DE CALVIÈRES.

Doucement, mon fils; il y a des précautions à prendre. Il pourrait se trouver des gens qui voulussent s'approprier la bague, sans qu'elle leur appartînt.

SÉRAPHINE.

Oh! je serais aussi fine qu'eux. Je leur demanderais d'abord comment elle est faite; et je ne la rendrais qu'à celui qui me le dirait bien exactement.

M. DE CALVIÈRES.

Ce moyen n'est pas encore trop sûr. On peut l'avoir vue au doigt de celui qui l'a perdue, et venir ici, avant lui, la réclamer.

SÉRAPHINE.

Je vois que vous en savez plus que nous, mon papa.

M. DE CALVIÈRES.

L'objet est d'un assez grand prix pour qu'on fasse toutes les recherches propres à le faire retrouver. Ainsi, il faut attendre.

EUSTACHE.

Et si l'on ne songe pas à ce moyen?

SÉRAPHINE.

Nous y avons pensé pour Diane, on s'en avisera bien pour un diamant.

M. DE CALVIÈRES.

En attendant, je le garde entre mes mains; et vous, gardez-vous d'en parler à personne au monde.

SCÈNE IV.

EUSTACHE, SÉRAPHINE.

EUSTACHE.

C'est pourtant bien triste de ne pouvoir parler, lorsqu'on a des choses agréables à dire. J'aurais eu tant de plaisir de montrer ma bague à tous les passans!

SÉRAPHINE.

Et pourquoi donc, puisque tu ne peux ni ne veux la garder? Il n'y a pas grand mérite à trouver au pied d'une borne quelque chose de précieux.

EUSTACHE.

Cela est vrai; mais ce que je te dis est bien vrai aussi.

SÉRAPHINE.

On reproche aux femmes de ne savoir pas se taire..... Voyons qui de nous deux sera le plus discret.

EUSTACHE.

De peur que mon secret ne cherche à s'échapper, je vais ne m'occuper que de Diane, et je cours au bureau des Affiches donner son portrait.

SÉRAPHINE.

Va, va, mon frère, et ne perds pas un moment. Mais que nous veut Léon?

SCÈNE V.

SÉRAPHINE, EUSTACHE, LÉON.

LÉON, *à Eustache qui veut sortir.*

Où vas-tu donc, mon ami?

EUSTACHE.

J'ai des affaires très-pressées.

LÉON.

Oh! avant de t'en aller, il faut que tu écoutes une histoire que j'ai à te faire. C'est à mourir de rire. (*Il rit.*) Ha ha ha ha!

EUSTACHE.

Je n'ai pas le temps de m'égayer.

LÉON, *le retenant.*

Oh! tu t'égaieras malgré toi. Écoute, écoute seulement. Nous sommes bien vengés.

SÉRAPHINE.

Vengés! Et de qui?

LÉON.

De Rufin. Il a perdu la bague de son père. (*Il rit.*) Ha ha ha ha! (*Eustache et Séraphine se regardent d'un air de surprise.*)

SÉRAPHINE.

La bague de son père?

LÉON.

Oui, vous dis-je. Il la lui avait donnée ce matin à porter au joaillier, pour remettre le diamant du milieu qui s'était détaché. (*Eustache pousse du coude Séraphine. Elle lui fait signe de se taire.*) Il l'avait encore lorsqu'il est venu ici. Mais, comme il s'en est allé en trépignant de colère, l'étui de la bague sera tombé de sa poche dans ces mouvemens.

SÉRAPHINE.

Et l'avez-vous vu depuis sa perte? Quel air a-t-il?

LÉON.

L'air d'un déterré.

EUSTACHE.

Ah! ma sœur!

SÉRAPHINE, *lui imposant silence.*

Écoute donc jusqu'au bout, mon frère. (*A Léon.*) Son père en est-il instruit?

LÉON.

Il s'est jeté dans un nouvel embarras par un gros mensonge. Lorsque son père lui a demandé s'il avait remis la bague au joaillier, il lui a répondu, effrontément qu'il l'avait remise.

SÉRAPHINE.

Le pauvre malheureux!

LÉON.

Vous le plaignez, je crois?

EUSTACHE.

Ah! il est bien digne de pitié!

LÉON.

De pitié? J'aurais voulu que vous vissiez comme je me moquais de lui.

SÉRAPHINE.

Que trouviez-vous donc là de plaisant?

LÉON.

Comment! vous ne le sentez pas? Il fallait le voir courir de boutique en boutique pour avoir des nouvelles de sa bague, et s'accrocher à tous les passans. Je le suivais, pour jouir de son embarras. Il revenait à moi : Ne l'as-tu pas trouvée? n'en as-tu rien entendu dire? Que m'importe? lui répondais-je. Est-ce que je suis le gardien de vos bagues? — Si tu savais combien elle vaut? — Tant mieux pour celui qui l'a trouvée. — Et mon père, que dira-t-il? C'est d'un bâton qu'il vous parlera.

SÉRAPHINE.

Fi, M. Léon! c'est bien cruel de votre part.

LÉON.

Il n'a pas eu plus de compassion pour vous.

EUSTACHE.

Est-ce qu'il faut être méchant, même avec ceux qui le sont?

LÉON.

Oh! la vengeance est douce, et je ne sais pas m'attendrir pour ceux qui m'ont offensé. Si j'avais eu le bonheur de trouver sa bague, il ne l'aurait pas de si tôt.

SÉRAPHINE.

Est-ce que vous la garderiez pour vous?

LÉON.

Oh! non; mais je ne la rendrais que lorsque son père l'aurait bien rossé.

EUSTACHE.

Je ne t'aurais jamais cru si méchant, Léon.

SÉRAPHINE.

Et moi, je ne puis le croire, quoique je l'entende de sa propre bouche. Vous vous intéressiez si vivement pour ma pauvre levrette! Ce n'était donc pas sincère!

LÉON.

C'était du fond de mon cœur. Ceux que j'aime, je les aime bien; mais, en revanche, je hais bien ceux que je hais.

SCÈNE VI.

SÉRAPHINE, EUSTACHE, LÉON, RUFIN.

LÉON.

Ah! le voici. (*Il rit en le montrant au doigt.*) Ah ah ah ah!

RUFIN, *pleurant*.

Ah! pour l'amour de Dieu, pardonnez-moi. Je suis le plus méchant, mais aussi le plus malheureux enfant de la terre. Me voilà puni, et bien puni de...

LÉON.

Avez-vous fait des placards pour afficher votre bague?

RUFIN.

Je n'ose plus paraître devant mon père, et je ne sais où me cacher.

LÉON.

Je gagerais que la bague est allée s'enfiler à la queue de Diane. Nous les trouverons toutes deux à la fois.

RUFIN.

J'ai mérité vos moqueries; mais par pitié....

EUSTACHE.

Tranquillisez-vous, M. Rufin; votre bague est ici.

RUFIN, *étonné.*

Vous l'avez? vous? ma bague? (*Lui sautant au cou.*) Ah! mon ami, tu me rends la vie.

LÉON, *bas à Séraphine.*

Il se moque de lui. C'est bien fait.

RUFIN.

Mais, c'est-il bien vrai? Oh! je veux à genoux... Mais, non... il faut que vous sachiez auparavant toute ma méchanceté. (*Il sort.*)

SCÈNE VII.

SÉRAPHINE, EUSTACHE, LÉON.

SÉRAPHINE.

Que veut dire cela? il s'échappe.

EUSTACHE.

Je crains que le pauvre garçon n'ait perdu l'esprit.

LÉON.

C'est pourtant un badinage qui peut te coûter cher. S'il va trouver son père, et que celui-ci vienne te demander la bague?

EUSTACHE.

Crois-tu donc que je veuille la retenir?

LÉON.

Réellement, est-ce que tu l'aurais?

EUSTACHE.

Certainement, je l'ai; autrement je ne l'aurais pas dit. Je l'ai ramassée au coin de notre porte.

LÉON.

Oh! tu es trop bon, en vérité. Il ne mérite pas tant de bonheur. Tu aurais dû au moins le laisser plus long-temps en peine.

SÉRAPHINE.

Comment, M. Léon, l'exemple de mon frère ne vous touche pas? Savez-vous bien que vous perdrez beaucoup aujourd'hui de son amitié et de la mienne?

SCÈNE VIII.

M. DE CALVIÈRES, SÉRAPHINE, EUSTACHE, LÉON.

M. DE CALVIÈRES.

Que voulait donc Rufin? Je l'ai vu, de ma fenêtre, entrer ici tout éploré.

SÉRAPHINE.

Le pauvre garçon était à demi mort.

EUSTACHE.

C'est lui qui a perdu la bague que j'ai trouvée : elle est à son père.

M. DE CALVIÈRES.

Lui avez-vous fait sentir l'indignité de sa conduite envers vous?

LÉON.

Eh! mon Dieu, non, monsieur! Il n'a pas été seulement question de Diane. J'aurais du moins exigé qu'il me la fît retrouver. Il n'aurait pas eu sa bague sans cela.

EUSTACHE.

Ah! mon cher papa! je n'ai pu prendre cela sur mon cœur. Je voyais Rufin si affligé!

SÉRAPHINE.

Quoique j'aime bien Diane, il m'aurait été impossible de m'en occuper dans ce moment. Je ne sentais que la douleur de ce pauvre malheureux.

M. DE CALVIÈRES.

Vous vous êtes noblement comportés l'un et l'autre. Vous êtes, mes chers enfans, mes bons amis, toute ma joie et tout mon bonheur. Il n'y a que des âmes basses qui puissent insulter au désespoir d'un ennemi accablé. Mais où est donc Rufin? pourquoi n'a-t-il pas demandé la bague en s'en allant?

EUSTACHE.

Il était si transporté de joie! Il ne savait ce qu'il faisait.

SÉRAPHINE.

Il a couru vers la porte, et s'en est allé comme un fou.

EUSTACHE.

O mon papa! si vous saviez combien je me réjouis de vous voir approuver ma conduite et celle de ma sœur!

M. DE CALVIÈRES.

Pourrais-tu me croire insensible à une action généreuse?

EUSTACHE.

C'est que vous m'aviez défendu....

M. DE CALVIÈRES.

Je t'avais défendu de parler de la bague indiscrètement; mais je ne t'avais pas dit de la retenir, lorsque celui à qui elle appartient se serait fait connaître.

SCÈNE IX.

M. DE CALVIÈRES, SÉRAPHINE, EUSTACHE, LÉON, RUFIN, *qui porte la levrette sous son bras.*

SÉRAPHINE, *avec un crie de joie.*

Ah! Diane; ma chère Diane! (*Elle court à elle, la prend sur son sein, et la caresse.*)

RUFIN.

Vous voyez combien j'étais coupable, et combien peu je méritais votre générosité. Oh! pourrez-vous me pardonner ce vol, et mon indigne conduite?

(*Apercevant M. de Calvières.*) Ah! monsieur, quel monstre vous avez devant les yeux.

M. DE CALVIÈRES.

On cesse de l'être lorsqu'on reconnaît ses fautes, et qu'on cherche, comme vous faites, à les réparer. Voici la bague de monsieur votre père.

RUFIN.

Je meurs de honte d'avoir offensé de si braves enfans. Quelle différence entre eux et moi! Combien je suis méchant! et comme ils sont généreux!

SÉRAPHINE.

Ce n'est qu'une petite espièglerie de votre part, M. Rufin; et vous n'auriez pas laissé passer la journée sans me rendre Diane?

RUFIN.

Vous pensez trop bien sur mon compte. Je l'avais cachée dans un grenier, et...

M. DE CALVIÈRES.

Nous ne voulons pas en savoir davantage. C'est assez que vous ayez des remords de ce que vous avez fait. Vous voyez, par vous-même, que les mauvaises actions nous font des ennemis de Dieu et des hommes, et qu'elles sont tôt ou tard découvertes. J'ose aussi vous proposer pour modèle la conduite de mes enfans. Ô généreuses petites créatures! que j'ai de grâces à rendre à Dieu du présent qu'il m'a fait en vous! Vous voyez que la plus noble et la plus sûre vengeance est celle des bienfaits, et qu'il n'est rien de si digne d'un grand cœur que de répondre à la méchanceté par de bons offices.

RUFIN.

Ah! je le sens moi-même; et c'est avec une vive et amère douleur.... (*A Eustache et à Séraphine.*) Me pardonnerez-vous jamais?

EUSTACHE, *l'embrassant*.

Dès ce moment, et de toute mon âme.

SÉRAPHINE, *lui tendant la main*.

J'ai retrouvé ma Diane; tout est oublié.

RUFIN, *à Léon*.

Voilà un exemple dont nous serions indignes, si nous ne le suivions pas.

LÉON.

Oh! j'en suis aussi confus que vous; et cette leçon ne sera pas perdue pour moi.

RUFIN.

Je viens d'avouer tout à mon père. Autant il était indigné contre moi, autant il a été touché de votre générosité. Il demande la permission de venir vous remercier dans une heure, et de vous apporter un gage léger de sa reconnaissance.

M. DE CALVIÈRES.

Non, non, qu'il garde ses présens. Mes enfans, pour faire le bien, n'attendent de récompense que d'eux-mêmes. D'ailleurs, rendre à chacun ce qui lui appartient est un devoir rigoureux, et rien de plus.

EUSTACHE.

Combien il est doux de remplir ce devoir! Je me suis fait un ami pour la vie; n'est-il pas vrai, Rufin?

RUFIN.

Si je pouvais répondre à cet honneur ! Je vais du moins faire tout ce qui sera en mon pouvoir pour m'en rendre digne.

LÉON.

Ne me rejetez pas de votre amitié. Je n'étais pas meilleur que Rufin; mais je viens de sentir combien la vengeance peut devenir une noble passion.

SÉRAPHINE, *caressant sa lévrette.*

Ah ! petite volage ! cela t'apprendra une autre fois à t'écarter de tes maîtres. Tu as passé une nuit en prison. Avise-t'en encore, pour voir.... Eh bien qu'en arriverait-il? Non, non, quoi que tu fasses, je sens bien que je t'aimerai toujours.

JACQUOT.

Monsieur de Cursol revenait un jour à cheval d'une promenade dans ses terres. Comme il passait le long des murs du cimetière d'un petit village, il entendit des gémissemens qui partaient de son enceinte. Ce digne gentilhomme avait un cœur trop compatissant, pour hésiter de voler au secours du malheureux qu'il entendait ainsi gémir. Il mit pied à terre, donna son cheval à garder au domestique qui le suivait, et franchit, d'un saut, les marches du cimetière. Il s'éleva sur le bout de ses pieds, tourna les yeux de toutes parts; enfin il aperçut à l'extrémité, dans un coin, une fosse recouverte de terre encore toute fraîche. Sur cette fosse était étendu un enfant d'environ cinq ans qui pleurait. M. de Cursot s'approcha de lui d'un air d'amitié, et lui dit :

Que fais-tu là, mon petit ami ?

L'ENFANT.

J'appelle ma mère. Hier on l'a couché ici, et elle ne se lève pas.

M. DE CURSOL.

C'est apparemment qu'elle est morte, mon pauvre enfant.

L'ENFANT.

Oui, on dit qu'elle est morte ; mais je ne peux pas le croire. Elle se portait si bien l'autre jour, quand elle me laissa chez notre voisine Suzon ! elle me dit qu'elle allait revenir, et elle ne revint pas. Mon père s'en est allé, mon petit frère aussi ; et les autres enfans du village ne veulent plus de moi.

M. DE CURSOL.

Ils ne veulent plus de toi ? Et pourquoi donc ?

L'ENFANT.

Je n'en sais rien ; mais, lorsque je veux aller avec eux, ils me chassent et me laissent tout seul. Ils disent aussi de vilaines choses sur mon père et sur ma mère. C'est ce qui me fait le plus de peine. O ma mère ! lève-toi, lève-toi.

Les larmes roulaient dans les yeux de M. de Cursol.

Tu dis que ton père s'en est allé et ton frère aussi ? Où sont-ils donc ?

L'ENFANT.

Je ne sais pas où est mon père ; et mon petit frère est parti hier pour un autre village. Il vint un monsieur tout noir comme notre curé, qui l'emmena avec lui.

M. DE CURSOL.

Et où demeures-tu à présent ?

L'ENFANT.

Chez la voisine Suzon. J'y serai jusqu'à ce que ma mère revienne, comme elle me l'a promis. Je l'aime bien, mon autre mère Suzon ; mais (*en mon-*

trant la fosse), j'aime encore plus ma mère qui est là. Ma mère, ma mère! pourquoi es-tu si long-temps couchée? Quand est-ce que tu te lèveras?

M. DE CURSOL.

Mon pauvre enfant, tu as beau l'appeler, tu ne la réveilleras jamais.

L'ENFANT.

Eh bien! je veux coucher ici, et dormir auprès d'elle. Ah! je l'ai vue, lorsqu'on l'a portée dans un grand coffre. Comme elle était pâle! comme elle était froide! Je veux coucher ici, et dormir auprès d'elle.

M. de Cursol ne put retenir plus long-temps ses larmes. Il se pencha vers l'enfant, le prit dans ses bras, l'embrassa avec tendresse, et lui dit :

Comment t'appelles-tu, mon cher ami?

L'ENFANT.

On m'appelle Jacquot quand je suis bien sage, et Jacques quand je suis méchant.

M. de Cursol sourit au milieu de ses larmes.

Veux-tu me conduire chez Suzon?

JACQUOT.

Oh! oui, oui, mon beau monsieur.

Jacquot se mit à courir devant M. de Cursol aussi vite que ses petits pieds pouvaient le lui permettre, et il le conduisit à la porte de Suzon.

Suzon n'eut pas une médiocre surprise, lorsqu'elle vit notre gentilhomme entrer dans sa chaumière et le petit Jacquot, qui, la montrant du doigt, et courant cacher sa tête entre ses genoux, dit : La voilà; c'est mon autre mère. Elle ne savait que penser d'une visite si extraordinaire. M. de Cursol ne la laissa pas long-temps dans son incertitude. Il lui peignit la situation dans laquelle il avait trouvé le petit garçon, lui exprima la pitié qu'il lui avait inspirée, et la pria de vouloir bien l'instruire de tout ce qui regardait les parens de Jacquot.

Suzon lui présenta un siége auprès d'elle, et commença ainsi son récit.

Le père de cet enfant est un cordonnier qui demeure dans la maison voisine. C'est un homme honnête, sobre, laborieux, tout jeune encore, et fort bien bâti. Sa femme était d'une jolie figure, mais d'une mauvaise santé; du reste, très-diligente et très-économe. Ils étaient mariés depuis sept ans, vivaient fort bien ensemble; et ils auraient fait le couple le plus heureux, s'ils avaient été un peu mieux dans leurs affaires. Julien ne possédait que son métier; et Madeleine, qui était orpheline, n'avait apporté à son mari qu'un peu d'argent qu'elle avait gagné au service du bon curé d'une paroisse à trois lieues d'ici. Ce peu d'argent fut employé à acheter un lit, quelques ustensiles de ménage, et une petite provision de cuir pour travailler. Malgré leur pauvreté, ils trouvèrent le moyen de se soutenir pendant les premières années de leur mariage, à force de travail et d'économie. Mais il leur était venu des enfans : c'est là ce qui commença à les déranger. Encore auraient-ils pu se tirer de peine en redoublant de courage, s'il ne leur était arrivé des malheurs. La pauvre Madeleine, qui avait travaillé tous les jours de l'été dans les champs pour apporter le soir quelque argent à son mari, tomba malade de fatigue; et sa maladie dura tout l'automne et tout l'hiver.

Les remèdes étaient fort coûteux : d'un autre côté, l'ouvrage n'allait pas si bien, parce que les pratiques de Julien le quittaient peu à peu, craignant d'être mal servies dans une maison où il y avait une femme malade. Enfin, Madeleine se rétablit, mais non les affaires de son mari. Il fallut emprunter pour payer l'apothicaire et le médecin. Le travail de Julien n'allait plus du tout : il avait perdu toutes ses pratiques; et Madeleine ne trouvait pas de journées à gagner, parce que ses forces s'étaient affaiblies, et que personne ne voulait l'employer. De plus, le loyer de leur maison et la rente de l'argent qu'ils avaient emprunté, les écrasaient. Il leur fallut plus d'une fois endurer la faim; et ils se trouvaient bienheureux lorsqu'ils avaient un morceau de pain à donner à leurs enfans.

A ces mots, le petit Jacquot se retira dans un coin et se mit à soupirer.

Il arriva encore que l'homme impitoyable à qui appartenait leur maison, voyant qu'ils n'avaient pas été en état de payer les deux quartiers de l'hiver, menaça Julien de le faire arrêter. Ils le prièrent instamment de prendre patience jusqu'à la moisson, parce qu'alors ils pourraient gagner des journées à travailler dans les champs; mais ni leurs supplications, ni leurs larmes ne purent l'attendrir, quoiqu'il soit le plus riche de tout le voisinage. Ce fut avec bien de la peine qu'il leur accorda encore un mois de délai; mais il jura que, si au bout de ce temps, il n'était pas payé en entier, il ferait vendre leurs meubles, et mettre Julien en prison. On ne vit plus alors chez ces pauvres gens qu'une tristesse et une souffrance capables d'attendrir un rocher. Vous pouvez croire, monsieur, que mon cœur s'est serré bien souvent d'entendre ces bons voisins se lamenter, et de ne pouvoir les secourir. J'allai moi-même une fois chez leur créancier, et je le priai d'avoir compassion de leur misère. Je lui dis que j'engagerais, s'il le fallait, ma chaumière, qui était tout ce que je possédais; mais cela ne servit de rien. Tu es une misérable aussi bien qu'eux, me répondit-il; voilà ce que c'est que de loger de la canaille comme vous autres. Ah! monsieur (*Ici des larmes coulèrent sur les joues de Suzon*), j'endurai patiemment ce reproche, pour ne pas le fâcher encore davantage; mais que je souffrais de n'être qu'une pauvre veuve, et de ne pouvoir soulager en rien ces braves gens! Combien les riches pourraient faire de bien, s'ils en avaient la volonté comme les pauvres! Mais pour revenir à nos malheureux voisins, je conseillai à Madeleine d'aller se jeter aux pieds du curé chez qui elle avait servi quelques années, en digne et honnête fille, et de le prier de lui avancer quelque argent.

Elle me répondit qu'elle en parlerait à son mari;

mais qu'elle aurait bien de la peine à faire ce que je lui disais, parce que le curé pourrait croire qu'ils étaient tombés dans la misère par une mauvaise conduite. Il y a trois jours qu'elle m'amena comme elle avait coutume de le faire, ses deux enfans, et me pria de les garder jusqu'au soir. Elle voulait aller dans le village voisin, et voir si elle ne pourrait pas trouver chez le tisserand du chanvre à filer pour payer leur dette. Elle n'avait jamais pu prendre sur elle-même de se présenter chez le curé, son ancien maître; mais son mari devait y aller à sa place, et il s'était mis en route ce même jour. Je me chargeai avec plaisir des enfans que j'aimais beaucoup, les ayant vus naître. Madeleine, en partant, les serra contre son cœur, et les embrassa comme si elle les voyait pour la dernière fois. Je crois la voir encore! elle avait les yeux tout pleins de larmes, et elle dit à l'aîné : Ne pleure pas Jacquot; je vais être bientôt de retour, et je viendrai te chercher. Elle me tendit la main, me remercia de ce que je voulais bien garder ses enfans, les embrassa encore, et sortit.

Au bout de quelque temps, j'entendis un bruit sourd dans sa maison; mais, comme je la croyais partie, je pensai que c'était un fagot mal appuyé contre la muraille qui avait roulé à terre, et je ne m'en inquiétai pas. Cependant le soir vint, puis la nuit, et je ne voyais point reparaître ma voisine. Je voulus aller voir chez elle si elle n'y était pas entrée pour poser sa filasse, avant de venir reprendrs ses enfans. Je trouvai la porte ouverte, et j'entrai. O mon Dieu! comme je fus frappée, en voyant Madeleine étendue roide morte au pied d'une échelle! Je demeurai moi-même immobile et froide comme une pierre. Je ne savais ce que je devais faire. Enfin, après avoir cherché inutilement à la soulever, je courus chez le chirurgien, qui vint, lui tâta le pouls en hochant le tête, et envoya tout de suite chercher le bailli. Les gens de justice et le chirurgien examinèrent comment elle pouvait s'être tuée; et on trouva qu'elle devait être morte sur le coup, ou que, n'ayant pu appeler pour avoir du secours, elle était expirée dans son évanouissement.

Je comprends bien comment cela aura pu arriver. Elle était rentrée chez elle pour aller prendre dans son grenier le sac dans lequel elle devait rapporter la filasse, et comme elle avait encore les yeux troubles de larmes, elle n'avait pas bien vu à poser son pied, en descendant, sur le plus haut bâton de l'échelle; et elle était tombée la tête la première sur le carreau. Son sac, qui était à côté d'elle, le disait assez. Cependant il vint d'autres idées au bailli; il ordonna qu'en enterrât le cadavre le lendemain au matin, avant le jour et sans cérémonie, à l'extrémité du cimetière; et il dit qu'il allait faire des informations pour savoir ce que Julien était devenu. Je lui offris de garder les deux enfans chez moi; car, bien que j'aie beaucoup de peine à vivre moi-même, je me disais : Le bon Dieu sait que je suis une pauvre veuve; et s'il met ces enfans à ma charge, il saura bien m'aider à les nourrir. Le petit frère de celui-ci n'y a pas resté long-temps. Hier même, quelques heures après que Madeleine eut été enterrée, le bon curé chez qui elle avait servi vint par hasard pour la voir. Il frappa quelque temps à sa porte ; et, comme personne n'ouvrait, il vint à ma fenêtre, et me demanda où était Julien le cordonnier, qui demeurait dans la maison d'à côté. Je lui répondis que, s'il voulait se donner la peine d'entrer un moment, j'aurais bien des choses à lui dire. Il entra et s'assit, tenez... là où vous êtes. Je lui racontai tout ce qui était arrivé. Il versa un torrent de larmes. Je lui dis ensuite que Julien avait eu la pensée d'avoir recours à lui dans l'embarras où il se trouvait. Il parut surpris, et il m'assura qu'il n'avait absolument pas vu Julien. Les deux enfans vinrent à lui : il les caressa beaucoup, et Jacquot lui demanda s'il ne pourrait pas réveiller sa mère qui dormait depuis si long-temps. Les larmes revinrent aux yeux du bon curé, en entendant ainsi parler cet enfant; et il me dit : Bonne femme, j'enverrai chercher demain ces deux petits garçons, et je les garderai avec moi. Si leur père revient, et qu'il soit en état de les élever, je les lui rendrai lorsqu'il me les demandera. En attendant, j'aurai soin de leur éducation. Cela ne me fit pas trop de plaisir. J'aime ces petits innocens comme une mère ; et il m'en aurait coûté de me les voir ôté si vite. M. le curé, lui répondis-je, le ne saurais consentir à me séparer de ces enfans : je suis accoutumée à eux, et ils sont accoutumés à moi. — Eh bien ! ma bonne femme, il faut que vous m'en donniez un, et moi je vous laisserai l'autre, puisqu'il doit se trouver si bien auprès de vous : je vous enverrai de temps en temps quelque chose pour son entretien. Je ne pouvais refuser cela au bon curé. Il demanda à Jacquot s'il ne serait pas bien aise d'aller avec lui. Là où est ma mère? répondit Jacquot; oh! oui, de bon cœur. — Non, mon petit ami, ce n'est pas là; c'est dans ma jolie maison, dans mon joli jardin. — Non, non, laissez-moi ici avec Suzon ; j'irai tous les jours voir ma mère : j'aime mieux aller là que dans votre joli jardin. Le bon curé ne voulut pas tourmenter davantage l'enfant qui était allé se cacher derrière les rideaux de mon lit. Il me dit qu'il allait faire emporter, par son valet, le plus jeune, qui m'aurait donné plus d'embarras que l'aîné : et il me laissa quelque argent pour celui-ci. Voilà, monsieur, tout ce que j'ai à vous apprendre des parens de Jacquot. Ce qui redouble aujourd'hui ma peine, c'est que Julien ne revient pas, et que les gens de justice font courir le bruit qu'il est allé se jeter dans une troupe de contrebandiers, et que sa femme s'est tuée de chagrin. Ces mensonges ont tellement couru tout le village, qu'il n'y a pas jusqu'aux enfans qui ne les aient dans la bouche; et lorsque mon Jacquot veut aller avec eux, ils le chassent et veulent le battre. Le pauvre enfant se désole, et il ne sort plus que pour aller sur la fosse de sa mère.

M. de Cursol avait écouté en silence, mais non

sans un profond attendrissement, le récit de Suzon. Jacquot était revenu auprès d'elle. Il la regardait avec amitié, et l'appelait de temps en temps sa mère. Enfin M. de Cursol dit à Suzon : Digne femme, vous vous êtes conduite bien généreusement envers cette malheureuse famille; Dieu n'oubliera pas de vous en récompenser.

SUZON.

Je n'ai fait que ce que je devais : nous ne sommes ici-bas que pour nous aider et nous secourir. Je pensais toujours que je ne pouvais rien faire de plus agréable aux regards de Dieu, pour tous les biens que j'en ai reçus, que de soulager de tout mon pouvoir mes pauvres voisins. Ah! si j'avais pu en faire davantage ! mais je ne possède rien au monde que ma cabane, un petit jardin où je cueille mes herbes, et ce que je puis gagner par le travail de mes mains. Cependant, depuis huit ans que je suis veuve, Dieu m'a toujours soutenue honnêtement, et j'espère qu'il me soutiendra le reste de mes jours.

M. DE CURSOL.

Mais si vous gardez cet enfant avec vous, la dépense de sa nourriture pourra vous gêner beaucoup, jusqu'à ce qu'il soit en état de gagner sa vie.

SUZON.

Je ferai en sorte qu'il y en ait toujours assez pour lui. Nous partagerons jusqu'à mon dernier morceau de pain.

M. DE CURSOL.

Et où prendrez-vous de quoi lui fournir des vêtemens?

SUZON.

J'en laisse le soin à celui qui revêt les prairies de gazon et les arbres de feuillage. Il m'a donné des doigts pour coudre et pour filer; je les ferai servir à habiller notre petit orphelin. Quand on sait prier et travailler, on ne manque jamais.

M. DE CURSOL.

Vous êtes donc bien décidée à garder Jacquot avec vous?

SUZON.

Toujours, monsieur. Je ne saurais vivre avec la pensée de renvoyer ce petit orphelin, ou de le renfermer dans une maison de charité.

M. DE CURSOL.

Vous êtes apparemment alliée à sa famille?

SUZON.

Nous ne sommes alliés que par le voisinage et par la religion.

M. DE CURSOL.

Et moi je vous suis allié à l'un et à l'autre par la religion et par l'humanité. Ainsi je ne souffrirai point que vous ayez seule tout l'honneur de faire du bien à ce petit orphelin, quand Dieu m'en a fourni plus de moyens qu'à vous. Confiez à mes soins l'éducation de Jacquot; et puisque vous êtes si bien accoutumés l'un à l'autre, et que vous méritez vous-même, par votre bienfaisance, tout ce que son attachement pour sa mère a su m'inspirer en sa faveur, je vous prendrai tous les deux dans mon château; et j'aurai soin de votre sort : vendez votre jardin et votre chaumière, et venez auprès de moi. Vous y serez nourrie et logée pendant votre vie entière.

suzon, *le regardant avec des yeux attendris.*

Ne soyez point fâché contre moi, monsieur. Que Dieu vous récompense de toutes vos bontés! mais je ne puis accepter vos offres.

M. DE CURSOL.

Et pourquoi donc?

SUZON.

D'abord, c'est que je suis attachée aux lieux où je suis née : et puis il me serait impossible de me faire au tracas d'une grande maison, et à la vue de tous les gens qui la remplissent. Je ne suis pas accoutumée au repos, ni à une nourriture délicate; je tomberais malade si je n'avais rien à faire, ou si je mangeais de meilleures choses que de coutume. Laissez-moi donc dans ma chaumière avec mon petit Jacquot. Il ne lui en coûtera pas d'avoir une vie un peu dure. Cependant si vous voulez lui envoyer de temps en temps quelques secours pour payer ses mois d'école, et pour acheter les outils du métier qu'il prendra, le bon Dieu ne manquera pas de vous en payer au centuple : au moins Jacquot et moi nous l'en prierons tous les jours. Je n'ai point d'enfant : Jacquot sera le mien; et le peu que j'ai lui appartiendra, lorsqu'il plaira au Seigneur de m'appeler à lui.

M. DE CURSOL.

A la bonne heure. Je ne voudrais pas que mes bienfaits pussent vous chagriner. Je vous laisserai Jacquot, puisque vous êtes si bien ensemble. Parlez-lui souvent de moi, pour lui dire que j'ai pris la place de son père, pendant que vous prendrez aussi de votre côté les soins et le nom de la mère qui lui cause tant de regrets. Je vous enverrai chaque mois tout ce qui sera nécessaire à votre entretien : je viendrai souvent vous voir, et ma visite sera pour vous autant que pour lui.

Suzon leva les yeux vers le ciel, et attacha ses lèvres sur le pan de l'habit de M. de Cursol, puis elle dit à l'enfant : Viens, Jacquot, baise la main de ce monsieur, il veut être ton père.

Jacquot baisa la main de M. de Cursol; mais il dit à Suzon : Comment peut-il être mon père, il n'a pas de tablier devant lui ?

M. de Cursol sourit de la question naïve de Jacquot; et, jetant sa bourse sur la table : Adieu, brave Suzon, dit-il; adieu, mon petit ami, vous ne tarderez pas à me revoir. Il alla reprendre son cheval, et prit sa route vers la paroisse du curé qui avait emmené le plus jeune orphelin.

Il trouva le curé occupé à lire une lettre, sur laquelle il laissait tomber quelques larmes. Après les premières civilités, M. de Cursol exposa au digne pasteur le sujet de sa visite, et lui demanda s'il savait ce qu'était devenu le père des deux petits malheureux.

Monsieur, lui dit le curé, il n'y a pas un quart d'heure que j'ai reçu de lui cette lettre, écrite à sa femme. Il me l'a adressée avec ce paquet d'argent, pour lui remettre l'un et l'autre, et la consoler de son absence. Sa femme étant morte, j'ai ouvert la lettre : la voici; ayez la bonté de la lire. M. de Cursol prit la lettre avec empressement, et lut ce qui suit :

MA CHÈRE FEMME,

« Je ne puis penser, sans chagrin, que tu aies été dans la peine à cause de mon absence : mais laisse-moi te conter ce qui m'est arrivé. Comme j'étais en chemin pour me rendre chez M. le curé, voici ce qui me vint dans la pensée : Que me servira d'aller faire ainsi le mendiant? Je ne ferai que sortir d'une dette pour entrer dans une autre; et il ne me restera que l'inquiétude de savoir comment la payer. Moi, qui suis encore jeune, et qui sait travailler, aller demander tant d'argent! j'aurai l'air d'un débauché ou d'un paresseux.

M. le curé a fait notre mariage; il nous aime comme ses enfans : mais s'il allait me refuser par mépris, ou qu'il fût hors d'état de nous secourir! Et puis, quand il m'avancerait la somme pour un an, serais-je bien sûr de pouvoir la lui rendre? Et si je ne la lui rends pas, ne serais-je pas alors comme un voleur? je l'aurais trompé. Voilà ce que je me disais, ma chère Madeleine; et je pensai ensuite comment je pourrais nous tirer de peine, toi et moi, d'une manière plus honnête. Je ne savais quel parti prendre. Je poussais bien des soupirs vers Dieu. Enfin, il me vint tout-à-coup dans l'esprit : Tu es encore jeune, tu es grand et robuste ; quel mal y aurait-il de te faire soldat pour quelques années ? Tu sais lire, écrire et compter joliment ; tu peux encore faire la fortune de ta femme et de tes enfans ; tu peux au moins te débarrasser de tes dettes. Pense que si tu es rangé, et que tu amasses quelque chose, tu pourras l'envoyer à Madeleine. J'étais depuis une demi-heure dans ces pensées, lorsque je vis de loin venir derrière moi deux soldats. Ils m'eurent bientôt joint. Ils me demandèrent d'où je venais, où j'allais, et si je ne serais pas bien aise de servir le roi. Je fis d'abord comme si je n'avais pas eu de goût pour le métier. Ils me tourmentèrent encore, et me promirent un bon engagement de cinquante écus. Je leur dis qu'à ce prix je pourrais bien m'enrôler pour six ans. Tope, me dirent-ils. Allons, viens avec nous, l'affaire sera bientôt bâclée. Ils m'amenèrent devant un officier. Il me demanda si je savais lire, écrire et compter ; et quand je lui eus répondu que oui, il me fit aussitôt délivrer mon argent ; et de cette façon, ma chère Madeleine, me voilà soldat pour sortir d'embarras. Je t'envoie les cinquante écus. Je n'en ai rien voulu garder. Paye tout de suite les trente écus que je dois, et six francs d'intérêt. Avec le reste, tiens ton ménage le mieux que tu pourras. Nourris-toi bien pour faire revenir tes forces. Habille nos enfans, et envoie-les bientôt à l'école. Je sais que tu es adroite et diligente ; mais avec tout cela, tu ne saurais aller bien loin. Patience ! j'aurai une paie de cinq sous par jour. Je vais voir si je ne pourrai pas épargner sur chaque journée un ou deux sous pour te les envoyer au bout du mois. Je demanderai dans quelque temps un congé pour t'aller voir. Ma chère Madeleine, ne t'afflige pas. Confie-toi à Dieu ; six ans sont bientôt passés. Je reviendrai alors à toi, et nous pourrons recommencer à tenir ensemble notre ménage. Mon officier m'a promis d'écrire au bailli pour me faire conserver mon droit de communauté. Élève bien nos enfans ; retiens-les à la maison, et fais-leur aimer l'ouvrage. Prie tous les jours avec eux, et dis-leur bien des choses du bon Dieu, et d'être honnêtes gens. Tu es en état de les instruire comme il faut. Vis dans la crainte du Seigneur ; prie-le pour moi, et je le prierai pour toi. Réponds-moi promptement ; tu n'auras qu'à donner ta lettre au curé pour me la faire tenir. Embrasse pour moi nos deux enfans. Dis à Jacquot que, s'il est bien sage, je lui porterai quelque chose à mon retour. Dieu soit loué de toute chose ! Aime-moi toujours, et je resterai toujours ton fidèle mari. »

JULIEN.

Les yeux de M. de Cursol s'étaient remplis de larmes pendant la lecture de cette lettre. Lorsqu'il l'eut achevée : Voilà, s'écria-t-il, ce qu'on peut appeler un bon mari, un bon père et un honnête homme ! M. le curé, on doit avoir bien du plaisir à faire le bonheur de si braves gens. Je vais acheter le congé de Julien ; je paierai ses dettes, et je lui donnerai de quoi reprendre honnêtement son état. Ces cinquante écus resteront pour les enfans. Ils ont coûté cher à leur père ! ils seront partagés entre eux le jour qu'ils pourront s'établir. Gardez cet argent dans vos mains, et leur en parlez quelquefois, comme du plus vif témoignage de la tendresse paternelle. Je vous en paierai les intérêts pour les réunir au capital. Je veux entrer pour quelque chose dans ce dépôt sacré.

Le digne curé était trop oppressé pour être en état de répondre à M. de Cursol. Celui-ci entendit la force de son silence, lui serra la main et partit. Tous ses projets en faveur de Julien ont été exécutés. Julien rendu au repos, et jouissant d'une aisance qu'il n'avait jamais goûtée, serait le plus heureux des hommes, sans les regrets de la perte de Madeleine. Il ne trouve de soulagement qu'à s'en entretenir sans cesse avec Suzon. Cette digne femme se regarde comme sa sœur, et se croit la mère de ses enfans. Jacquot ne laissa jamais passer un seul jour sans aller sur la fosse de sa mère. Il a si bien profité des secours de M. de Cursol, que ce généreux gentilhomme a des vues pour lui former l'établissement le plus avantageux. Il a pris le même soin du plus jeune enfant de Julien ; et il ne monte jamais à cheval, sans se rappeler cette touchante aventure. Lorsqu'il lui survient quelque peine, il va voir les personnes qu'il a rendues heureuses, et il s'en retourne toujours chez lui soulagé de son chagrin.

LES BOTTES CROTTÉES.

Le jeune Constantin, fier de sa haute naissance, ne se contentait pas de mépriser, dans son opinion, toutes les personnes d'une condition inférieure, il se donnait quelquefois les airs de leur témoigner ouvertement ses mépris. Il voyait l'autre jour un domestique occupé à nettoyer les souliers de son père. Fi, lui dit-il en passant, le vilain métier! je ne voudrais pour rien au monde être décrotteur. Vous avez raison, monsieur, lui répondit Picard; aussi j'espère bien n'être jamais le vôtre.

Le temps avait été fort mauvais pendant toute la semaine : mais vers le midi le ciel s'éclaircit, et Constantin obtint de son papa la permission d'aller se promener à cheval; ce qui lui fit d'autant plus de plaisir, que sa cavalcade avait été interrompue la veille par une pluie affreuse, en sorte que ses bottes n'avaient pas encore eu le temps de sécher.

Transporté de joie, il descendit précipitamment à la cuisine, en criant d'un ton impérieux : Picard, je vais monter à cheval, cours nettoyer mes bottes. Eh bien! m'obéis-tu? Picard ne fit pas semblant de l'entendre, et continua tranquillement son déjeûner. Constantin eut beau s'emporter contre lui, et l'accabler des injures les plus grossières, Picard se contenta de lui répondre d'un grand sang-froid : Je vous ai déjà dit, monsieur, que j'espérais bien n'être jamais votre décrotteur.

Constantin, voyant qu'il n'en pouvait rien obtenir malgré ses menaces, retourna plein de rage vers son papa, lui porter des plaintes de cette désobéissance. M. de Marsan, qui ne pouvait comprendre pourquoi son domestique refusait de remplir des fonctions comprises dans son emploi, et dont il s'acquittait tous les jours sans attendre de nouveaux ordres, fit appeler Picard, qui lui raconta ce qui s'était passé entre Constantin et lui. Sa conduite fut approuvée de M. de Marsan, et après avoir blâmé celle de son fils, il lui dit qu'il n'avait qu'à nettoyer ses bottes de ses propres mains, ou prendre le parti de rester à l'hôtel : il défendit en même temps à tous les domestiques de l'aider dans cette opération. Cela vous apprendra, monsieur, ajouta-t-il, combien il est cruel de ravaler des services utiles à notre bien-être, dont vous devriez adoucir la rigueur par un ton honnête et des égards généreux. Si cet état vous paraît vil, vous l'ennoblirez en l'exerçant aujourd'hui par vous-même.

Cette sentence convertit en un chagrin amer toute la joie que Constantin venait d'éprouver. Il aurait bien voulu monter à cheval; le temps était devenu si serein! Mais décrotter lui-même ses bottes! il ne pouvait s'y résoudre. D'un autre côté, son orgueil ne lui permettait pas de sortir avec des bottes crottées, pour être un objet de ridicule à tous les cavaliers qu'il trouverait sur son chemin. Il s'adressa successivement à tous les domestiques, dont il voulut corrompre, à prix d'argent, la fidélité; mais aucun n'osait enfreindre les ordres de son maître. Ainsi Constantin fut obligé de rester à la maison, jusqu'à ce que sa fierté se fût enfin abaissée à remplir les conditions qu'on avait exigées. Picard reprit de lui-même le lendemain ses fonctions ordinaires; et Constantin, après les avoir exercées, ne s'avisa plus de chercher à les avilir.

LES CAQUETS.

Aurélie, quoique d'un naturel assez doux, avait contracté un défaut bien cruel : c'était de rapporter publiquement tout ce qu'elle croyait remarquer de mauvais dans les autres. L'inexpérience de son âge lui faisait souvent interpréter d'une manière fâcheuse les actions les plus innocentes. Un seul mot, une apparence légère, lui suffisaient pour former d'injustes soupçons; et à peine venaient-ils de s'établir dans son esprit, qu'elle courait les répandre comme des faits avérés : elle y ajoutait même quelquefois les circonstances que lui avait prêtées son imagination, pour se rendre la chose vraisemblable à elle-même. Vous devez penser aisément combien de maux furent produits par ses récits indiscrets. D'abord toutes les familles de son quartier furent brouillées ensemble. La division se répandit ensuite dans chacune d'elles en particulier. Les maris et les femmes, les frères et les sœurs, les maîtres et les domestiques étaient dans un état de guerre continuel. La confiance était soudain bannie des sociétés où la petite fille entrait avec sa mère. On n'osait plus se permettre devant elle le moindre épanchement. Les personnes d'un caractère faible tremblaient en sa présence, et n'en étaient pas plus disposées à l'aimer. Celles qui avaient plus de fermeté dans l'esprit lui adressaient des reproches terribles. On en vint bientôt à lui fermer toutes les maisons de la ville, comme à une malheureuse créature atteinte de la peste. Mais ni la haine, ni les humiliations ne pouvaient la corriger d'un défaut dont l'habitude s'était déjà profondément enracinée dans son cœur.

Cette gloire était réservée à Dorothée, sa cousine, la seule qui voulût encore recevoir ses visites, ou répondre à ses invitations, dans l'espérance de la ramener d'un penchant qui l'entraînait au malheur de sa vie entière.

Aurélie était allée un jour la voir, et avait passé une heure ou deux à lui raconter des histoires malignes de toutes les jeunes demoiselles de sa connaissance, malgré le dégoût que Dorothée témoignait à l'écouter.

Maintenant, ma chère petite cousine, lui dit-elle, lorsqu'elle eut fini, faute de respiration, fais-moi aussi des histoires à ton tour. Tu vois une compagnie assez ridicule pour être en fonds d'anecdotes plaisantes.

Ma chère Aurérie, lui répondit Dorothée, lorsque je vois mes amies, je me livre tout entière au plaisir de leur société, sans perdre ma joie à remarquer leurs défauts. J'en reconnais d'ailleurs un si grand nombre en moi-même, que je n'ai guère le temps de m'embarrasser de ceux des étrangers. Comme j'ai besoin de leur indulgence, je leur accorde toute la mienne. J'aime mieux fixer mon attention sur leurs bonnes qualités, afin de tâcher de les acquérir. Il me semble qu'il faut n'avoir rien à éclairer dans son propre cœur, pour porter le flambeau dans celui des autres. Je te félicite de cet état de perfection dont je suis malheureusement bien éloignée. Continue, ma chère cousine, ces nobles fonctions d'un censeur charitable, qui veut rappeler le genre humain à la vertu, en lui montrant la laideur du vice. Tu ne peux manquer de recueillir une bienveillance universelle pour des travaux si généreux.

Aurélie, qui se voyait devenir l'objet de la haine publique, sentit aisément les saillies piquantes de sa cousine. Elle commença dès ce moment à faire des réflexions sérieuses sur le danger de ses indiscrétions. Elle frémit d'horreur sur elle-même, en retraçant devant ses yeux tous les maux qu'elle avait causés, et résolut d'en arrêter le cours. Elle eut bien de la peine à se défaire de la coutume qu'elle avait prise d'envisager les choses du côté seul qui pouvait fournir matière à des interprétations défavorables. Mais quelles difficultés peuvent résister à une ferme et courageuse résolution? Elle parvint enfin à ne tourner la pénétration de son esprit observateur que vers les objets dignes de ses éloges; et les jouissances odieuses de la malignité furent remplacées par une satisfaction bien plus pure et bien plus flatteuse. Elle était la première à présenter toutes les actions équivoques sous un point de vue qui les fît excuser. Lorsqu'elle ne pouvait se les offrir à elle-même avec des couleurs favorables, peut-être, se disait-elle, ne sais-je pas toutes les circonstances de cette aventure. On a eu sans doute des motifs louables que j'ignore. Enfin, si le cas n'était susceptible d'aucune indulgence, elle plaignait le coupable, rejetait sa faute sur une trop grande précipitation, ou sur l'ignorance du mal qu'il pouvait commettre.

Cependant elle fut bien long-temps encore à regagner les cœurs qu'elle s'était aliénés. Elle était déjà parvenue à l'âge de s'établir, et personne ne se présentait pour l'épouser. On l'avait évitée avec tant de soin pendant des années entières, qu'on avait insensiblement perdu son souvenir, comme si sa carrière eût été finie pour le monde.

Elle se croyait déjà abandonnée à passer sa vie

dans une triste solitude, privée des plaisirs d'un heureux mariage, et d'une société choisie d'amis, lorsqu'un étranger fort riche, adressé à son père, l'ayant un jour entendue prendre le parti d'un absent qu'on accusait, fut si touché de la bonté d'un caractère qui sympathisait avec le sien, qu'il crut avoir la femme la plus propre à faire son bonheur. Il demanda sa main à ses parens, et mit à ses pieds la disposition de son cœur et de sa fortune.

Aurélie, de plus en plus convaincue, par une double expérience, des désagrémens attachés au penchant cruel de dévoiler les fautes de ses semblables, et de la joie délicieuse qu'on trouve dans sa propre estime et dans celle des gens de bien, en excusant par une tendre indulgence les faiblesses de l'humanité, propose tous les jours son exemple à ses enfans, pour les garantir du malheur dont elle était prête à devenir la victime.

Elle m'a permis de le consacrer, dans de pareilles vues, à l'instruction de mes jeunes amies, s'il en est quelqu'une à qui cette leçon soit nécessaire, ce que je suis bien éloigné de croire, d'après cette même leçon.

UN BON COEUR

FAIT PARDONNER

BIEN DES ÉTOURDERIES.

PERSONNAGES.

M. DE VALCOURT.
MARIANNE, *sa fille.*
FRÉDÉRIC, *son neveu.*
DOROTHÉE, *sa nièce.*
PÉTREL, *ancien cocher.*
UN DOMESTIQUE.

La Scène se passe dans un appartement du château de M. de Valcourt.

UN BON CŒUR

FAIT PARDONNER

BIEN DES ÉTOURDERIES.

Drame.

SCÈNE PREMIÈRE.

M. DE VALCOURT.

Voila ce que l'on gagne à se charger des enfans d'autrui! Ce Frédéric, comme je l'aimais! il m'était, je crois, plus cher que mon propre fils, et le vaurien me joue de ces tours! Comment a-t-il pu changer à ce point, de ce qu'il annonçait dans l'enfance! C'était une bonté de cœur, un feu, une gaîté! le courage d'un lion, et la candeur d'un agneau! on ne pouvait se défendre de l'aimer. Ah! qu'il ne reparaisse plus devant mes yeux; je ne veux plus entendre parler de lui.

SCÈNE II.

M. DE VALCOURT, DOROTHÉE.

DOROTHÉE.

Vous m'avez fait appeler, mon cher oncle. Me voici pour recevoir vos ordres...

M. DE VALCOURT.

J'ai de jolies nouvelles à te donner de ton coquin de frère.

DOROTHÉE, *en pâlissant.*

De Frédéric ?

M. DE VALCOURT.

Tiens, lis cette lettre de Rodolphe ; ou plutôt, je vais te la lire moi-même. (*Il lit.*)

MON CHER PAPA,

J'ai bien du chagrin de n'avoir que des choses désagréables à vous annoncer ; mais il vaut encore mieux que vous les appreniez de moi que d'un autre. Notre cher Frédéric....

Oh ! oui, il mérite bien à présent ce nom d'amitié.

« Notre cher Frédéric mène une mauvaise conduite. Il y a quelques jours qu'il a vendu sa montre, et, ce qui est encore pis, la plupart de ses livres de classe et de prières. Je vais vous dire comment je l'ai su. Un vieux bouquiniste, qui nous apporte au collège des livres de rencontre, vint l'autre jour m'offrir un *Exercice du Chrétien*. Comme j'ai usé le mien à force de le lire, je ne demandais pas mieux que d'en acheter un autre. Il me le présente. Je le reconnais aussitôt pour celui de Frédéric; et d'autant mieux que son nom était griffonné sur le titre. Je l'achetai six sous; mais je n'en dis rien, pour que cela ne lui fît pas de tort parmi nos camarades. Je me contentai de le porter au préfet, qui fit venir le bouquiniste, et lui demanda de qui il tenait ce livre. Le bouquiniste avoua qu'il l'avait acheté de mon cousin. Frédéric ne put le nier, et il dit qu'il l'avait vendu, parce qu'il avait besoin d'argent; et qu'en attendant qu'il pût en acheter un autre, il avait emprunté celui d'un de ses amis qui en avait deux. Le préfet voulut savoir ce qu'il avait fait de son argent. Frédéric le lui déclara; mais je le soupçonne de n'avoir fait qu'un mensonge. Ah, ah! dis-je en moi-même, il faut savoir s'il ne s'est pas aussi défait de quelques-unes de ses nippes. Je pensai d'abord à la montre que vous lui avez donnée pour ses étrennes, afin qu'il sût un peu le compte de son temps, dont il ne s'occupait guère, comme vous devez vous en souvenir. Je le priai de me dire l'heure qu'il était. Il fut embarrassé, et il me répondit que sa montre était chez l'horloger. J'y allai sur-le-champ pour m'en éclaircir. Il n'y avait pas un mot de vrai. Je lui fis des représentations en bon cousin. Il me répliqua que cela ne me regardait point, et que sa montre était beaucoup mieux là où il l'avait mise que dans son gousset; qu'il n'avait plus besoin de savoir l'heure pour ce qu'il avait à faire. Qui sait encore ce qu'il aura fait de pis ? car on ne peut pas tout deviner. »

Eh bien ! que dis-tu de cela, Dorothée !

DOROTHÉE.

Mon cher oncle, je vous avoue que je suis aussi mécontente que vous de la conduite de mon frère. Cependant...

M. DE VALCOURT.

Un peu de patience. Ce n'est pas tout ; voici le plus beau de l'histoire. (*Il lit.*)

« Écoutez un peu ce qu'il a fait depuis. Avant-hier après midi, il sortit sans permission, et le soir il n'était pas encore de retour. On sonne le souper, il ne se trouve point au réfectoire. Enfin, il passe toute la nuit dehors, et ne rentre que le lendemain matin. Vous pouvez imaginer comment il fut reçu. On lui demanda où il était allé. Il avait forgé d'avance toutes ses menteries. Mais quand même tout ce qu'il a dit serait vrai... Au reste, il doit paraître ce soir à l'assemblée générale des maîtres du collége ; et, si on lui fait justice, il sera chassé honteusement, ou tout au moins renvoyé. Ce qui m'afflige le plus, c'est son ingratitude pour vos bontés, la honte dont il nous couvre, et le train d'une vie libertine qu'il prend. Je ne puis me persuader qu'il n'ait pas menti en disant l'endroit où il a passé la nuit.... »

Et pourquoi ne l'ajoutes-tu pas ?

« Mais je veux bien qu'il ait dit la vérité. Ce serait peut-être pis, et il n'en serait que plus digne de votre colère. Il menace maintenant de s'échapper pour se rendre chez vous... »

Oui, oui, qu'il y vienne ! qu'il mette seulement le pied sur le seuil de ma porte, il verra ce qui lui en arrivera. Qu'il retourne là où il passe ses nuits. Dorothée, c'est à toi que je parle ; ne t'avise pas de me dire un seul mot en sa faveur. On peut le mettre en prison, le renvoyer, le chasser ignominieusement, tout cela m'est égal. Je ne m'informe plus de lui. Il n'a qu'à se rendre dans un port de mer, se faire mousse, et s'embarquer pour les Grandes-Indes. Je l'ai regardé trop long-temps comme mon fils.

DOROTHÉE.

Oui, mon cher oncle, vous nous avez tenu lieu de père ; et nos parens même n'auraient pas eu plus de soins et de bontés pour nous.

M. DE VALCOURT.

Je l'ai fait avec plaisir, et je n'en ai aucun mérite ; feu votre mère, pendant mes voyages, en a fait autant pour mes enfans : ainsi c'était pour moi un devoir sacré. Je ne m'en étais jamais repenti jusqu'à ce jour : mais....

DOROTHÉE.

Ah ! si mon frère a pu s'oublier un moment, ce n'est que par la fougue de son caractère. Vous l'avez eu long-temps sous vos yeux. Lorsqu'il avait commis une faute, son repentir et le regret de vous avoir fâché étaient plus grands que son offense.

M. DE VALCOURT.

Et aussi combien lui ai-je pardonné d'étourderies! Lorsqu'il s'est brûlé les sourcils et les cheveux avec ses pétards; lorsqu'il a cassé, par la fenêtre, un grand miroir chez notre voisin; lorsqu'il s'est laissé tomber dans un bourbier avec un habit tout neuf; lorsqu'il a conduit ma plus belle voiture dans les fossés du château, ne lui ai-je pas fait grâce de tout cela? J'attribuais ces belles équipées à une pétulance qui n'annonçait pas encore de mauvais naturel : mais vendre sa montre et ses livres, passer la nuit hors de sa pension, se révolter contre ses maîtres, avoir encore le front de penser à rentrer chez moi!

DOROTHÉE.

Mon cher oncle, ayez d'abord la bonté d'entendre ce qu'il peut dire pour sa justification.

M. DE VALCOURT.

L'entendre! Dieu me préserve seulement de le voir! Je vais donner des ordres dans le village pour qu'on le reçoive à grands coups de fourche, s'il ose se présenter.

DOROTHÉE.

Non, vous ne pourrez jamais prendre cette dureté sur votre cœur; vous ne rejetterez point les prières d'une nièce qui vous chérit et vous honore comme son père.

M. DE VALCOURT.

Tu vas voir si cela me sera difficile.

DOROTHÉE.

Vous voudrez donc me laisser croire que vous n'aimez plus la mémoire de votre sœur, que vous ne m'aimez plus moi-même?

M. DE VALCOURT.

Toi, je n'ai rien à te reprocher. Aussi les fautes de ton frère ne changeront rien de mes sentimens à ton égard. Mais si tu m'aimes, ne me tourmente plus de tes supplications. Ne songe qu'à vivre heureuse de mon amitié.

DOROTHÉE.

Comment pourrai-je vivre heureuse, en voyant mon frère dans votre disgrâce?

M. DE VALCOURT.

Il l'a trop bien méritée! pourquoi ne pas dire ce qu'il fait de l'argent, et où il est allé courir?

DOROTHÉE.

Il paraît, par la lettre même, qu'il en a fait l'aveu. C'est Rodolphe qui ne veut pas y croire. (*Elle baise, en pleurant, la main de M. de Valcourt.*) Ah! mon cher oncle!

M. DE VALCOURT, *un peu attendri.*

Eh bien! je veux encore faire un effort pour toi. J'attendrai la lettre du préfet.

SCÈNE III.

M. DE VALCOURT, DOROTHÉE, UN DOMESTIQUE.

M. DE VALCOURT.

Que me veux-tu ?

LE DOMESTIQUE.

C'est un messager qui demande à vous parler.

M. DE VALCOURT.

Qu'est-ce qu'il m'apporte ?

LE DOMESTIQUE.

Une lettre du collége. (*Le domestique lui remet la lettre.*)

M. DE VALCOURT, *regardant la lettre.*

Bon! voici ce que j'attendais. C'est du préfet. Je reconnais sa main. Où est le messager ? qu'il attende ma réponse.

LE DOMESTIQUE.

Voulez-vous que je la fasse monter ?

M. DE VALCOURT.

Non, je descends, je veux m'instruire de sa bouche. (*Il sort. Dorothée veut le suivre. Le domestique lui fait signe de rester.*)

SCÈNE IV.

DOROTHÉE, LE DOMESTIQUE.

LE DOMESTIQUE.

Écoutez, écoutez, mamselle Dorothée.

DOROTHÉE.

Qu'avez-vous à me dire?

LE DOMESTIQUE.

Monsieur votre frère est ici.

DOROTHÉE.

Mon frère?

LE DOMESTIQUE.

S'il n'est pas encore arrivé, il n'est pas bien loin.

DOROTHÉE.

De qui le savez-vous?

LE DOMESTIQUE.

Du messager qui l'a rencontré sur la route. Ah! mamselle, qu'a donc fait M. Frédéric?

DOROTHÉE.

Rien qui soit indigne de lui. Ne l'en croyez pas capable.

LE DOMESTIQUE.

Oh! c'est aussi ce que je pensais! Dieu sait que nous l'aimions tous, et que nous aurions tous donné pour lui jusqu'à notre vie. Il nous récompensait du moindre service que nous pouvions lui rendre. Il faisait notre paix avec votre oncle, lorsqu'il était en colère contre nous. Il était le protecteur de tous les malheureux du village. Comment donc son préfet a-t-il pu se fâcher contre lui? Ah! je vois; on aura voulu le punir pour quelque gentille espièglerie; et lui, qui est un brave jeune seigneur, il ne se laisse pas traiter cavalièrement.

DOROTHÉE.

Où le messager l'a-t-il trouvé?

LE DOMESTIQUE.

Près du second village. Il dormait entre des saules sur les bords d'un ruisseau.

DOROTHÉE.

Mon pauvre frère!

LE DOMESTIQUE.

Le messager a attendu qu'il se réveillât. Vous devez penser combien M. Frédéric a été surpris en le voyant. Il s'est imaginé que cet homme avait été mis à ses trousses pour le ramener, et il lui a dit qu'il se ferait mettre en pièces plutôt que de le suivre.

DOROTHÉE.

Je le reconnais bien à ce ton ferme et résolu.

LE DOMESTIQUE.

Le messager lui a protesté qu'il avait tant d'amitié pour lui, que, dût-il en recevoir des reproches, dût-il même en perdre son emploi, il ne voudrait pas le chagriner. Il lui a dit le sujet de son message, et lui a rapporté les propos qu'on tenait sur son compte.

DOROTHÉE.

Et quel parti mon frère a-t-il pris?

LE DOMESTIQUE.

Quoiqu'il fût harassé de fatigue, il s'est mis en marche avec le messager, et ils ont fait route ensemble jusqu'à la lisière du bois. M. Frédéric s'y est jeté pour aller se cacher dans l'ermitage; il y attendra le retour du messager, pour savoir comment votre oncle aura pris les choses.

DOROTHÉE.
Oh! si je pouvais lui parler!
LE DOMESTIQUE.
Il y a apparence qu'il le désire autant que vous.
DOROTHÉE.
Mon oncle tourne souvent de ce côté sa promenade; s'il allait le rencontrer dans son premier feu! O mon ami! courez lui dire qu'il aille se tapir dans la grange, derrière les bottes de foin. J'irai le trouver aussitôt que mon oncle sera sorti.
LE DOMESTIQUE.
Soyez tranquille, mamselle. Je vais l'y conduire moi-même, et l'aider à se cacher. (*Il sort.*)

SCÈNE V.

DOROTHÉE, *seule.*

Que de chagrins il me cause sans cesse! et je ne puis m'empêcher de l'aimer.

SCÈNE VI.

MARIANNE, DOROTHÉE.

DOROTHÉE.
Ah! ma chère cousine, que j'avais d'impatience de t'entretenir! Hélas! je n'ai cependant que de bien mauvaises nouvelles à t'apprendre.
MARIANNE.
Je les sais toutes. Mon papa vient de me donner

à lire la lettre de mon frère. Celle du préfet a redoublé sa colère contre Frédéric.

DOROTHÉE.

Je ne sais par où m'y prendre pour le justifier.

MARIANNE.

Je parierais qu'il est innocent. Tu connais cet hypocrite de Rodolphe ? Il fait toutes les fautes, et sait les mettre adroitement sur le compte d'autrui. Ce n'est pas d'aujourd'hui qu'il cherche à perdre ton frère dans l'esprit de mon papa. Vingt fois, par des accusations secrètes, il l'a fait chasser de la maison ; et puis, lorsque les choses se sont éclaircies, il s'est trouvé qu'il n'y avait que lui seul de coupable. Je vois, par sa lettre même, qu'il est un traître, et que Frédéric est tout au plus un étourdi.

DOROTHÉE.

Quelle douce consolation me donne ton amitié ! Oui, mon frère est né bon, franc, cordial, généreux, sans défiance ; mais il est pétulant, audacieux et inconsidéré. Il est opiniâtre dans ses idées, et ne ménage pas assez ceux qui ne le traitent pas à sa fantaisie.

MARIANNE.

Et Rodolphe est envieux, dissimulé, hypocrite et flatteur. C'est un chat qui fait d'abord pate de velours, et qui donne ensuite son coup de griffe au moment où vous comptez le plus sur son amitié. Que je donnerais mon frère avec toutes ses fausses vertus, pour le tien, chargé de tous ses défauts. Le pis est que Frédéric ne soit pas ici.

DOROTHÉE.

Et s'il y était ?

MARIANNE.

Oh ! où est-il donc ? J'y cours : je meurs d'envie de le voir.

DOROTHÉE.

Chut ! Je crois entendre mon oncle qui gronde.

MARIANNE.

Tu es la sœur de Frédéric; il est juste que tu le voies la première. Je vais rester ici avec mon papa, pour chercher à l'adoucir. Toi, cours auprès du pauvre fugitif, et porte-lui quelques paroles d'espérance et de consolation.

DOROTHÉE.

Oui, et une bonne mercuriale aussi, je t'assure; car il la mérite de toutes façons. (*Elle sort.*)

SCÈNE VII.

M. DE VALCOURT, MARIANNE.

M. DE VALCOURT.

Je suis si en colère contre ce drôle, que je n'ai pas été en état d'écrire pour renvoyer le messager. Il peut aussi bien ne partir que demain au matin. Tâchons de me remettre un peu.

MARIANNE.

Quoi ! mon papa, vous êtes toujours fâché contre mon pauvre cousin ? Est-ce donc un si grand crime qu'il a commis ?

M. DE VALCOURT.

Il te sied bien vraiment de l'excuser! je vois que tu n'as pas une meilleure tête que lui, et que tu aurais peut-être fait pis à sa place. Vous avez cependant l'un et l'autre un bon exemple sous les yeux.

MARIANNE.

Et qui donc?

M. DE VALCOURT.

Mon brave Rodolphe.

MARIANNE.

Ah! oui! mon frère est un garçon bien vrai, bien généreux! C'est un digne modèle.

M. DE VALCOURT.

Je sais que Dorothée et toi vous lui en avez toujours voulu. Moi-même, d'après votre façon de penser, j'avais pris des préventions contre lui. Mais le préfet m'en rend aujourd'hui de si bons témoignages.....

MARIANNE.

Eh! mon Dieu! ses précepteurs ne vous accablaient-ils pas ici de ses louanges. On sait qu'il est né d'un homme riche; et on espère toujours attraper des présens d'un père, en le flattant sur son fils.

M. DE VALCOURT.

Je veux bien qu'on m'ait un peu flagorné sur son compte; mais au moins ne m'a-t-il pas joué un seul tour, comme Frédéric m'en a joué mille depuis son enfance.

MARIANNE.

Ses tours ne portaient de préjudice à personne; ils ne faisaient tort qu'à lui-même.

M. DE VALCOURT.

Tu me mettrais en fureur. Il ne s'est fait tort qu'à lui-même, n'est-ce pas, en précipitant dans les fossés ma plus belle voiture? une voiture dorée toute neuve, qui venait de me coûter six mille francs!

MARIANNE.

Ce n'est qu'un trait d'étourderie, bien excusable à son âge. Pétrel essayait cette voiture : Frédéric le tourmenta si fort pour monter sur le siége, qu'il le prit avec lui. Lorsqu'ils eurent fait quelques pas, le fouet tombe. Pétrel descend pour le ramasser. Les chevaux sentent leurs rênes dans une main plus faible ; ils s'emportent. Heureusement l'avant-train se détache, et il n'y a que la voiture qui en ait souffert.

M. DE VALCOURT.

Ce n'est pas assez, peut-être? Et qui, dans cette aventure, est plus à plaindre que moi?

MARIANNE.

Frédéric, qui en a eu la tête toute fracassée, et surtout le pauvre Pétrel qui a perdu son service.

M. DE VALCOURT.

Ah! je ne puis y penser sans frémir encore de colère. Cette belle équipée m'a coûté plus de cent louis.

MARIANNE.

Et combien de regrets elle a coûtés au bon Frédéric! Il ne se consolera jamais d'avoir été cause de la disgrâce du malheureux Pétrel.

M. DE VALCOURT.

Deux bons vauriens à mettre ensemble. J'admire

toujours que tu choisisses les plus mauvais garnemens pour plaider leur cause. C'est dommage, en vérité, que tu ne sois pas née garçon, pour être camarade de ton cousin. Vous auriez fait, je crois, tous deux de belles manœuvres.

MARIANNE.

Mais au moins...

M. DE VALCOURT.

Tais-toi. Tu m'importunes de tes sornettes. Je veux sortir pour aller prendre le frais. Va chercher Dorothée, et vous viendrez me trouver. (*Il sort, et laisse son chapeau.*)

SCÈNE VIII.

MARIANNE.

J'aurai bien de la peine encore à le faire revenir. Ne désespérons de rien cependant : il n'est méchant que dans les paroles.

SCÈNE IX.

MARIANNE, DOROTHÉE.

DOROTHÉE, *présentant son nez à la porte entr'ouverte.*
Bst !

MARIANNE.

Et bien ?

DOROTHÉE.

Mon oncle est-il dehors ?

MARIANNE.

Il vient de sortir. Et Frédéric ?

DOROTHÉE.

Il nous attend sur l'escalier dérobé.

MARIANNE.

Il n'y a qu'à le faire monter dans notre appartement.

DOROTHÉE.

Il faut bien s'en garder. Justine y est.

MARIANNE.

Que ne le faisons-nous entrer ici? Personne n'y vient, lorsque mon papa est dehors.

DOROTHÉE.

Tu as raison. Il nous sera aussi plus facile de le faire esquiver au besoin. Attends; je vais le faire monter.

SCÈNE X.

MARIANNE.

Que je suis curieuse de l'entendre raconter son histoire! J'aurai aussi bien du plaisir de le voir. Il y a plus d'un an qu'il nous a quittés. Ah! je l'entends. (*Elle va jusqu'à la porte à sa rencontre.*)

SCÈNE XI.

MARIANNE, DOROTHÉE, FRÉDÉRIC.

MARIANNE, *l'embrassant.*

Ah! mon cher cousin!

DOROTHÉE.

Il mérite bien ces caresses pour les chagrins qu'il nous cause !

MARIANNE, *lui tendant la main.*

Je le vois, tout est oublié.

FRÉDÉRIC.

Ma chère cousine, je te trouve donc toujours la même? Tu n'as jamais été si sévère pour moi que ma sœur.

DOROTHÉE.

Si je l'étais autant que notre oncle, va...

FRÉDÉRIC.

Avant toutes choses, que dit-il ? Est-il donc vrai qu'il soit si fort en colère contre moi ?

DOROTHÉE.

S'il savait que nous te cachons ici, nous n'aurions rien de mieux à faire que de vider la maison, et de courir les champs.

MARIANNE.

Oh! oui, garde-toi bien de te présenter si tôt à ses yeux : il serait homme à te fouler peut-être sous ses pieds dans sa première fureur.

FRÉDÉRIC

Que peut donc lui avoir écrit le préfet ?

DOROTHÉE.

Un beau panégyrique sur tes fredaines.

MARIANNE.

Mon frère en avait déjà touché quelque chose par la poste d'hier.

FRÉDÉRIC.

Quoi! Rodolphe a écrit? Je n'ai donc plus besoin de justification. Il sait aussi bien que moi comment les choses se sont passées. Je lui ai tout confié.

MARIANNE.

Il n'y aurait qu'à te juger sur sa lettre.

FRÉDÉRIC.

Je veux être un coquin, si je ne suis pas innocent.

DOROTHÉE.

Ce n'est rien dire. Il faut bien être l'un ou l'autre.

FRÉDÉRIC.

Et vous avez pu me croire coupable! Quel est donc mon crime? d'avoir vendu ma montre?

DOROTHÉE.

N'est-ce rien que cela? Et qui sait encore si tes chemises, tes habits.....

FRÉDÉRIC.

Il est vrai. J'aurais tout vendu, si j'avais eu besoin de plus d'argent.

DOROTHÉE.

Voilà une belle manière de te défendre! Et passer les nuits hors de ta pension?.

FRÉDÉRIC.

Une nuit, ma sœur.

DOROTHÉE.

Et te révolter contre un juste châtiment?

FRÉDÉRIC.

Dis contre un outrage que je n'avais pas mérité. Quand je m'y serais soumis, j'aurais toujours conservé dans l'esprit de mon oncle la tache d'une faute ; et, si l'on m'avait chassé, je n'aurais jamais reparu devant vous.

MARIANNE.

Mais, mon ami, que peux-tu dire pour ta défense? Il faut bien que nous en soyons instruites pour te blanchir aux yeux de mon papa.

FRÉDÉRIC.

Le voici. Il y a quelques jours qu'on nous parla d'une foire dans le prochain village. Le préfet nous donna la permission d'y aller pour nous divertir, et pour voir les curiosités qu'on y montre.

DOROTHÉE.

Ah ! c'est donc en oranges et en pralines que tu as mangé tu montre et ton *Exercice du chrétien ;* ou bien à voir les singes et les marmottes?

FRÉDÉRIC.

Il faut que ma sœur ait bien du goût pour toutes ces choses, pour croire qu'on puisse y dépenser son argent. Non, ce n'est pas à cela. J'avais soif, et j'entrai dans une auberge, où l'on vendait de la bière.

DOROTHÉE.

Mais, c'est encore pis.

FRÉDÉRIC.

En vérité, ma sœur, tu es bien cruelle. Laissez-moi donc achever. Tandis que j'étais assis.....

MARIANNE, *prêtant l'oreille vers la porte.*

Nous sommes perdus ! Mon papa. Je l'entends.

DOROTHÉE.

Sauve-toi! sauve-toi!

FRÉDÉRIC.

Non, je veux attendre mon oncle pour me jeter à ses pieds.

MARIANNE.

Eh! non, mon ami; il n'est pas en état de t'entendre. Par pitié pour moi.

FRÉDÉRIC.

Tu le veux?

MARIANNE.

Oui, oui, laisse-moi gouverner tes affaires. (*Elle le pousse par les épaules vers la porte de l'escalier dérobé, la ferme sur lui, et revient.*)

SCÈNE XII.

M. DE VALCOURT, MARIANNE, DOROTHÉE.

MARIANNE.

Eh bien! mon papa, vous voilà déjà de retour de votre promenade?

M. DE VALCOURT.

Je cherche mon maudit chapeau. Je ne sais où je l'ai laissé.

DOROTHÉE, *cherchant des yeux.*

Tenez, tenez, le voici. (*Elle le lui présente.*)

M. DE VALCOURT.

Tu ne pouvais pas avoir l'avisement de me le porter?

DOROTHÉE.

Il faut que je sois aveugle, pour ne l'avoir pas vu.

MARIANNE.

Qui peut penser à tout?

M. DE VALCOURT.

Effectivement, il y a tant de choses qui t'occupent!

MARIANNE.

C'est que le pauvre Frédéric m'est revenu dans la tête.

M. DE VALCOURT.

N'entendrai-je jamais que ce nom siffler à mes oreilles?

MARIANNE.

Eh bien! mon papa, n'en parlons plus. Ne voudriez-vous pas aller continuer votre promenade avant le serein?

M. DE VALCOURT.

Non, je ne veux plus sortir. (*Marianne et Dorothée se regardent en branlant la tête d'un air mécontent.*) Il est trop tard. Aussi-bien on vient de me dire que mon ancien cocher est en bas, et qu'il veut me parler.

MARIANNE et DOROTHÉE.

Pétrel?

M. DE VALCOURT.

Quelque dommage qu'il m'ait causé, le mal est fait; et il en a été assez puni. Je veux savoir ce qu'il a à me dire.

MARIANNE.

Il pourrait bien attendre que vous fussiez revenu de votre promenade.

M. DE VALCOURT.

Non, non; j'en serai plus tôt débarrassé. Dans le fond.... (*Marianne et Dorothée se parlent en secret.*) (*A Marianne.*) Lorsque votre oncle vous parle, il me semble que vous devriez l'écouter. Dans le fond..... (*Dorothée veut s'esquiver.*) Où allez-vous, Dorothée ?

DOROTHÉE, *embarrassée.*

C'est que j'ai besoin de descendre.

M. DE VALCOURT.

Eh bien ! dites à Pétrel de monter. (*Dorothée sort.*)

SCÈNE XIII.

M. DE VALCOURT, MARIANNE.

M. DE VALCOURT.

Dans le fond, ce pauvre homme me fait pitié. Je n'ai jamais eu de si bon cocher. On aurait pu se mirer sur le poil de mes chevaux ; et il n'allait pas boire leur avoine au cabaret.

MARIANNE.

Ah ! si vous l'aviez gardé, vous auriez épargné bien des chagrins au pauvre Frédéric.

M. DE VALCOURT.

Ne m'en parle plus. C'est lui qui est cause que j'ai renvoyé Pétrel, et que je me trouve à présent sans cocher ; car celui-là m'a dégoûté de tous les autres. Je ne trouverai jamais à le remplacer.

SCÈNE XIV.

M. DE VALCOURT, MARIANNE, DOROTHÉE, PÉTREL.

DOROTHÉE.

Mon cher oncle, voici Pétrel.

PÉTREL.

Je vous demande pardon, monsieur; mais je ne puis croire que vous soyez toujours en colère contre moi. Ne trouvez pas mauvais que j'aie pris la liberté de paraître devant vous en traversant le village, pour vous prier de me donner un bon certificat.

M. DE VALCOURT.

Est-ce que je ne t'en ai pas donné?

PÉTREL.

Je n'en ai pas eu d'autre que..... « Tiens, voilà » ton argent, sors à l'instant du château, et ne te » présente jamais à mes yeux. » Vous ne me laissâtes pas le temps de vous demander une attestation en forme plus gracieuse.

M. DE VALCOURT.

C'est que tu ne méritais pas qu'on fît plus de cérémonie : car il m'en a coûté ma plus belle voiture. Plût à Dieu que Frédéric s'y fût aussi tordu le cou!

PÉTREL.

Que voulez-vous, monsieur? Un cocher n'a de tête qu'avec son fouet, et le mien m'était échappé. Je serai plus prudent à l'avenir.

M. DE VALCOURT.

Allons, tout est oublié. Comment fais-tu pour vivre?

PÉTREL.

Ah! mon cher maître, depuis que je suis hors de chez vous, je n'ai pas eu un bon moment. Vous savez qu'en sortant d'ici, j'entrai chez M. le major de Braffort. Oh! quel homme! il ne savait parler que la canne levée. Que Dieu lui fasse paix!

M. DE VALCOURT.

Il est donc mort?

PÉTREL.

Oui, au grand contentement de ses soldats. Il ne me donnait jamais ses ordres qu'en jurant comme un Turc. Pleine mesure d'avoine à ses chevaux, et force coups de bâton; mais peu de pain à ses gens.

MARIANNE.

Ah! mon pauvre Pétrel, pourquoi demeurais-tu à son service?

PÉTREL.

Où serais-je allé? Ce qui me retenait encore, c'est que ma femme trouvait de l'emploi dans la maison, à blanchir et à raccommoder le linge. Elle gagnait au moins à demi de quoi nourrir nos enfans. Tout le monde tremblait devant M. le major: il n'y eut que la mort qui le fit trembler, et qui le terrassa. Maintenant je n'ai plus de condition, et je ne sais où donner de la tête.

M. DE VALCOURT.

Mais tu sais que je ne laisse mourir personne de faim, encore moins un ancien domestique.

PÉTREL.

Ah! je le pensais toujours; mais vos terribles paroles: « Ne te présente jamais à mes yeux; » elles résonnnaient sans cesse comme un tonnerre à mon oreille. Dix des plus gros juremens de M. le major ne m'auraient pas fait tant de peur.

MARIANNE.

Et tu n'as pas trouvé de maître depuis ce temps?

PÉTREL.

Oh! ma chère demoiselle, ce n'est pas ici comme à Paris. Dans ce village, et tous les environs, les gens sont si pauvres, qu'ils ont plus besoin de leur avoine pour eux-mêmes que pour leurs chevaux. Je me louais à la journée pour les travaux des champs; ma femme tourmentait sa quenouille, et mes enfans allaient demandant l'aumône. Mais nous gagnions tous ensemble si peu à cela, que nous étions hors d'état de payer à la fin de la semaine le loyer d'un grabat dans un recoin de grenier. Bientôt nous n'eûmes plus que la terre sous nous, et le ciel par-dessus. Ma pauvre femme en est morte de mal et de chagrin. (*Il s'essuie les yeux.*)

M. DE VALCOURT.

Tu l'as mérité. Que ne venais-tu chercher du secours auprès de moi?

MARIANNE, *à Dorothée.*

Voilà mon papa qui se remonte. Bon augure pour Frédéric.

PÉTREL.

Ah! monsieur, quelle femme c'était! jamais on a

su tenir un ménage comme elle. Lorsque je rentrais le soir sans avoir gagné un sou, et que je croyais être obligé de me coucher avec la faim, je trouvais qu'elle n'avait mangé que la moitié de son pain pour me garder l'autre. Quand j'écumais de rage comme un possédé, et que je voulais tout briser autour de moi, elle savait me rendre au bon Dieu, et me refaire honnête homme. A présent elle est morte et je ne peux la ressusciter. C'est de là que mon véritable malheur commence; et Dieu sait quand il finira!

DOROTHÉE.

Ah! mon pauvre Pétrel!

PÉTREL.

Il n'y avait plus à espérer de trouver de condition dans le pays. Je partis un beau soir. Je chargeai ma fille sur mes épaules, et je pris mon garçon par la main. Nous marchâmes une grande partie de la nuit, et nous passâmes le reste à dormir dans la forêt. Le lendemain au matin, à la pointe du jour, nous étions à la porte d'un village. Par bonheur, la foire s'y tenait ce jour-là. Je gagnai quelque argent à porter des paquets. Mais écoutez bien, monsieur; un ange du ciel, monsieur Frédéric...

M. DE VALCOURT.

Un ange! Frédéric; ce garnement! (*Marianne et Dorothée se prennent par la main, et s'approchent de Pétrel d'un air de curiosité et de joie, en s'écriant ensemble :*) Frédéric? Frédéric?

PÉTREL.

Oui, mon cher maître; maltraitez-moi si vous voulez, mais non ce brave et généreux enfant. J'aimerais mieux me voir foulé sous vos pieds.

DOROTHÉE.

Oh! conte-nous, conte-nous, Pétrel.

PÉTREL.

Ma petite Louison alla demander l'aumône à la porte d'une auberge. M. Rodolphe et M. Frédéric y étaient assis à une table, avec une bouteille de bière à leur côté.

M. DE VALCOURT.

Ah! voilà de jolies inclinations! dans un cabaret!

DOROTHÉE.

Mon oncle, c'est qu'il avait besoin de se rafraîchir.

M. DE VALCOURT.

Qu'avait-il à faire dans ce village?

MARIANNE.

Il était allé voir la foire. Votre Rodolphe y était bien aussi.

PÉTREL.

Il reconnut aussitôt ma fille, et se leva de table, malgré tout ce que son compagnon put lui dire. Il fit avaler un verre de bière à la pauvre Louison, la prit par la main, la conduisit dehors, et se fit raconter en peu de mots notre misère. Alors il lui ordonna de le mener où j'étais. Il me trouva dans la rue voisine, puisant de l'eau dans mon chapeau à une fontaine, pour me rafraîchir de la grande chaleur. Je crus que je deviendrais fou de joie quand je le vis. Tout sale et tout déguenillé que j'étais, je le pris dans mes bras devant tout le monde, et on craignait que je ne l'étouffasse, tant je le pressais contre mon cœur. Ah! je sentis qu'il me serrait bien aussi de son côté. Enfin, comme nous étions environnés d'une grande foule, il me dit de le conduire dans un endroit où nous fussions seuls, et je le menai dans une grange, où j'avais déjà retenu mon coucher.

MARIANNE.

Ah! mon papa, je parierais...

M. DE VALCOURT.

Silence. Eh bien! Pétrel?

PÉTREL.

Je lui racontai tout ce que je vous ai dit. Le brave enfant se mit à pleurer et à se désoler. Ce serait à moi, s'écria-t-il, de mendier pour vous : je suis la cause de votre malheur. Mais je ne dormirai pas sans vous avoir secouru. Prends, prends, mon Pétrel, tout ce que j'ai sur moi, dit-il, en fouillant dans ses poches. Je lui dis que c'était apparemment de l'argent qu'on lui avait donné pour s'amuser; que j'étais accoutumé à souffrir. Il serra les dents, trépigna des pieds; et je pense qu'il m'aurait battu si je n'avais pris sa bourse.

M. DE VALCOURT.

Et combien y avait-il?

PÉTREL.

Près de six francs. Il ne voulut garder qu'une pièce de six sous. Il ne sera pas dit, continua-t-il, qu'un brave domestique de mon oncle, qui n'a ni volé, ni assassiné, soit obligé dans ses vieux jours d'aller mendier avec ses enfans, et qu'il n'ait pas un gîte assuré. Mettez-vous dans une petite chambre. Avant qu'il soit trois jours, je reviens à vous, et je vous porterai des secours jusqu'à ce que j'aie écrit à mon oncle. Nous l'avons tous deux mis en colère contre nous : mais il est trop bon et trop généreux pour vous abandonner à votre misère.

M. DE VALCOURT.

Est-il bien vrai, Pétrel, qu'il ait dit cela ?

PÉTREL.

Voulez-vous que j'en jure, mon maître ?

MARIANNE.

Va, va, nous t'en croyons assez. Achève ton récit.

PÉTREL.

Que fais-tu de tes enfans ? me dit-il en caressant Guillot. Ce que j'en fais ? lui répondis-je : ils courent les chemins, portant des fleurs et des balais de plumes à vendre; et, quand personne n'en veut acheter, ils demandent l'aumône. Cela n'est pas bien, reprit-il. Ils ne deviendraient, à ce métier, que des libertins et des paresseux. Il faut que tu fasse apprendre un métier au petit garçon, et que tu places ta fille chez d'honnêtes gens.

MARIANNE.

Frédéric avait bien raison, mon papa.

PÉTREL.

Oui, lui dis-je; mais comment aller présenter des enfans avec des haillons ? Si j'avais seulement une vingtaine d'écus, je trouverais bien à m'en débarrasser. Il y a ici un tisserand qui occupe de petites mains, et qui prendrait mon Guillot en apprentissage, si je pouvais lui donner dix écus d'avance. Une jardinière se chargerait aussi de Louison, pour aller vendre des fleurs, si j'avais de quoi lui donner un cotillon. Je pourrais alors me présenter chez des gens riches pour avoir du service, et je ne serais pas réduit à rôder comme un fainéant.

M. DE VALCOURT.

Et que te répondit Frédéric?

PÉTREL.

Rien, monsieur. Il s'en alla; mais deux jours après, il était déjà de retour. — Où est le tisserand qui veut prendre ton fils en apprentissage? mène-moi chez lui. — Je l'y conduisis, et il lui parla en secret. — Et la jardinière qui se charge de Louison? mène-moi chez elle — je l'y conduisis aussi. Il me laissa à la porte, alla parler à cette femme, dans son jardin, me reprit ensuite sans dire mot, et nous sortîmes. A cent pas de là il s'arrête et me dit, en me sautant au cou : Bon vieillard, sois tranquille pour tes enfans. Il m'ordonna ensuite d'aller chez un fripier, dont il me montra de loin la boutique. Il lui avait déjà payé ce surtout et cette redingote que vous me voyez. N'ai-je pas l'air d'un prince là-dessous?

MARIANNE.

O mon brave cousin! le bon Frédéric!

M. DE VALCOURT, *s'essuyant tantôt un œil, tantôt l'autre.*

Je vois maintenant où la montre s'en est allée.

PÉTREL.

Ce n'est pas tout, monsieur. Ne le surpris-je pas à me glisser de l'argent dans la poche? Je voulus absolument le lui rendre, en lui disant qu'il n'avait déjà fait que trop de choses pour moi. Mais si jamais je l'ai vu se mettre en colère, c'est dans ce moment. Il m'assura que c'était vous, monsieur, qui le lui aviez envoyé pour me le donner. Comme je voulais courir ici pour me jeter à vos pieds, il me dit que vous vouliez faire semblant de n'en rien savoir. Ah! dis-je en moi-même, ce M. de Valcourt est un si bon maître! Peut-être, peut-être qu'il me reprendrait! Cependant je n'osais pas venir, puisque M. Frédéric me l'avait défendu.

M. DE VALCOURT.

O mon Frédéric! mon cher Frédéric! tu as donc toujours ce cœur noble et généreux que je t'ai vu dès l'enfance.

MARIANNE.

Et qui t'a enfin décidé à reparaître devant mon oncle?

PÉTREL.

Le voici. On n'a pas voulu recevoir mon Guillot sans son extrait de baptême. Il fallait le venir demander au curé. En entrant dans le village, comme si M. Frédéric m'avait porté bonheur, j'appris que M. le comte de Vienné avait besoin d'un cocher : j'allai me présenter à lui; et il me promit de me prendre à son service, si je lui apportais un bon certificat de mon dernier maître. Je ne pouvais aller dans l'autre monde en demander un à M. le major; je me suis hasardé, en tremblant, à m'adresser à vous. Peut-être refuserez-vous de me le donner; mais j'aurai toujours gagné de vous faire mes remercîmens pour les secours que vous avez bien voulu me faire passer par les mains de M. Frédéric.

M. DE VALCOURT.

Non, mon honnête Pétrel, tu ne les dois qu'à lui seul. C'est lui qui s'est dépouillé pour te couvrir. Mais il te doit aussi le retour de mon amitié. De quel malheur tu le sauves! oui, sans toi, sans toi, j'étais si en colère contre lui, que je l'aurais banni pour jamais de ma présence.

PÉTREL.

Que dites-vous, monsieur? Ah! je serais l'homme de la terre le plus heureux! il m'aurait tiré de peine, et je l'en aurais tiré à mon tour! nous nous aurions cette obligation l'un à l'autre!

M. DE VALCOURT.

Ce maudit coquin de Rodolphe l'avait presque chassé de mon cœur. Comment pouvais-je m'en rapporter à ce fripon, qui m'en a si souvent imposé? Mais le préfet! le préfet!

MARIANNE.

Eh! mon papa, c'est qu'il l'aura trompé comme vous.

M. DE VALCOURT.

Mais, mon Dieu! on m'écrit que Frédéric s'est échappé. Si le désespoir allait le prendre! s'il lui arrivait quelque malheur!

PÉTREL.

Un cheval! un cheval! je vous le ramènerai, quand il serait au bout du monde. (*Il veut courir.*)

DOROTHÉE, *le retenant.*

Est-il bien vrai, mon cher oncle, que vous lui pardonneriez? que vous le presseriez encore contre votre cœur?

M. DE VALCOURT.

Ah! quand il aurait vendu tous ses habits; quand il reviendrait nu comme la main! (*Dorothée fait un signe à Marianne, et part comme un éclair.*)

MARIANNE.

Et s'il était ici, mon papa?

M. DE VALCOURT.

Ici? Quelqu'un l'a-t-il vu? Où est-il? où est-il?

PÉTREL.

Ah! s'il était ici! s'il était ici! j'irais donner de la tête là haut contre le plancher.

MARIANNE.

Eh bien! mon papa, le voyez-vous?

Un bon cœur fait pardonner bien des étourderies

SCÈNE XV.

M. DE VALCOURT, FRÉDÉRIC, MARIANNE, DOROTHÉE, PÉTREL.

(*Frédéric se précipite aux pieds de son oncle. Pétrel se jette contre terre d son côté, passe un bras sous les genoux de M. de Valcourt, et l'autre autour de Frédéric, leur baise les mains et les habits, et fait des éclats extravagans de joie. Marianne et Dorothée s'embrassent en pleurant.*)

FRÉDÉRIC.

Ah! mon oncle! mon oncle! me pardonnez-vous?

M. DE VALCOURT, *d'une voix étouffée, à force de le presser.*

Te pardonner! Ah! tu mérites que je t'aime mille fois plus qu'auparavant, que je ne me sépare jamais de toi.

FRÉDÉRIC.

Oui, mon oncle, jamais, jamais. (*Il se retourne, se jette sur Pétrel, et se suspend d'un bras à son cou.*) Ah! si vous aviez vu la misère de ce pauvre homme et de ses enfans! si vous aviez été la cause de leur malheur!

PÉTREL.

C'est moi, c'est moi : pourquoi vous laisser grimper sur mon siége, et vous livrer à des chevaux fringans? Mais qui pouvait vous refuser quelque chose? non, quand la voiture aurait dû me passer sur le corps. Tenez, M. Frédéric, ne me demandez plus rien d'injuste. Il faudrait vous l'accorder; mais j'irais de là me jeter dans la rivière.

M. DE VALCOURT.

Que ne m'instruisais-tu de tout cela, au lieu de vendre ta montre, tes livres, et peut-être tes habits? C'est toujours une imprudence à un enfant comme toi, qui ne connaît pas le prix des choses.

FRÉDÉRIC.

Oui, cela est vrai. Mais chaque moment de plus que je laissais souffrir cette famille, il me semblait commettre un assassinat. Et puis, comme vous aviez chassé Pétrel dans votre colère, je craignais que vous ne me fissiez défense de le secourir, et que, par ma désobéissance à vos ordres exprès, je ne me rendisse plus coupable.

M. DE VALCOURT.

Tu m'aurais donc alors désobéi?

FRÉDÉRIC.

Oui, mon oncle; mais en cela seulement.

M. DE VALCOURT.

Embrasse-moi, brave Frédéric... Cependant j'ai encore sur le cœur un article de la lettre, qui dit que tu as découché une nuit. Où l'as-tu donc passée?

FRÉDÉRIC.

C'était le jour que je portais l'argent à Pétrel. Le préfet n'était pas à la pension, et je savais que la porte serait fermée le soir à dix heures. Je croyais être de retour auparavant; et j'y aurais été, si je ne me fusse égaré dans les ténèbres.

DOROTHÉE.

Mon pauvre frère, où as-tu donc couché?

FRÉDÉRIC.

Je trouvai une masure abandonnée; je m'y étendis sur une grande pierre, et jamais je n'ai si bien dormi. J'étais si content d'avoir soulagé Pétrel!

MARIANNE.

Ah! méchant Rodolphe! il s'est bien gardé de nous apprendre toutes ces choses; il les savait pourtant.

M. DE VALCOURT.

Dès ce moment je lui retire ma tendresse, et toi seul.....

FRÉDÉRIC.

Non, mon oncle, je ne veux être heureux aux dépens de personne, et encore moins de votre fils.

DOROTHÉE, *lui tendant la main.*

O mon frère, combien je dois t'aimer!

M. DE VALCOURT.

Eh bien! qu'il reste dans sa pension. Pour toi, tu ne me quittera plus; je veux toujours t'avoir auprès de mon cœur. Je te ferais plutôt venir des maîtres de toute espèce, de deux cents lieues.

(*Frédéric lui baise la main.*)

PÉTREL, *lui baisant le pan de son habit.*

Mon digne maître, vous êtes toujours le même!

M. DE VALCOURT, *lui frappant sur l'épaule.*

Pétrel, as-tu pris des engagemens avec M. de Vienné?

PÉTREL.

Bon! je n'avais pas mon certificat.

M. DE VALCOURT.

Tu n'en auras plus besoin. Je sens que je vous rendrai heureux, Frédéric et toi, en vous remettant ensemble. Mais ne lui laisse plus prendre ta place sur ton siége. On pourvoira aussi à tes enfans.

PÉTREL, *se met à sangloter et à crier.*

Mon cher maître!... Monsieur!... C'est-il bien vrai? N'est-ce qu'un songe? Frédéric! monsieur Frédéric! Mes pauvres enfans!..... Ah! que j'aille revoir mes chevaux!

LE SORTILÈGE

NATUREL.

Drame en un acte.

PERSONNAGES.

Mme DE GRAMMONT.
AUGUSTE, son fils.
JULIE, sa fille.
Le chevalier D'ORGEVILLE.
ÉLISE, sa sœur.
GABRIEL,
LUCIEN, } amis d'Auguste et de Julie
SOPHIE,
JUSTINE, femme de chambre.
ROBERT, vieux domestique.

La scène se passe chez Mme de Grammont, dans une salle basse qui donne sur le jardin.

LE SORTILÉGE NATUREL.

Drame.

SCÈNE PREMIÈRE.

JUSTINE, *debout devant une table couverte de jetons.*

J'ai beau compter et recompter, je n'en trouve jamais que quatre-vingt-quatorze. Il devrait pourtant y en avoir cent. Ne me parlez pas d'une maison où l'on reçoit des enfans aussi tracassiers. Ils ne peuvent mettre le pied dans un endroit, que tout n'y soit bouleversé en un tour de main. Allons, il faut que je visite d'abord tous les coins de la chambre. (*Elle va furetant de côté et d'autre, sur les chaises, sur les fauteuils, jusque sur les fenêtres.*)

SCÈNE II.

Mme DE GRAMMONT, JUSTINE.

Mme DE GRAMMONT.

Que cherches-tu donc, Justine, d'un air si inquiet?

JUSTINE.

Des jetons, madame.

Mme DE GRAMMONT.

Est-ce que tu ne les vois pas là sur la table?

JUSTINE.

Je ne cherche pas ceux qui y sont; je cherche ceux qui manquent.

Mme DE GRAMMONT.

Mais il ne doit pas y en manquer.

JUSTINE.

Cela ne devrait pas être. Cependant il y en a six de moins. La bourse n'est-elle pas de cent?

Mme DE GRAMMONT.

Tu le sais comme moi.

JUSTINE.

Eh bien! je ne puis en trouver que quatre-vingt-quatorze. Ayez la bonté, madame, de les compter vous-même.

Mme DE GRAMMONT, *après avoir compté.*

Effectivement, il n'y en a pas davantage. Le nombre était pourtant complet hier au soir, à la fin de notre partie. Mais qui t'a donné l'idée de venir voir si le compte s'y trouvait?

JUSTINE.

C'est qu'en entrant ici, j'ai vu que les enfans les avaient pris pour jouer.

Mme DE GRAMMONT.

Je leur avais expressément défendu de toucher à cette bourse : ils en ont d'autres pour leur usage. Qui leur a donné ceux-là?

JUSTINE.
Ils ont bien su les prendre d'eux-mêmes.
Mme DE GRAMMONT.
D'eux-mêmes? Ils me le paieront. Où sont-ils?
JUSTINE.
Dans le jardin, sans doute, avec leur petite sœur.
Mme DE GRAMMONT.
Fais-moi venir Julie..... Mais, écoute, n'est-il entré personne que mes enfans?
JUSTINE.
Oh! leurs amis y sont venus aussi. Et qui peut savoir?.....
Mme DE GRAMMONT.
Quoi! tu soupçonnerais.....
JUSTINE.
Je réponds de vos enfans et de ceux de M. Duluc, comme de moi-même.
Mme DE GRAMMONT.
Est-ce que tu ne répondrais pas également des autres?
JUSTINE.
Je ne les connais pas assez pour cela.
Mme DE GRAMMONT.
Que dis-tu? des enfans de condition, dont les parens sont si pleins d'honneur!
JUSTINE.
Tenez, madame..... Je vais vous appeler mademoiselle Julie..... Mais la voici.

SCÈNE III.

Mme DE GRAMMONT, JULIE, JUSTINE.

Mme DE GRAMMONT.

Qui vous a permis, mademoiselle, de vous servir de mes jetons? Ne vous avais-je pas défendu d'y toucher?

JULIE.

Ce n'est pas ma faute.

Mme DE GRAMMONT.

Et de qui donc, s'il vous plaît?

JULIE.

De M. d'Orgeville, et de sa sœur. J'avais tiré des cartes avec les jetons d'ivoire que vous avez bien voulu me donner. Fi donc! ont-ils dit l'un et l'autre. Nous ne sommes pas accoutumés à jouer avec ces jetons-là : il nous en faut d'argent. Là-dessus ils se sont mis à fouiller dans tous les tiroirs, jusqu'à ce qu'ils aient trouvé cette bourse.

Mme DE GRAMMONT.

Pourquoi ne pas leur déclarer la défense que je vous ai faite?

JULIE.

Bon! ils ont bien voulu nous entendre! Ils nous auraient battus, je crois, si nous n'avions pas voulu leur céder.

JUSTINE.

Voilà des enfans bien élevés, à ce qu'il me paraît!

Mme DE GRAMMONT.

Il fallait, au moins, compter les jetons avant de sortir.

JULIE.

C'est aussi ce que je voulais faire. Mais lorsque j'en avais compté une trentaine, M. d'Orgeville venait les reprendre. Enfin, il les a jetés pêle-mêle dans la bourse, et nous a entraînés dans le jardin.

Mme DE GRAMMONT.

Mais savez-vous qu'il en manque six?

JULIE.

Est-il vrai, maman?

Mme DE GRAMMONT.

Comment, s'il est vrai! quand je vous le dis. Voyez, si l'on peut s'en reposer en rien sur vous! C'est votre devoir de veiller à ce que rien ne se perde.

JULIE.

Eh! mon Dieu, maman, j'étais assez embarrassée. Ces enfans sont si brouillons! Il fallait les suivre sans cesse, et courir de l'un à l'autre, pour les empêcher de briser vos laques et vos porcelaines. Ils ont pu disperser les jetons pendant que j'étais occupée d'un autre côté.

Mme DE GRAMMONT.

Il faut pourtant qu'ils se trouvent.

JUSTINE.

Je n'en sais qu'un moyen, c'est de faire retourner les poches de tous ces petits messieurs, avant qu'ils ne sortent.

Mme DE GRAMMONT.

Fi donc, Justine! j'irai faire cet affront à leurs parens!

JULIE.

Oh! je suis bien sûre qu'aucun d'eux n'est capable d'une bassesse.

Mme DE GRAMMONT.

Je le crois aussi : mais à leur âge on est capable d'une étourderie. Va, ma fille, va leur demander poliment si quelqu'un de la compagnie, sans y penser, n'aurait pas mis des jetons avec son argent dans sa bourse. Ta commission est délicate, et demande beaucoup de ménagemens. Prends bien garde à n'offenser personne, en laissant entrevoir quelques soupçons injurieux.

JULIE.

Oui, maman; j'y vais.

Mme DE GRAMMONT.

Accuse-toi devant eux de négligence; et dis leur qu'on s'en prendrait à toi si les jetons ne pouvaient se retrouver.

JULIE.

Je comprends à merveille. Laissez-moi faire.

Mme DE GRAMMONT.

Tu diras en passant à Robert de venir me parler ici.

JULIE.

Oui, maman.

SCÈNE IV.

Mme DE GRAMMONT, JUSTINE.

JUSTINE, *qui s'est occupée à chercher pendant la fin de la dernière scène.*

Je puis toujours bien répondre qu'ils ne sont pas dans cette pièce. Il n'y a pas un recoin que je n'aie visité.

Mme DE GRAMMONT.

Voilà des choses qui ne devraient pas arriver dans ma maison. Je tremble autant que je désire d'être éclaircie sur cet évènement.

SCÈNE V.

Mme DE GRAMMONT, JUSTINE, ROBERT.

ROBERT.

Me voici, madame; que voulez-vous de moi?

Mme DE GRAMMONT.

Robert, c'est pour vous dire qu'il manque six jetons d'argent.

ROBERT.

Est-ce que madame me soupçonnerait de les avoir détournés?

Mme DE GRAMMONT.

A Dieu ne plaise, mon ami! je te connais trop bien pour avoir de pareilles idées. Mais comme tu as traversé l'appartement, je voulais te demander si tu ne les avaient pas vus sur quelques fauteuils.

ROBERT.

Des jetons sur des fauteuils?

Mme DE GRAMMONT.

Je sais que ce n'est pas leur place ; mais les enfans s'en sont servis pour jouer. Ils les auront peut-être laissés étourdiment dans un coin, et tu aurais pu les voir.

ROBERT.

Je ne les ai pas vus, madame.

Mme DE GRAMMONT.

Tant pis ; me voilà fort embarrassée. Je ne sais quel parti prendre. Il faut certainement qu'il se soient perdus aujourd'hui : je les comptai moi-même hier au soir. Mais cherchez donc, Justine.

JUSTINE.

Vous avez vu, madame, que je n'ai pas perdu un moment. Les pauvres domestiques sont bien à plaindre quand il s'égare quelque chose dans une maison ! On gronde et l'on soupçonne même les plus honnêtes.

Mme DE GRAMMONT.

Les plus honnêtes doivent me pardonner de les comprendre dans mes recherches pour découvrir celui qui ne l'est pas.

ROBERT.

Vous pouvez commencer par moi, madame. Les fripons sont les premiers à se fâcher de ce qu'on les suspecte.

JUSTINE.

Je ne crains rien de ce côté, Dieu merci. Mais c'est toujours un affront pour des domestiques lorsqu'il se fait des recherches dans une maison.

Mme DE GRAMMONT.

Mettez-vous un moment à ma place; que feriez-vous?

ROBERT.

Ce que je ferais, madame? Il me vient une idée; et, si vous me permettez de l'exécuter, je vous garantis que je retrouverai ce que nous cherchons.

Mme DE GRAMMONT.

Mais songes-tu qu'il ne faut compromettre personne? Quel est ton dessein?

ROBERT.

Je ne puis vous le dire; un seul mot le ferait manquer. Ayez la bonté seulement de faire assembler ici tout le monde. Je vous promets que le voleur se dénoncera lui-même.

Mme DE GRAMMONT.

Je ne sais si je dois...

ROBERT.

Vous me connaissez, ma chère maîtresse. Soyez sûre que personne n'aura à se plaindre que le coupable; et je ne crois pas que vous vouliez le ménager.

Mme DE GRAMMONT.

Eh! bien! je connais ta prudence, je m'en rapporte à toi.

ROBERT.

Bon! je vais tout disposer pour mon sortilége. N'en soyez point effrayée. Rien n'est plus naturel. (*Il sort.*)

SCÈNE VI.

Mme DE GRAMMONT, JUSTINE.

JUSTINE.

Madame, il a parlé de sortilége; avez-vous entendu? si je n'étais pas si sûre d'être innocente, j'en mourrais d'avance de frayeur.

Mme DE GRAMMONT.

Taisez-vous donc, imbécile.

SCÈNE VII.

Mme DE GRAMMONT, AUGUSTE, JUSTINE.

Mme DE GRAMMONT.

Te voilà, Auguste? D'où vient cet air empressé? Est-ce que tu me rapportes les jetons?

AUGUSTE.

Non, maman; je ne fais que d'apprendre qu'il vous en manque six. Ma sœur vient de nous le dire.

Mme DE GRAMMONT.

Et comment a-t-on reçu cette nouvelle?

AUGUSTE.

Nous avons tous été bien surpris. Les petits Duluc

et leur sœur veulent venir se défendre auprès de vous. Ils sont tous très-fâchés, maman.

Mme DE GRAMMONT.

Comment donc? Je les suspecte moins que personne au monde. Et M. d'Orgeville?

AUGUSTE.

Oh! il est furieux. Il dit que c'est lui faire une bien mauvaise réception que de le regarder comme un voleur.

Mme DE GRAMMONT.

J'espère que Julie n'aura pas employé d'expression désobligeante?

AUGUSTE.

Non, maman; au contraire, elle a parlé avec beaucoup de politesse.

Mme DE GRAMMONT.

Pourquoi donc M. d'Orgeville s'est-il emporté? Il n'y avait rien de personnel pour lui.

AUGUSTE.

Je ne sais, mais sa sœur l'a tiré à part : il n'a pas daigné seulement l'écouter. Il voulait s'en aller tout de suite. Par bonheur son chapeau est resté ici. Il revient le chercher; mais il a déclaré qu'il partirait sur l'heure. Il menace d'aller se plaindre à son papa.

Mme DE GRAMMONT.

Il ne sortira point; et je veux moi-même prévenir son père, lorsqu'il viendra le chercher.

AUGUSTE.

Tous les autres désirent et demandent à haute voix de venir se justifier auprès de vous.

Mme DE GRAMMONT.

Ils n'ont à se justifier de rien. Je ne voulais que savoir s'ils étaient en état de me donner quelques éclaircissemens; ils sont tous assez bien nés pour que je ne leur impute aucune indignité. Mais je connais les fantaisies des enfans : ils veulent tout voir, toucher à tout; et, par inadvertance, on peut mettre une chose dans sa poche sans avoir intention de la voler.

AUGUSTE.

Eh! mon Dieu, oui. J'avais bien pris l'autre jour, sans le savoir, la bourse de ma sœur.

Mme DE GRAMMONT.

Doucement! Je les entends sur l'escalier. Justine, laisse-moi seule avec eux, et va voir si Robert fait ses préparatifs.

JUSTINE.

J'y vais pour vous obéir, madame; mais ce n'est qu'en tremblant.

SCÈNE VIII.

Mme DE GRAMMONT, AUGUSTE, JULIE, le chevalier d'ORGEVILLE, ÉLISE, GABRIEL, LUCIEN, SOPHIE.

Mme DE GRAMMONT.

Bonjour, mes petits amis, je suis enchantée de vous voir.

D'ORGEVILLE.

Mademoiselle Julie vient de nous dire, madame,

qu'il manquait six des jetons d'argent avec lesquels nous avons joué ici par malheur. J'en suis très-fâché, mais je ne m'attendais pas qu'on pût soupçonner quelqu'un de la compagnie de les avoir pris. Je vous réponds au moins pour moi et pour ma sœur.

Mme DE GRAMMONT.

Que le ciel me préserve d'avoir de mauvaises idées des personnes de votre condition! Ma fille ne vous a certainement pas témoigné que j'eusse la moindre crainte?

ÉLISE.

Non, madame; elle nous a demandé seulement si nous les avions emportés par mégarde, ou pour jouer dans le jardin.

Mme DE GRAMMONT.

Vous auriez pu le faire innocemment. Je ne vois qu'elle seule de coupable en toute cette affaire; c'est de ne vous avoir pas fait jouer avec les jetons que je lui ai donnés pour son usage.

GABRIEL.

Nous n'aurions pas plus emporté des autres que de ceux-là.

LUCIEN.

Oh, mon Dieu! je n'aurais jamais osé remettre le pied dans une maison, si j'avais pris seulement une épingle chez vous...

SOPHIE, *en vidant ses poches.*

Tenez, voici mes poches. Je n'en ai pas d'autres à mon fourreau.

Mme DE GRAMMONT.

Eh! non, mes enfans; je vous ai déjà dit combien j'étais loin d'avoir de ces idées. La perte de six jetons n'est pas considérable. Cependant je ne puis vous cacher qu'elle m'affecte sensiblement. Je voudrais, pour dix fois ce qu'ils valent, qu'ils ne fussent pas égarés

D'ORGEVILLE.

Quand ils ne vaudraient qu'une bagatelle, ils ne devraient pas s'être perdus parmi nous. Mais on a des valets, et ces gens-là ne sont pas toujours fidèles. Ce n'est pas la première fois qu'on s'en est plaint au château.

JULIE.

Et moi je vous assure que cela n'est jamais arrivé dans notre maison.

AUGUSTE.

Je répondrais, la main sur le feu, de tous nos domestiques.

Mme DE GRAMMONT.

J'ai mis, en eux depuis long-temps la plus grande confiance; cependant, monsieur le chevalier, si vous aviez observé quelque chose, vous m'obligeriez de m'en avertir.

D'ORGEVILLE.

Oh! rien, rien... Mais quand nous sommes allés dans le jardin, n'ai-je pas vu la femme de chambre entrer ici?

Mme DE GRAMMONT.

Justine? monsieur le chevalier. Oh! je suis tranquille sur son compte. Depuis six ans qu'elle est chez moi, tout passe entre ses mains; et, si elle avait eu des projets sur ma fortune, elle aurait pu détourner des effets d'une bien plus grande importance.

D'ORGEVILLE.

Votre vieux domestique n'y est-il pas entré aussi? Il n'a pas une figure très-heureuse, ce grison-là; je ne voudrais pas le rencontrer le soir sur mon chemin.

Mme DE GRAMMONT.

Fi donc, monsieur ! qui peut vous avoir donné ces préventions contre l'honnête Robert? C'était l'homme affidé de mon beau-père, et il est plus ancien que moi dans la famille. S'il pouvait devenir infidèle, ni vous, ni moi, nous n'aurions plus sur la terre personne à qui nous confier.

D'ORGEVILLE.

Enfin, madame, quelqu'un peut s'être glissé dans le salon après nous.

Mme DE GRAMMONT.

Oui, cela pourrait être; et je vais m'en éclaircir. Amusez-vous à jouer jusqu'à mon retour.

D'ORGEVILLE.

Non, madame, après ce qui s'est passé, je ne puis rester ici plus long-temps. Monsieur Auguste, ne sauriez-vous point ce qu'est devenu mon chapeau ?

AUGUSTE.

Robert l'a pris pour le nettoyer. Il vous le rapportera.

D'ORGEVILLE.

Il me le faut sur-le-champ.

ÉLISE.

Est-ce que tu ne veux pas attendre mon papa? Tu sais qu'il doit venir nous chercher dans sa voiture.

Mme DE GRAMMONT.

Je ne souffrirai point que vous vous en retourniez à pied. Il y a près d'une lieue d'ici au château. Attendez-moi, je vous prie; je ne tarderai guère à revenir.

SCÈNE IX.

AUGUSTE, JULIE, D'ORGEVILLE, ÉLISE, GABRIEL, LUCIEN, SOPHIE.

D'ORGEVILLE.

Je suis fort surpris que votre maman ait osé se permettre des soupçons à notre égard. Des personnes comme nous, voler des jetons!

JULIE.

Elle n'a jamais eu cette pensée, monsieur. Elle a pu croire que nous les aurions mis, par distraction, dans notre poche; et j'aurais été capable aussi bien qu'une autre de cette étourderie. Mais voler! il n'y a pas un mot qui ressemble à cela dans tout ce qu'elle a dit.

D'ORGEVILLE.

S'il n'y avait eu ici que des petits bourgeois (*en regardant Gabriel, Lucien et Sophie.*), elle aurait pu croire tout ce qu'elle aurait voulu ; mais elle devait bien savoir faire une différence.

GABRIEL.

C'est de nous apparemment que vous entendez parler, monsieur : votre regard me le dit : Mais il faut que je vous dise à mon tour qu'ici à la campagne, c'est la manière de penser et de vivre, et non la naissance, qui fait la véritable noblesse.

D'ORGEVILLE.

Voyez donc comme ces campagnards s'ennoblissent, pour un petit coin de terre qu'ils labourent ! Vous êtes bien heureux qu'il n'y ait pas d'autres enfans que vous dans notre voisinage, et que nous soyons obligés, M. Auguste et moi, de vous recevoir dans notre compagnie, pour nous aider à nous divertir ! A la ville, vous n'auriez pas eu cet honneur, je vous en réponds, malgré votre manière de vivre et de penser.

AUGUSTE.

Parlez pour vous seul, M. d'Orgeville. A la ville, comme ici, je me ferai toujours honneur de la société de mes chers amis.

JULIE.

Oui certainement, monsieur le chevalier. Ils nous donnent plus de bons exemples dans un jour, que nous n'en recevrions dans un an d'une douzaine de petits gentilshommes comme vous.

ÉLISE.

Voilà, mon frère, ce que tu mérites. Pourquoi les attaquer !

D'ORGEVILLE.

Ne vas-tu pas aussi faire la philosophe, toi? Tu penses certainement comme moi, dans fond du cœur, quoi que tu n'en dises rien. Est-ce que tu as oublié ce que maman nous répète tous les jours des enfans de bourgeois? « Ne vous mêlez jamais avec les petites gens. Dans une basse condition on ne peut avoir que des sentimens bas. »

AUGUSTE.

Est-ce que vous croiriez mes amis capables de prendre quelque chose dans une maison étrangère?

GABRIEL.

Dites, monsieur : nous avez-vous vus seulement approcher de la table?

SOPHIE.

Au lieu que je vous ai vu, moi, tenir des jetons dans votre main, et les regarder même de fort près. (*D'Orgeville s'élance vers elle, et veut la frapper. Auguste et Gabriel se mettent devant lui, et le retiennent.*)

AUGUSTE.

Doucement, doucement; c'est à moi que vous aurez à faire.

GABRIEL.

Non, mon ami, je saurai bien défendre ma sœur. Qu'il ose seulement la menacer! Je lui déclare que je ne suis pas plus épouvanté de sa taille que de sa noblesse.

D'ORGEVILLE.

Oh! je ne suis pas fait pour me battre avec de petits bourgeois.

JULIE.

Fort bien. Et vous ne vous seriez pas compromis sans doute à battre une petite bourgeoise.

D'ORGEVILLE.

Je ne laisse pas attaquer mon honneur.

ÉLISE.

Cette petite fille aurait encore mieux fait de se taire.

JULIE.

C'est un enfant; et l'on peut bien lui pardonner, surtout lorsqu'elle dit la vérité.

D'ORGEVILLE.

La vérité? Qu'entendez-vous donc par là?

GABRIEL.

Que vous avez tenu des jetons dans vos mains, et que vous les avez regardés : rien de plus. A-t-elle dit autre chose? et cela n'est-il pas vrai?

D'ORGEVILLE.

Je ne m'abaisse pas à vous répondre.

GABRIEL.

Rien de mieux à faire lorsqu'on n'a que de mauvaises raisons à répliquer.

SCÈNE X.

Mme DE GRAMMONT, AUGUSTE, JULIE, D'ORGEVILLE, ÉLISE, GABRIEL, LUCIEN, SOPHIE.

Mme DE GRAMMONT.

Qu'est-ce donc que ce vacarme, messieurs? Est-

ce qu'il y aurait des querelles dans ma maison?
D'ORGEVILLE.
J'espère, madame, que vous me vengerez des insultes que je viens de recevoir de ces gens-là.
Mme DE GRAMMONT.
Qui appelez-vous ces gens-là? Je ne suis pas accoutumée à entendre nommer ainsi ces messieurs, et moins encore à recevoir des plaintes sur leur compte.
AUGUSTE.
C'est qu'ils n'ont pas été d'humeur de souffrir les grands airs avec lesquels on voulait les traiter.
JULIE.
Oui, monsieur le chevalier est mécontent de ce que nous ne lui avons pas donné une société de jeunes princes.
GABRIEL.
Il s'imagine qu'on doit nous soupçonner d'avoir pris des jetons, plutôt qu'une personne de sa naissance.
LUCIEN.
Comme si nous n'avions pas notre honneur à garder comme lui!
SOPHIE.
Et ne voulait-il pas aussi me battre? Heureusement que mon frère a su lui rabattre son caquet.
Mme DE GRAMMONT.
Mais cela n'est pas croyable!
ÉLISE.
C'est que mon frère est un peu vif.

Mme DE GRAMMONT.

La vivacité sied très-bien à son âge; mais il ne faut pas être dédaigneux, turbulent et inconsidéré.

SCÈNE XI.

Mme DE GRAMMONT, AUGUSTE, JULIE, D'OR-GEVILLE, ÉLISE, GABRIEL, LUCIEN, SOPHIE, ROBERT, *portant un coq dans une corbeille couverte d'une serviette.*

ROBERT.

Il n'y a rien à dire, madame : tous les gens de votre maison sont innocens; aussi vrai que je m'appelle Robert, et que mon coq est un devin qui ne se trompe jamais.

SOPHIE, *en sautant de joie.*

Oh! un coq, un coq!

ROBERT.

Oui, ce n'est pas autre chose. Voyez-vous? (*Il soulève un peu la serviette, et laisse entrevoir un peu la crête et le cou de l'animal.*) Vous voyez bien? C'est un coq, mais un coq qui n'a jamais eu son pareil. Il me dit des choses que personne au monde ne peut savoir. S'il y a un brin de paille perdu, je n'ai qu'à lui faire ma consultation, et il devine tout de suite qui l'a dérobé, quand il serait à dix lieues de là, et qu'on l'aurait mis sous trente serrures.

JULIE.

Tu pourras donc découvrir qui a pris les jetons?

ROBERT.

Comment, si je le pourrai? Dernièrement, au cabaret, on m'avait escamoté ma pipe. Je courus tout de suite chercher mon coq, et il m'apprit que c'était ce vilain postillon qui s'est cassé la jambe depuis ce temps-là.

SOPHIE.

Vous savez donc faire parler votre coq?

ROBERT.

Oui vraiment, comme les coqs savent parler, *co, co, coquerico*. Avec cela, nous nous entendons à merveille, tout comme si je discourais avec vous.

JULIE.

Tu ne nous avais pas instruits de ton talent?

ROBERT.

C'est qu'ordinairement rien ne se vole dans cette maison.

JULIE.

Maman, je vous en prie, laissez-lui faire son tour.

Mme DE GRAMMONT.

Je le veux bien. Cela vous donnera du moins un quart d'heure d'amusement. Allons, Robert, tu peux commencer.

ROBERT.

Oh! madame, on ne va pas si vite. Il me faut d'abord une chambre où il n'y ait pas un rayon de jour.

Mme DE GRAMMONT.

Rien de plus facile. Il n'y a qu'à fermer les volets.

JULIE.

Maman, je cours les pousser en dehors.

Mme DE GRAMMONT.

Tu ne saurais attendre? Robert se chargera de ce soin.

ROBERT.

Oui, madame, j'y vais. (*Il sort.*)

SCÈNE XII.

Mme DE GRAMMONT, AUGUSTE, JULIE, D'OR-
GEVILLE, ÉLISE, GABRIEL, LUCIEN, SO-
PHIE.

(*Aussitôt que Robert est sorti, tous les enfans s'attroupent autour de la corbeille, soulèvent la serviette, et regardent dessous. D'Orgeville seul se tient éloigné. Sa contenance annonce le trouble et l'embarras.*)

AUGUSTE.

Ce coq annonce certainement quelque chose de surnaturel. Ses yeux sont étincelans comme deux étoiles.

JULIE.

Et sa crète, comme elle est rouge! comme elle se dresse et s'agite sur sa tête!

SOPHIE.

Vous vous imaginez donc qu'il sait faire tout ce que dit Robert?

LUCIEN.

Notre papa nous a instruits de ce qu'il fallait croire de tous ces contes de bergers.

GABRIEL.

Robert est un vieux chasseur; et je suis sûr qu'il s'entend mieux à faire taire les oiseaux avec son fusil, qu'à faire parler les coqs avec sa baguette.

ÉLISE.

Que sait-on? J'ai entendu raconter à ma bonne des choses si extraordinaires!

D'ORGEVILLE.

Comment peux-tu écouter de pareilles sottises, ma sœur? si j'avais mon chapeau...

Mme DE GRAMMONT.

Tant mieux, chevalier, que vous en ayez cette idée. Je voudrais qu'on parvînt à détromper Robert de ses imaginations. Un coq deviner les voleurs! Quelle simplicité.

D'ORGEVILLE, *avec affectation.*

Nous allons bien rire, je crois, à ses dépens. (*Les volets se ferment tout à coup.*) (*Avec inquiétude.*) Mais pourquoi donc cette obscurité? Je n'aime pas à être dans les ténèbres, moi.

JULIE.

Maman, si le coq ne voit personne, comment pourra-t-il reconnaître le voleur?

Mme DE GRAMMONT.

Je n'y comprends rien.

SOPHIE.

Je voudrais bien avoir le secret de le faire chanter.

Allons, mon petit coq, vois combien il fait noir. Régale-nous de ton *coquericot* de minuit... Il ne dit mot.

JULIE.

Apparemment qu'il n'obéit qu'à la voix de son maître. (*Robert rentre dans le salon.*)

SCÈNE XIII.

Mme DE GRAMMONT, AUGUSTE, JULIE, D'ORGEVILLE, ÉLISE, GABRIEL, LUCIEN, SOPHIE, ROBERT.

Mme DE GRAMMONT.

Te voilà content, Robert? il n'y a plus de jour.

ROBERT.

Oui, madame. C'est bien comme cela. Maintenant ceux qui n'ont rien à se reprocher peuvent demeurer ici. Mais s'il y a quelqu'un de coupable, je lui conseille de s'en aller. Quoi! tout le monde reste.

D'ORGEVILLE.

Voyez la belle finesse? crois-tu qu'on en soit la dupe?

ROBERT.

Je vois donc qu'il faut employer ma grande magie. (*Il fait siffler sa baguette, en la faisant tournoyer rapidement dans l'air; puis on l'entend tracer à terre des cercles redoublés autour de la corbeille, en pronon-*

6.

çant à haute voix des mots barbares.) Voilà qui se dispose à merveille.

Or ça, mon coq, prends bien garde aux fripons
Qui nous ont volé nos jetons.

Allons, mes petits messieurs et mes petites demoiselles, approchez-vous. Que chacun, à son tour, vienne passer la main droite sous la serviette, et caresser mon coq sur le dos. Vous entendrez le beau ramage qu'il fera, lorsqu'il sera touché par le criminel.

Or ça, mon coq, prends bien garde aux fripons
Qui nous ont volé nos jetons.

Eh bien, est-ce qu'aucun de vous n'ose commencer !

Mme DE GRAMMONT.

Comment donc ? on pourrait croire que vous êtes tous coupables ?

SOPHIE.

Je suis la plus petite, mais je vais donner l'exemple, moi. (*Elle lève d'une main la serviette, et passe l'autre deux ou trois fois sur le dos du coq.*) Voyez-vous ? Il ne chante pas. Ce n'est donc pas moi qui ai volé.

ROBERT.

Fort bien. Passez maintenant, de ce côté, votre main par derrière. Y est-elle ?

SOPHIE.

Touchez.

ROBERT.

Bon. A vous, monsieur Auguste.

AUGUSTE.

Oh! je ne crains pas plus que Sophie.—Voilà qui est fait. Voyez, s'il a chanté? Tiendrais-je aussi la main derrière?

ROBERT.

Eh! sûrement, c'est pour tous. Passez donc là. Allons, un autre.

SOPHIE.

J'y vais. — S'il avait chanté pour moi, il aurait été un grand menteur.

ROBERT.

Rangez-vous auprès de votre frère. Qui vient maintenant?

ÉLISE.

C'est à mon tour. — Muet comme un poisson! Ce n'est pourtant pas faute de le toucher. J'ai passé ma main quatre fois.

ROBERT.

Toutes les mains sont-elles au moins derrière le dos?

SOPHIE, AUGUSTE, JULIE, ÉLISE.

Oui, oui, oui, oui.

GABRIEL et LUCIEN.

Après vous, monsieur le chevalier.

D'ORGEVILLE.

Bon! je donne bien dans ces bêtises, moi.

Mme DE GRAMMONT.

Est-ce que vous voulez faire manquer notre jeu? Un peu de complaisance, je vous prie.

D'ORGEVILLE.

Oh! s'il ne tient qu'à cela, de tout mon cœur. — Je ne vois pas qu'il ait chanté pour moi plus que pour les autres.

SOPHIE.

Oh! mon Dieu! il n'y a plus que mes frères. Est-ce que ce serait l'un des deux?... Oh non! je ne le crois pas. (*Gabriel et Lucien font la même cérémonie, sans que le coq pousse un seul cri. Alors, tous les enfans partent d'un grand éclat de rire, en s'écriant :*) Et le voleur? le voleur? Il n'y en a donc pas?

Mme DE GRAMMONT.

Robert, vous devriez envoyer votre coq au sabat; il n'est pas encore assez grand sorcier. Cependant mes jetons ne se retrouvent point.

ROBERT.

Voilà qui me confond. Mais, patience. Ne bougez pas. Toujours la main derrière le dos. (*Les enfans veulent se déranger.*) Restez donc là, vous dis-je. C'est comme le vif argent; cela ne saurait tenir en place. (*A madame de Grammont.*) Madame, il faut qu'il manque quelque chose à mes cercles. Je vais chercher une lumière pour voir. Ayez soin, je vous prie, que personne ne se déplace jusqu'à mon retour. (*Il sort.*)

SCÈNE XIV.

Mme DE GRAMMONT, AUGUSTE, JULIE, D'ORGEVILLE, ÉLISE, GABRIEL, LUCIEN, SOPHIE.

D'ORGEVILLE.

Je savais bien, moi, ce qui arriverait de tout cela. Pures bêtises !

SOPHIE.

C'est un coq-à-l'âne, son coq.

ÉLISE.

Je suis bien aise de le voir attrappé.

JULIE.

Qu'est-ce qu'il veut donc faire encore avec sa lumière ?

Mme DE GRAMMONT.

Nous le saurons.

SOPHIE.

Je voudrais voir le coq, à présent. Il doit avoir l'air bien honteux, je crois.

SCÈNE XV.

Mme DE GRAMMONT, AUGUSTE, JULIE, D'ORGEVILLE, ÉLISE, GABRIEL, LUCIEN, SOPHIE, ROBERT.

(*Robert revient avec un flambeau. Il marche vers l'endroit où tous les enfans sont rangés. Il s'arrête à Sophie, qui se trouve la première.*)

Allons, donnez-moi votre petite main. (*Elle lui*

tend la main gauche.) Non pas celle-là, celle qui est derrière le dos. Bon.

SOPHIE, *en regardant sa main, et poussant un grand cri.*

O mon Dieu, quelle vilaine main j'ai là : noire comme du charbon ! Est-ce qu'elle restera noire toujours ?

ROBERT.

N'ayez pas peur, j'en parlerai à mon coq : il vous la rendra blanche comme la neige. (*Les autres enfans n'ont pas la patience d'attendre que Robert vienne visiter leurs mains. Ils regardent avec précipitation, et on les entend s'écrier presque tous à la fois.*)

AUGUSTE.

Comme j'ai les doigts tout noircis !

JULIE.

Et moi donc ? Ce vilain Robert !

ÉLISE.

Le coq mériterait qu'on lui tordît le cou.

GABRIEL.

Je n'ai pas mal accommodé mes manchettes.

LUCIEN.

C'est comme si j'avais trempé la main dans le pot au noir.

D'ORGEVILLE, *élevant ses mains d'un air triomphant :*

Voyez-vous ? il n'y a que moi qui les ai conservées propres.

ROBERT, *courant à lui, et le saisissant par le collet.*

C'est donc vous, monsieur le chevalier, qui avez

les jetons. Rendez-les tout de suite; sinon je vous fouille, et vous noircis de la tête aux pieds.

ÉLISE.

Le noircir? O mon frère! que deviendrais-tu? Si tu les as, dépêche-toi de les rendre.

Mme DE GRAMMONT.

Songez-vous, Robert, à ce que vous dites?

ROBERT.

Je suis sûr de mon fait. Les jetons, ou un visage de nègre le plus foncé du Congo.

D'ORGEVILLE, *en pâlissant, et avec une profonde consternation :*

Se pourrait-il que sans y penser? (*Il fouille dans ses poches.*) Il est vrai que je les ai tenus dans les mains. (*Il fait comme s'il les trouvait tout à coup dans un coin de sa veste.*) Eh! mon Dieu, les voilà! Qui aurait imaginé?... (*Tous les enfans paraissent frappés de surprise, et d'Orgeville de confusion.*)

Mme DE GRAMMONT.

Robert. *Il s'approche d'elle.* (*Haut.*) Emportez votre coq et votre lumière, et allez nous ouvrir les volets. (*Bas.*) Gardez-vous d'apprendre aux domestiques comment vous avez retrouvé les jetons. Dites qu'ils étaient au fond d'un tiroir.

ROBERT.

Il suffit, madame. (*Il sort.*)

SCÈNE VI.

Mme DE GRAMMONT, AUGUSTE, JULIE, D'OR-
GEVILLE, ÉLISE, GABRIEL, LUCIEN, SO-
PHIE.

Mme DE GRAMMONT, *aux enfans.*

Mes amis, passez dans ce cabinet; vous trouverez de l'eau pour laver vos mains. Prenez bien garde à salir vos habits.

SOPHIE.

Oui, pourvu que ce noir s'en aille. Si j'allais rester barbouillée?

Mme DE GRAMMONT.

Ce n'est qu'une détrempe de suie; une goutte d'eau l'emportera. Vous, monsieur le chevalier, comme vos mains sont propres, vous pouvez rester ici. (*Les enfans passent dans le cabinet.*)

SCÈNE XVII.

Mme DE GRAMMONT, D'ORGEVILLE.

Mme DE GRAMMONT.

Eh bien! monsieur, se peut-il que vous soyez coupable d'une action aussi basse? Le voilà pourtant, ce jeune gentilhomme, qui était si dédaigneux tout à l'heure envers d'honnêtes enfans de bourgeois; qui croyait sa noblesse compromise dans leur société! Ce n'est qu'un vil filou.

D'ORGEVILLE.

Pardonnez-moi, madame... C'est que je jouais avec les jetons.... et, sans y penser.... Je ne puis vous dire comment ils se trouvent sur moi.

Mme DE GRAMMONT.

Indigne excuse, qui aggrave encore votre faute! Comment peut-on, à votre âge, montrer tant d'assurance et de front!

D'ORGEVILLE.

Certainement, madame, je n'avais pas de mauvais desseins.... C'est que j'étais si honteux qu'on pût me prendre pour un voleur!

Mme DE GRAMMONT.

Mais, après les ménagemens et la délicatesse que j'avais dit à ma fille d'employer en les demandant, vous n'auriez pas eu à rougir de vous fouiller et de les rendre. Cela n'aurait passé que pour une pure inadvertance, une simple étourderie.

D'ORGEVILLE.

Je n'y pensais pas.

Mme DE GRAMMONT.

Et à quoi pensiez-vous, lorsque vous avez voulu faire tomber mes soupçons sur de braves domestiques et sur les amis de mes enfans? A quoi pensiez-vous, lorsque vous avez fait semblant de passer la main dans la corbeille, et de caresser le coq?

D'ORGEVILLE.

Mais, je l'ai caressé.

Mme DE GRAMMONT.

Allez, petit scélérat; non, je ne trouve pas ce

mot trop fort pour vous. Heureusement que vous n'avez pas acquis assez d'expérience pour savoir cacher vos crimes. Vous avez touché le coq, dites-vous. Et ne voyez-vous pas que vous vous seriez noirci les mains, puisqu'il avait sur le dos une détrempe de suie ? Les autres n'ont pas eu peur de le caresser, parce que leur conscience ne leur reprochait rien ; mais vous, la crainte où vous étiez que l'artifice de Robert ne fût réellement un sortilége, vous a retenu. Vous avez cru ne pas vous trahir, par ce qui vous a précisément décélé. Vous méritez que je raconte cette belle aventure à monsieur votre père, lorsqu'il viendra vous chercher ce soir.

D'ORGEVILLE, *se jetant à ses genoux.*

Oh ! non, madame, je vous en supplie. Il me battrait, il m'étoufferait sous ses pieds.

Mme DE GRAMMONT.

Ce serait peut-être mieux que d'élever un monstre, qui le déshonorera un jour par ses infamies. Car, de quoi ne seriez-vous point capable dans un âge plus avancé, puisque dès l'enfance vous êtes déjà familier avec le crime.

D'ORGEVILLE.

Ah ! madame, pardonnez-moi par pitié. Jamais, jamais....

Mme DE GRAMMONT.

Combien de fois n'avez-vous pas fait ces promesses ? Ce n'est pas ici votre coup d'essai : toutes les circonstances me l'annoncent. Un enchaînement de mensonges si impudens !

D'ORGEVILLE.

Eh bien! si vous apprenez que de ma vie je touche à quelque chose que ce soit au monde.

Mme DE GRAMMONT.

Avant tout, dites-moi, que vouliez-vous faire de ces jetons; vous ne pouviez espérer de vous en servir sans qu'on les reconnût. C'était donc pour les vendre?

D'ORGEVILLE.

Oh! ne le croyez pas; c'est qu'ils me faisaient plaisir à la vue. Je me figurais que c'était comme d'autres jouets; et je les ai mis dans ma poche seulement pour les avoir à moi.

Mme DE GRAMMONT.

Comment pouvez-vous avoir envie de ce qui appartient aux autres? De quel droit surtout osez-vous le prendre et vous l'approprier? Avouez-le-moi, monsieur; est-ce la première fois?

D'ORGEVILLE, *en se cachant le visage.*

Hélas! non, madame. J'en ai pris aussi de temps en temps à la maison, et comme on n'a jamais su que c'était moi, je pensais encore aujourd'hui....

Mme DE GRAMMONT.

Voilà une très-mauvaise pensée! Quand il n'y aurait personne sur la terre qui pût s'en apercevoir, ne savez-vous pas que Dieu voit tout, et qu'il ne laisse rien impuni? Peut-être que cet évènement est pour votre bien; et vous vous corrigerez beaucoup mieux, lorsque vous aurez été châtié comme vous le méritez.

D'ORGEVILLE.

Ah! que ce soit par vous, par tout le monde, mais non par mon papa. Qu'il n'en sache rien, je vous en conjure! Dites-le, si vous voulez, à maman, ou à mon précepteur.

Mme DE GRAMMONT.

Oui, je sens combien cette nouvelle affligerait mortellement monsieur votre père; et, par égard pour lui, non pour vous, je veux bien la lui cacher; mais à condition que vous viendrez ici avec votre précepteur, et que vous me ferez en sa présence une promesse sacrée de vous corriger. Je le prierai de veiller sur votre conduite; et s'il vous arrivait jamais de manquer à votre parole, je ne me contenterais pas d'en instruire votre famille, je le publierais devant toute la terre.

D'ORGEVILLE.

Oui; j'y consens, j'y consens.

Mme DE GRAMMONT.

Je vous aurais défendu le seuil de ma porte, si je n'avais à cœur de vous voir changer. J'en veux juger par moi-même. Vous pouvez continuer de de venir ici.

D'ORGEVILLE.

Eh! comment oserai-je paraître devant vos domestiques?

Mme DE GRAMMONT.

Tranquillisez-vous, monsieur; j'ai eu plus de soin de votre réputation que vous-même. J'ai défendu à Robert de leur en rien dire; et pour couvrir votre mensonge, vous m'avez forcée d'en imaginer un qui pût vous justifier à leurs yeux.

D'ORGEVILLE.

Ah! madame, que ne vous dois-je pas? Non, je n'oublierai de ma vie le service que vous m'avez rendu. Mais vos enfans, et leurs amis?

Mme DE GRAMMONT.

Je les connais; ils sont assez généreux pour vous pardonner. Faites-les venir. (*D'Orgeville marche lentement vers le cabinet, et les appelle.*)

SCÈNE XVIII.

Mme DE GRAMMONT, AUGUSTE, JULIE, D'ORGEVILLE, ÉLISE, GABRIEL, LUCIEN, SOPHIE.

ÉLISE.

Allez, monsieur, c'est indigne. Vous n'êtes plus mon frère. Je ne veux plus vous voir.

Mme DE GRAMMONT.

Non, mademoiselle, le chevalier n'est pas si coupable qu'il peut le paraître; il vient de m'avouer sa conduite. C'était pour jouer encore dans le jardin, qu'il avait mis les jetons dans sa poche. Mais quand la chose a semblé prendre la tournure d'une accusation de vol, il a eu peur d'en être soupçonné. C'est une mauvaise honte que j'excuse : mais ce que je ne puis excuser (*en s'adressant aux petits Duluc*), c'est d'avoir voulu vous rendre suspects dans mon esprit.

GABRIEL.

Oh! madame, nous ne lui en voulons plus de mal, à présent. Nous savons qu'il faut pardonner, même à ceux qui nous offensent, surtout lorsqu'ils sont malheureux.

Mme DE GRAMMONT.

Vous voyez, chevalier, combien la noblesse des sentimens l'emporte sur celle de la naissance. Vous voilà réduit à la merci de ceux que vous accablés d'outrages ; et, avec toute la fierté de votre nom, vous êtes l'objet de leur pitié.

D'ORGEVILLE.

Oh! quelle honte pour moi! Suis-je assez humilié?

GABRIEL.

Nous ne vous le ferons jamais sentir. Tout ceci restera en secret entre nous. N'est-ce pas? Lucien.

LUCIEN.

Il peut compter sur mon silence.

GABRIEL.

Et toi? Sophie.

SOPHIE.

Je ne veux pas le faire battre. Je sens combien cela fait mal. (*D'Orgeville se jette à leur cou, et les embrasse.*)

D'ORGEVILLE.

Je n'ose vous demander à être encore reçu dans votre société.

GABRIEL.

Ce sera beaucoup d'honneur pour nous, si elle vous est agréable.

AUGUSTE et JULIE.

Nous vous verrons avec le même plaisir, tant que vous serez bien avec nos amis.

ÉLISE.

Vous êtes trop bons : il ne le mérite pas. Il faut que mon papa soit instruit de tout ce qu'il a fait.

Mme DE GRAMMONT.

Vous perdriez beaucoup dans mon estime, mademoiselle, si vous n'étiez pas touchée du repentir de votre frère, quand des étrangers en oublient leurs offenses. Ne cherchez point à profiter de l'avantage que sa faute vous donne, pour le perdre dans l'esprit de ses parens ; mais pour l'empêcher, par de sages conseils, de se rendre indigne de leur tendresse. J'ose répondre que vous n'aurez jamais à rougir de lui.

D'ORGEVILLE.

Je serais bien indigne de tant de bontés, si cette leçon ne me servait pas pour la vie.

SOPHIE.

Prenez-y garde au moins, ou gare le coq de Robert !

L'EMPLOI DU TEMPS.

Martin, quoique simple compagnon, excellait dans son métier. Il aspirait de tous ses désirs à devenir maître ; mais il lui manquait une certaine somme pour se faire recevoir.

Un marchand, qui connaissait son industrie, voulut bien lui prêter cent écus pour trois ans, afin qu'il payât sa maîtrise, et qu'il achetât ce qui lui était nécessaire pour le mettre en état de travailler.

On se figurera sans peine la joie de Martin. Il voyait déjà dans son imagination sa boutique richement étoffée. Il avait peine à compter le nombre de pratiques nouvelles qui s'empresseraient de l'employer, et tout l'argent que son travail allait lui rapporter au bout de l'année.

Dans les transports extravagans de joie où le jetaient ces pensées, il aperçoit un cabaret. Allons, dit-il, en y entrant, il faut commencer à tirer de cet argent quelque plaisir.

Il hésita quelques momens à demander du vin. Sa conscience lui criait à haute voix que le moment de jouir n'était pas encore arrivé; qu'il fallait d'abord songer aux moyens de rembourser, au temps prescrit, les avances qu'on lui avait faites; que jusqu'alors il n'était pas honnête d'en dépenser un sou sans la plus grande nécessité. Il s'avançait vers le seuil de la porte, prêt à céder à ses premiers mouvemens de droiture. Cependant, dit-il, en retournant sur ses talons, quand je dépenserais aujourd'hui trente sous pour me réjouir du bonheur qui m'attend, il me resterait encore quatre-vingt-dix-neuf écus et demi. C'est plus qu'il n'en faut pour payer ma maîtrise et me mettre en fonds; et je puis, en un jour, réparer cette petite brèche par mon travail.

C'est ainsi que déjà, le verre à la main, il cherchait à étouffer ses reproches intérieurs. Mais, hélas! le pauvre homme! c'était le premier pas qui devait l'entraîner à sa ruine.

Le lendemain, une douce image du plaisir qu'il avait goûté la veille dans le cabaret vint se présenter à son esprit; et il fit beaucoup moins de façons avec sa conscience pour dépenser encore trente sous de la même manière. Il devait lui rester quatre-vingt-dix-neuf écus.

Les jours suivans, le goût de l'ivrognerie s'était si bien emparé de lui, qu'il prit sans remords trois écus l'un après l'autre, et les dépensa comme il avait fait du premier; car, se disait-il à chaque séance, ce n'est que trente sous. Oh! il m'en restera encore bien assez.

Telles étaient ses paroles insensées pour répondre à la voix de sa raison, qui de temps en temps se faisait entendre. Il ne considérait pas que sa fortune consistait en cent écus pleins, et que du sage emploi de la moindre partie dépendait l'utile destination de la somme entière.

Vous voyez, mes amis, par quels degrés insensibles il se précipita dans une vie de débauche. Il ne trouvait plus aucun plaisir à travailler, uniquement occupé, comme il était de sa richesse actuelle, qui lui semblait inépuisable. Cependant il ne tarda guère à s'apercevoir qu'elle diminuait de jour en jour. Il sentait avec effroi qu'il ne pouvait plus atteindre son but, parce qu'il n'y avait pas d'apparence que son bienfaiteur lui prêtât cent nouveaux écus, après l'avoir vu dissiper les premiers dans le désordre.

Bourrelé de honte et de remords, plus il cherchait à les étouffer dans le vin, plus il avançait l'heure de sa ruine. Enfin il arriva, ce funeste moment, où, dégoûté du travail, en horreur à lui-même, la vie lui devint insupportable, dans la perspective de l'avenir effrayant qui s'ouvrait devant lui.

Il s'éloigna de sa patrie, poursuivi par les furies du désespoir, et il alla se jeter dans une bande de de voleurs, avec lesquels il commit toutes sortes de scélératesses. Mais le ciel vengeur ne les laissa pas long-temps impunies, et une mort violente fut le dernier terme de ses jours criminels.

Oh! si le malheureux avait écouté la première fois les avis de sa raison et les reproches de sa conscience! tranquille aujourd'hui dans son état, il attendrait, au sein de l'aisance et de l'honneur, le repos d'une vieillesse fortunée.

Enfans, vous frémissez de sa folie déplorable. Telle est cependant celle de la plupart des hommes dans l'emploi qu'ils font de la vie. Elle leur a été donnée pour la couler heureusement dans les jouissances de la vertu, et ils la prodiguent à toutes les dissipations honteuses du vice : ils pensent qu'il leur en restera toujours assez pour en faire l'usage glorieux assigné par le Créateur. Cependant les jours, les mois, les années s'écoulent, et ils se trouvent emportés par leurs passions au bout de leur carrière, sans l'avoir remplie. Trop heureux encore, si leur égarement ne les pousse pas à se plonger dans l'abîme du désespoir!

LE FORGERON.

Monsieur de Cremy, passant vers minuit devant l'atelier d'un pauvre forgeron, entendit les coups redoublés de son marteau. Il voulut savoir ce qui le retenait si tard à l'ouvrage, et s'il ne pouvait gagner sa vie du labeur de sa journée, sans le prolonger si avant dans la nuit.

Ce n'est pas pour moi que je travaille, répondit le forgeron; c'est pour un de mes voisins qui a eu le malheur d'être incendié. Je me lève deux heures plus tôt, et je me couche deux heures plus tard tous les jours, afin de donner à ce pauvre malheureux de faibles marques de mon attachement. Si je possédais quelque chose, je le partagerais avec lui; mais je n'ai que mon enclume, et je ne puis pas la vendre; car c'est elle qui me fait vivre. En la frappant quatre heures de plus qu'à l'ordinaire, cela fait par semaine la valeur de deux journées, dont je puis céder le produit. Dieu merci, la besogne ne manque pas dans cette saison; et, quand on a des bras, il faut bien les faire servir à secourir son prochain.

Voilà qui est fort généreux de votre part, mon enfant, lui dit M. de Cremy; car, selon toute apparence, votre voisin ne pourra jamais vous rendre ce que vous lui donnez.

Hélas! monsieur, je le crains pour lui plus que pour moi; mais je suis bien sûr qu'il en ferait autant, si j'étais à sa place.

M. de Cremy ne voulut pas le détourner plus long-temps de ses occupations; et, lui ayant souhaité une bonne nuit, et il le quitta.

Le lendemain, ayant tiré de ses épargnes une somme de six cents livres, il la porta chez le forgeron, dont il voulait récompenser la bienfaisance, afin qu'il pût tirer son fer de la première main, entreprendre de plus grands ouvrages, et mettre ainsi en réserve quelques deniers du fruit de son travail pour les jours de sa vieillesse.

Mais quelle fut sa surprise, lorsque le forgeron lui dit : Reprenez votre argent, monsieur; je n'en ai pas besoin, puisque je ne l'ai pas gagné : je suis en état de payer le fer que j'emploie; et s'il m'en faut davantage, le marchand me le donnera bien sur mon billet : ce serait, de ma part, une grande ingratitude de vouloir le priver du gain qu'il doit faire sur sa marchandise, lorsqu'il n'a pas craint de m'en avancer pour cent écus dans le temps où je ne possédais que l'habit que j'ai sur le corps. Vous avez un meilleur usage à faire de cette somme, en la prêtant sans intérêt au pauvre incendié : il pourra, par ce moyen, rétablir ses affaires, et moi je pourrai dormir alors tout mon soûl.

M. de Cremy, n'ayant pu, malgré les plus vives instances, le faire revenir de son refus, suivit le conseil qu'il lui avait donné ; et il eut le plaisir de faire le bonheur d'une personne de plus que dans le premier projet de son cœur généreux.

L'ORPHELINE BIENFAISANTE.

Madame de Fonbonne, après avoir perdu son mari, venait encore de perdre un procès au sort duquel était attaché la plus grande partie de ses biens. Elle fut obligée de vendre ce qui lui restait de meubles et de bijoux ; et, en ayant placé le produit chez un banquier, elle se retira dans un village, pour y vivre avec économie de son modique revenu.

A peine avait-elle passé quelques mois dans son obscure retraite, qu'elle apprit la fuite du dépositaire infidèle des derniers débris de sa fortune. Qu'on se représente l'horreur de sa situation ! Les chagrins et les maladies l'avaient rendue incapable de toute espèce de travail ; et après avoir passé ses plus belles années au sein de l'aisance et des plaisirs, il ne lui restait d'autre ressource, dans un âge avancé, que d'entrer dans un hôpital, ou d'aller demander l'aumône.

Elle ne voyait en effet autour d'elle personne qui daignât s'intéresser à son sort. Amenée par son époux d'un pays étranger où elle avait reçu la naissance, elle ne pouvait solliciter de secours que d'un parent assez proche, qu'elle avait attiré dans sa nouvelle patrie, et dont elle avait élevé la fortune par le crédit de son mari. Mais cet homme, d'une avarice sordide, ne fut pas, comme on l'imagine, extrêmement sensible aux plaintes d'un autre, lorsqu'il se refusait à lui-même jusqu'aux premières nécessités de la vie.

Dans cette extrémité cruelle, une jeune orpheline, qu'elle avait adoptée pendant le cours de ses prospérités, et qu'elle n'avait jamais pu se résoudre à abandonner après ses premiers revers, devint son ange tutélaire. Les bontés dont Clotilde avait été comblée par madame de Fonbonne firent naître dans son cœur le désir généreux de lui en témoigner sa reconnaissance.

Non, s'écria-t-elle, lorsque madame de Fonbonne lui proposa de chercher un autre asile ; non, je ne vous abandonne point tant que vous vivrez. Vous m'avez toujours traitée comme votre fille ; et si j'ai désiré de l'être dans votre bonheur, je le désire encore plus dans vos peines.

Grâces à vos largesses, je me vois abondamment pourvue de tout ce qui est nécessaire à mon entretien. Vous m'avez donné des talens, je ferai ma gloire de les employer pour vous. Je sais coudre et broder; avec de la santé et du courage, je puis gagner assez de pain pour nous deux.

Madame de Fonbonne fut extrêmement touchée de cette déclaration. Elle embrassa Clotilde, et consentit à profiter de ses offres.

Voilà donc Clotilde devenue à son tour la mère par adoption de son ancienne protectrice. Elle ne se bornait pas à la nourrir du fruit d'un travail opiniâtre; elle la consolait dans sa tristesse, la soulageait dans ses infirmités, et s'efforçait, par les caresses les plus tendres, de lui faire oublier les injustices du sort.

La constance et l'ardeur de ses soins ne se refroidirent pas un moment dans le cours de deux années que madame de Fonbonne jouit encore de ses bienfaits; et, lorsque la mort vint la ravir à sa tendresse, elle donna les regrets les plus vifs à cette perte.

Quelques jours avant ce malheur venait aussi de mourir ce riche avare, dont le cœur s'était montré si insensible à la voix du sang et de la reconnaissance. Comme il ne pouvait emporter avec lui ses trésors, il avait cru réparer son ingratitude envers sa parente, en les lui laissant par ses dernières dispositions.

Mais ces secours étaient venus trop tard; madame de Fonbonne n'était plus en état d'en profiter. Elle n'avait pas eu même la consolation, en mourant, d'apprendre cette révolution dans sa fortune, pour la faire tourner à l'avantage de la tendre Clotilde.

Cet héritage se trouvait ainsi dévolu au domaine du prince. Heureusement les recherches ordinaires en pareille occasion firent parvenir à ses oreilles la noble conduite de la généreuse orpheline.

Ah! s'écria-t-il, dans le premier mouvement de son cœur, elle est bien plus digne que moi de cet héritage. Je renonce à mes droits en faveur des siens, et je me déclare son protecteur et son père.

Toute la nation applaudit à ce jugement. Clotilde, en recevant cette récompense pour sa générosité, l'employa à élever de jeunes orphelines comme elle, à qui elle se plaisait surtout d'inspirer les sentimens qui la lui avaient méritée.

LE PÈRE DE FAMILLE.

LE PÈRE DE FAMILLE.

Voici le premier moment où je te vois seul, mon Charles. (*Charles veut baiser la main de son père : son père l'embrasse tendrement.*) Qu'as-tu fait depuis si long-temps que nous sommes séparés?

CHARLES.

Sans cesse tourmenté de mille et mille projets qui s'entre-détruisent les uns les autres, j'ai vécu dans une irrésolution oisive, travaillant toujours sans jamais rien faire, comme tous les jeunes gens d'une imagination ardente qui n'ont point encore d'emploi qui les occupe.

LE PÈRE DE FAMILLE.

Je suis content de te voir désirer le travail et un état assuré; mais, mon fils, il faut attendre que l'arbre soit dans sa force, si l'on veut qu'il porte des fruits.

CHARLES.

Est-ce que la sagesse et les talens attendent toujours les années? est-il si extraordinaire de voir un jeune homme, même de vingt ans...

LE PÈRE DE FAMILLE.

Qui, souvent, a plus de connaissances et de vrai mérite que des vieillards courbés sous le fardeau des ans? D'accord, j'en conviens avec toi; mais il est rare aussi que, dans un âge si tendre, on ait cette fermeté de caractère qui rend l'homme actif.

CHARLES.

Mais il est un temps où le jeune homme sent une puissance irrésistible qui l'entraîne; un feu dévorant nous brûle, et dans mon cœur je me sens la force de transplanter des montagnes.

LE PÈRE DE FAMILLE.

Et alors on entre dans un monde où rien de tout cela n'existe; où tous vos pas sont enchaînés; où l'on a sans cesse à combattre l'envie, l'intérêt sordide, le caprice, la stupidité brutale, et de vils préjugés. Crois-moi, la vertu la plus active, un cœur honnête, et les plus sublimes vertus ne peuvent espérer aucun succès, si l'on n'a pas, avec une constance infatigable, une intelligence presque divine, qui sache pénétrer le fourbe et le méchant. Et ces qualités, si rares dans l'homme le plus sage, comment les soupçonner seulement dans le cœur brûlant et sauvage d'un jeune homme?

Sais-tu à quoi je compare cette conscience intime de vos forces? à un flambeau que, sans être demandé, vous portez indifféremment devant les enfans, les femmes, les vieillards et dont le premier coup de vent éteint la lumière. Je veux que la force de l'homme se concentre dans son cœur, comme le feu dans les entrailles de la pierre; toujours invisible, au premier choc l'œil est sûr d'en voir briller les étincelles. Tout ce que je dis là cependant, ce n'est point pour te laisser plus long-temps sans de réelles occupations. Aujourd'hui même j'ai obtenu de l'emploi pour mon Charles.

CHARLES.

De l'emploi? O mon père! que je vous remercie.

LE PÈRE DE FAMILLE.

Sois persuadé que la plus grande joie d'un père est de rendre ses enfans heureux.

CHARLES.

Je vous assure que, si jamais le travail et la bonne volonté sont récompensés par le succès, vous n'aurez point à rougir de votre fils.

LE PÈRE DE FAMILLE.

Je compte assez sur ton zèle, pour être persuadé que tu ne regarderas jamais aucune affaire comme indigne de tes soins; car la plus légère négligence peut avoir des suites funestes.

CHARLES.

Je sens tout ce qu'exige l'honneur de mon prince, et le bien de toute une nation.

LE PÈRE DE FAMILLE.

C'est une grande affaire, mon fils, qui doit occuper tout entier un cœur honnête et sensible; et, pour que tes conseils soient toujours propres aux circonstances, observe, étudie l'esprit de ta nation, cherche à découvrir sa force, sa faiblesse, et consulte toujours ceux dont un long âge a mûri l'expérience. Ainsi tu n'auras jamais à craindre de mal employer tes connaissances; ce qui arrive souvent à la jeunesse, remplie même de la meilleure volonté.

CHARLES.

Je me suis formé des principes sûrs.

LE PÈRE DE FAMILLE.

Garde-toi d'établir de nouveaux systèmes; mais attaque les injustices et les préjugés. Déracine-les dans le cœur des hommes, ti tu crains des peines inutiles. En général ne fais guère sonner tes projets, et n'élève point ta gloire sur l'imprudence de tes rivaux. Ne blâme personne; agi en silence.

CHARLES.

J'ai souvent remarqué que le désir d'imiter d'un côté, et le désir de blâmer de l'autre, sont des vices très-ordinaires; et que ces imitateurs enthousiastes, ou ces critiques envieux, restent dans l'inaction, en s'annonçant à grand bruit, et déployant un ennuyeux étalage de paroles bruyantes.

LE PÈRE DE FAMILLE.

Je voudrais même..... Mais je commence à devenir si verbeux! C'est le cœur d'un père qui s'épanche.

CHARLES.

O mon père! pourriez-vous donner à votre fils trop de guides pour conduire ses pas inexpérimentés dans la noble carrière qui s'ouvre devant lui; car vos sages conseils seront mes guides?

LE PÈRE DE FAMILLLE.

Eh bien! mon fils, sois donc toujours vrai : c'est la base de tous les principes. Ne cherche pas même le bien public par un chemin détourné ; et si jamais quelque intrigant voulait t'en persuader la nécessité, abandonne-le à ses remords, et regarde-le toujours comme un ennemi caché de ton souverain.

CHARLES.

Que je sens mon cœur soulagé! Comme je vais employer pour ma patrie toutes les observations que j'ai déjà faites! Avec qu'elle force j'élèverai la voix contre les abus!

LE PÈRE DE FAMILLE.

Fort bien; mais songe, songe, mon fils, que les hommes tendent en vain à la perfection, et que le grand art, le grand effort du génie, est de choisir entre plusieurs maux le moindre.

CHARLES.

Aidé de vos leçons et de votre expérience, je parviendrai bientôt à des places encore plus distinguées.

LE PÈRE DE FAMILLE.

J'aimerais mieux que tu pensasses plutôt à devenir un homme utile. Toujours s'avancer, et quitter une place où l'on est souvent nécessaire pour en occuper une autre dans laquelle on ne l'est pas autant, c'est trahir sa patie, s'avilir, et dégrader son propre mérite. Être grand, c'est être seulement tout ce qu'on doit être.

Au reste, ne t'imagine pas que de cette manière tu ne rencontreras jamais d'obstacles ; tu succomberas peut-être, écrasé du poids de tes bienfaits ; tu resteras ignoré ; et par des discours envenimés, la calomnie prêtera même à tes bonnes intentions des interprétations sinistres. Mais ne perds jamais courage ; marche hardiment dans tes desseins : un temps viendra où l'on cherchera tes conseils ; et, si ton attente est trompée, la conscience de tes vertus sera toujours ta récompense.

JULIEN ET ROSINE.

Un jour que M. de Lorme s'amusait à lire dans un coin du salon, où sa femme et sa fille travaillaient en silence à quelque ouvrage de broderie, leur petit

Julien arrive tout essoufflé, les yeux troubles de larmes, les cheveux en désordre, son habit jeté en travers sur ses épaules, et l'un de ses bas roulé sur le talon. Il tenait une raquettte à la main : Ma petite maman, venez, venez vite chez la pauvre mère de Christophe et de Frédéric.

Ah! maman, ils n'ont rien mangé de la journée. Frédéric m'a prié de jouer à la balle avec lui, pour oublier qu'il avait faim; et ils n'auront à dîner que demain après le marché. Je leur ai offert tout mon argent, croiriez-vous qu'il n'ont pas voulu le prendre? et je leur ai dit: Venez avec moi, vous verrez.—Aussitôt ils ont répondu que nous les avions encore secourus la semaine dernière, et qu'ils n'osaient venir si souvent nous importuner; et puis, la pauvre mère Martin s'est mise à pleurer..... Mais il ne faut pas que je pleure, car mon papa travaille.

— (*En pleurant encore plus fort.*) Ah! ma sœur, si tu l'avais vue, tu aurais aussi pleuré, je t'assure! Et Julien, en se baissant vers elle prit le coin de son tablier pour s'essuyer les yeux.

La mère, attendrie, laissa tomber son ouvrage de ses mains, en regardant son cher Julien; et le père, pour cacher une larme, se couvrit les yeux de son livre.

Venez, mes enfans, leur dit la mère, en les serrant tous deux contre son cœur; allons voir si nous pourrons soulager ces pauvres malheureux.

Pendant que Frédéric, Christophe et leur mère éplorée embrassaient les genoux de leur bienfaitrice,

Rosine tira doucement son frère par le pan de son habit, et lui dit bas à l'oreille : Ecoute; tu sais bien ce petit gâteau que ma bonne nous a donné pour le goûter.... Ah! mon Dieu, s'écria Julien en se retournant tout-à-coup, cela est vrai! tâche d'amuser ici maman, sans faire semblant de rien; je cours le chercher. — Le voilà, reprit Rosine, baisse-toi. Et Rosine soulevant en cachette le chapeau de Frédéric, qui s'était par hasard trouvé sur la table, fit remarquer à Julien le petit gâteau que sa main légère avait adroitement glissé par-dessous.

LA SÉPARATION.

LE PÈRE DE FAMILLE, le comte DE MONHEIM, *entrant du côté opposé.*

LE COMTE DE MONHEIM.

Avez-vous eu la bonté de réfléchir à mes propositions ?

LE PÈRE DE FAMILLE.

Non, car il n'y a point à réfléchir. Quand deux êtres, qui se sont juré une éternelle fidélité, et qu'un enfant, le fruit de leur tendresse mutuelle, force à maintenir leurs sermens, veulent se séparer, sur quoi peut-on réfléchir alors? que peut-on faire?

LE COMTE DE MONHEIM.

Aussi mon dessein est si ferme qu'il ne dépend plus, en ce moment, que de quelques formalités.

LE PÈRE DE FAMILLE *sonne.*

Soit. (*Un domestique entre.*) Faites descendre ma fille. (*Le domestique va pour sortir, le Père de famille le rappelle et lui parle bas. Le domestique sort.*)

LE COMTE DE MONHEIM.

Agréez-vous les offres que j'ai faites pour sa pension ?

LE PÈRE DE FAMILLE.

Comme vous voudrez : je reprends ma fille chez moi, et j'espère qu'elle ne manquera jamais de rien.

LE COMTE DE MONHEIM.

Cependant, il est juste de prendre des arrangemens.

LE PÈRE DE FAMILLE.

Fort bien ; arrangez cela vous-même au gré de vos désirs.

LE COMTE DE MONHEIM, *prenant la plume.*

J'aurai fini en deux mots. (*Il s'assied pour écrire. Sophie arrive.*)

LE PÈRE DE FAMILLE.

Tu devines sans doute, ma fille, pourquoi je t'ai fait appeler ?

SOPHIE.

Oui ; et au point où en sont les choses, j'attends ce moment avec plaisir.

LE PÈRE DE FAMILLE.

Voulez-vous donc absolument me donner ce chagrin !

SOPHIE.

Je ne puis me résoudre à vivre davantage avec lui.

LE COMTE DE MONHEIM *se lève, et donne un papier au Père de famille.*

Le voici.

LE PÈRE DE FAMILLE.

Ainsi tous les deux vous renoncez l'un à l'autre, et le comte de Monheim vous accorde une pension de quatre mille florins. Est-ce là votre volonté à l'un et à l'autre ?

SOPHIE.

J'en suis très-contente.

LE COMTE DE MONHEIN.

Certainement.

LE PÈRE DE FAMILLE.

Il est donc inutile de vous faire d'avantage aucune remontrance.

SOPHIE.

Mon père.....

LE COMTE DE MONHEIM.

Ma résolution est ferme.

LE PÈRE DE FAMILLE.

Il faut donc bien, malgré moi, y consentir. Allez signer cet écrit. (*Ils signent.*) Voilà qui est donc terminé : cependant voici encore une difficulté : Avec lequel des deux restera l'enfant ?

Ensemble.

| SOPHIE. | LE COMTE DE MONHEIM. |
| Je suis mère. | Je suis père. |

LE PÈRE DE FAMILLE

Cela est vrai — Vos droits sont les mêmes; voilà pourquoi.....

SOPHIE.

On m'arracherait plutôt la vie que mon enfant.

LE COMTE DE MONHEIM.

Le fils est à moi, et je ne consentirais jamais.....

LE PÈRE DE FAMILLE.

Voyez-vous, mes enfans, ceci devrait vous apprendre, vous forcer même à renoncer à vos desseins. Des cœurs sensibles qui se confondent ainsi dans un enfant ne sont point ennemis; ce ne peut être qu'un malentendu. (*Il prend le papier.*) Faut-il le déchirer?

LE COMTE DE MONHEIM.

Gardez-vous-en bien.

SOPHIE.

Non, non, mon père.

LE PÈRE DE FAMILLE.

Il faut cependant vous décider. Voulez-vous que l'enfant choisisse entre vous deux?

SOPHIE.

Oh! je le veux bien.

LE COMTE DE MONHEIM.

Et moi aussi. (*Le Père de famille sort.*) Au reste, je souhaite que vous viviez heureuse; je me sépare sans nourrir aucun sentiment de haine.

SOPHIE.

Puissiez-vous trouver à l'avenir un bonheur que vous trouviez jadis près de moi, et qu'enfin vous n'y pouvez plus trouver. (*Le Père de famille entre avec l'enfant; Sophie court au devant de son fils et le caresse.*) N'est-ce pas, tu restes avec moi ?

LE COMTE DE MONHEIM *le prend dans ses bras.*
Tu veux donc me quitter, mon fils ?

FRÉDÉRIC.
Oui, maman ; oui, ma chère maman.

LE COMTE DE MONHEIM *le prend dans ses bras.*
Tu veux donc me quitter, mon fils ?

FRÉDÉRIC.
Non, papa ; je veux rester avec toi.

LE PÈRE DE FAMILLE.
Mais, mon petit ami, ton père et ta mère se séparent pour toujours ; et il faut que tu leur dises avec lequel des deux tu veux rester.

SOPHIE.
C'est avec moi, n'est-il pas vrai ?

LE COMTE DE MONHEIM.
Avec moi, mon enfant ?

FRÉDÉRIC.
Avec papa et avec maman. (*Ils se détournent tous deux ; le père de famille s'en aperçoit. Courte pause.*) Mais pourquoi avez-vous ainsi tous deux l'air si fâché ? Vous, papa et maman, qui étiez autrefois si bons !... (*D'un ton caressant et les tirant à lui tous les deux par leurs habits.*) Vous ne vous en irez pas. Vous resterez tous deux avec moi. (*Le père et la mère, se baissant en même temps pour embrasser leur enfant, se rencontrent, se regardent avec attendrissement, et s'embrassent.*)

LE PÈRE DE FAMILLE.
Je te remercie, nature ; tu ne m'as point abandonné !

LE COMTE DE MONHEIM

Veux-tu me pardonner!

SOPHIE.

J'oublie tout. (*Ils s'embrassent avec transport.*)

LE PÈRE DE FAMILLE *soulève l'enfant dans ses bras pour qu'il les embrasse en même temps tous les deux.*

Voulez-vous encore vous séparer?

SOPHIE.

Non, mon père.

LE COMTE DE MONHEIM.

Ce tendre lien nous réunit à jamais. Oui, je t'aime; oui, je suis heureux.

LE PÈRE DE FAMILLE, *essuyant ses larmes de ses mains.*

Mes enfans, ce sont les douces larmes d'un père.

(*Traduit de l'Allemand.*)

LES MAÇONS SUR L'ÉCHELLE.

MONSIEUR Durand se promenant un jour avec le petit Albert, son fils, dans une place publique, ils s'arrêtèrent devant une maison qu'on bâtissait, et qui était déjà élevée jusqu'au second étage.

Albert remarqua plusieurs manœuvres placés l'un au-dessus de l'autre sur les bâtons d'une échelle, qui haussaient et baissaient successivement leurs bras. Ce spectacle piqua sa curiosité. Mon papa, s'écria-t-il, quel jeu font ces hommes-là! Approchons-nous un peu plus du pied de l'échelle.

Ils allèrent se placer dans un endroit où ils n'avaient aucun danger à craindre. Ils virent un homme qui allait prendre un moëllon dans un grand tas, et le portait à un autre homme placé sur le premier échelon. Celui-ci, élevant ses bras au-dessus de sa tête, présentait ce moëllon à un troisième élevé au-dessus de lui, qui, par la même opération, la faisait passer à un quatrième, et ainsi, de mains en mains, le moëllon parvenait en un moment à la hauteur de l'échafaud sur lequel étaient les maçons prêts à l'employer.

Que penses-tu de ce que tu vois, dit M. Durand à son fils? Pourquoi tant de personnes sont-elles employés à bâtir cette maison? Ne serait-il pas mieux qu'un seul homme y travaillât, et que les autres allassent faire chacun leur édifice?

Vraiment oui, mon papa, répondit Albert. Il y aurait alors bien plus de maisons qu'il y en a.

As-tu bien pensé, répondit M. Durand, à ce que tu me dis là, mon fils? Sais-tu combien d'arts et de métiers appartiennent à la construction d'une maison comme celle-ci? Il faudrait donc qu'un homme seul qui en entreprendrait l'édifice se formât dans toutes ses professions; ensorte qu'il passerait sa vie entière à acquérir ces diverses connaissances, avant de pouvoir être en état de commencer un bâtiment.

Mais supposons qu'il pût s'instruire en peu de temps de tout ce qu'il doit savoir pour cela. Voyons-le tout seul, et sans aucun secours, creuser d'abord la terre pour y jeter ses fondemens ; aller ensuite chercher ses pierres, les tailler, gâcher le mortier, le plâtre et la chaux, et préparer tout ce qui doit entrer dans sa maçonnerie. Le voilà qui, plein d'ardeur, dispose ses mesures, dresse ses échelles, établit ses échafauds : mais dans combien de temps penses-tu que sa maison puisse être élevée jusqu'au toit ?

ALBERT.

Ah ! mon papa ! je crains bien qu'il ne vienne jamais à bout de l'achever.

M. DURAND.

Tu as raison, mon fils. Et il en est de cette maison comme de tous les travaux de la société. Lorsqu'un homme veut se retirer à l'écart et travailler pour lui seul; lorsque, dans la crainte d'être obligé de prêter secours aux autres, il refuse d'en emprunter de leur part, il ruine ses forces dans son entreprise, et se voit bientôt contraint de l'abandonner. Au lieu que, si les hommes se prêtent mutuellement leur assistance, ils exécutent en peu de temps les choses les plus embarrassées et les plus pénibles, et pour lesquelles il aurait fallu le cours d'une vie entière à chacun d'eux en particulier.

Il en est aussi de même des plaisirs de la vie. Celui qui voudrait en jouir tout seul n'aurait à se procurer qu'un bien petit nombre de jouissances. Mais que tous se réunissent pour contribuer au bonheur les uns des autres; chacun y trouve sa portion.

Tu dois un jour entrer dans la société, mon fils : que l'exemple de ces ouvriers soit toujours présent à ta mémoire. Tu vois combien ils s'abrègent et se facilitent leurs travaux par les secours mutuels qu'ils se donnent. Nous repasserons dans quelques jours, et nous verrons leur maison achevée. Cherche donc à aider les autres dans leurs entreprises, si tu veux qu'ils s'empressent à leur tour de travailler pour toi.

PHILIPPINE ET MAXIMIN.

Madame de Cerny, jeune veuve, avait deux enfans, nommés Philippine et Maximin, l'un et l'autre également dignes de sa tendresse, quoiqu'elle fût partagée entre eux avec bien de l'inégalité. Philippine, tout enfant qu'elle était, sentait la prédilection de sa maman pour son frère ; elle en était affligée ; mais elle cachait dans le fond de son cœur le chagrin que lui causait cette préférence. Sa figure, sans être d'une laideur repoussante, ne répondait point à la beauté de son âme : son frère était beau comme on nous peint l'Amour. Toutes les douceurs et toutes les caresses de madame de Cerny étaient pour lui seul ; et les domestiques, pour faire leur cour à leur maîtresse, ne s'occupaient qu'à le flatter dans toutes ses fantaisies. Philippine au contraire, rebutée par sa maman, n'en était que plus maltraitée par tous les gens de la maison. Loin de prévenir ses goûts, on négligeait jusqu'à ses besoins. Elle versait des torrens de larmes, lorsqu'elle se voyait seule et abandonnée, mais jamais elle ne laissait échapper devant les autres la plainte la plus légère, ou le moindre signe de mécontentement. C'était en vain que, par une application constante à ses devoirs, par sa douceur et par ses prévenances, elle cherchait à compenser, auprès de sa mère, ce qui lui manquait en beauté, les qualités de son âme échappaient à des yeux accoutumés à ne s'occuper que des avantages extérieurs. Madame de Cerny, peu touchée des témoignages de tendresse que lui donnait Philippine, surtout depuis la mort de son père, semblait ne la regarder qu'avec une espèce de répugnance. Elle la grondait sans cesse, et exigeait d'elle des perfections qu'on n'aurait pas même osé prétendre d'une raison plus avancée.

Cette mère injuste tomba malade. Maximin se montra bien sensible à ses souffrances; mais Philippine qui, dans les regards éteints et les traits abattus de sa maman, croyait voir un adoucissement de sa rigueur accoutumée, surpassa de beaucoup son frère pour les soins et pour la vigilance. Attentive aux moindres besoins de sa mère, elle mettait toute sa pénétration à les découvrir, pour lui épargner même la peine de les faire connaître. Aussi long-temps que sa maladie eut quelque apparence de danger, elle ne quitta pas son chevet. Les prières, les ordres même ne purent l'engager à prendre un moment de repos.

Enfin madame de Cerny se rétablit. Son heureuse convalescence dissipa les alarmes de Philippine ; mais ses chagrins recommencèrent lorsqu'elle vit sa maman reprendre envers elle sa sévérité.

Un jour que madame de Cerny s'entretenait avec ses deux enfans des maux qu'elle avait soufferts dans sa maladie, et les remerciait des soins tendres et empressés qu'elle avait reçus de leur amour : Mes enfans, ajouta-t-elle, vous pouvez l'un et l'autre me demander ce qui vous fera le plus de plaisir : je m'engage à vous l'accorder, si vos désirs ne sont pas au-dessus de ma richesse. Que désires-tu, Maximin ? demanda-t-elle d'abord à son fils. — Une montre et une épée, maman, répondit-il. — Tu les aura demain à ton lever. Et toi, Philippine ? — Moi, maman ? moi, répondit-elle toute tremblante ? je n'ai rien à désirer si vous m'aimez. — Ce n'est pas me répondre. Je veux aussi vous récompenser, mademoiselle. Que désirez-vous ? parlez. — Quoique Philippine fût accoutumée à ce ton sévère, elle en fut encore plus abattue dans cette circonstance, qu'elle ne l'avait jamais été. Elle se jeta aux pieds de sa mère, la regarda avec des yeux tout mouillés de larmes ; et, cachant tout à coup son visage dans ses mains, elle balbutia ces mots : Donnez-moi seulement deux baisers de ceux que vous donnez à mon frère.

Madame de Cerny, attendrie jusqu'au fond de son

cœur, y sentit renaître pour sa fille des sentimens qu'elle avait jusqu'alors étouffés. Elle la prit dans ses bras, la serra avec transport contre son sein, et l'accabla de baisers. Philippine, qui recevait, pour la première fois, les caresses de sa mère, se livra à toutes les effusions de sa joie et de son amour. Elle baisait ses yeux, ses joues, ses cheveux, ses mains, ses habits. Maximin, qui ne pouvait s'empêcher d'aimer sa sœur, confondit ses embrassemens avec les siens. Ils goûtèrent tous ensemble un bonheur qui ne fut pas borné à la durée de ce moment. Madame de Cerny rendit avec excès à Philippine tout ce qu'elle lui avait dérobé de son affection; Philippine y répondit par une nouvelle tendresse. Maximin n'en fut point jaloux; il sut se faire une jouissance de la félicité de sa sœur. Il reçut bientôt le prix d'un sentiment si généreux. La bonté de son naturel avait été un peu altérée par la faiblesse et l'aveuglement de sa mère. Il lui échappa, dans sa jeunesse, bien des étourderies qui lui auraient aliéné son cœur; mais Philippine trouvait le moyen de l'excuser auprès d'elle. Les sages conseils qu'elle lui donnait achevèrent de le ramener, et ils éprouvèrent tous les trois qu'il n'y a point de bonheur dans une famille, sans la plus intime union entre les frères et les sœurs, la plus vive et la plus égale tendresse entre les pères et les enfans.

L'AGNEAU.

La petite Fanchonnette, fille d'un pauvre paysan, était assise un matin au bord d'une grande route, tenant sur ses genoux une écuelle de lait, dans laquelle elle trempait, pour son déjeûner, des mouillettes coupées dans un gros morceau de pain noir.

Dans le même temps, il passait sur le chemin un voiturier qui portait dans sa charrette une vingtaine d'agneaux vivans, qu'il allait vendre au marché. Ces pauvres animaux, entassés les uns sur les autres, les pieds garottés et la tête pendante, remplissaient l'air de bêlemens plaintifs qui perçaient le cœur de Fanchonnette, mais auxquels le voiturier ne prêtait qu'une oreille impitoyable. Lorsqu'il fut arrivé devant la petite paysanne, il jeta à ses pieds un agneau qu'il portait en travers sur son épaule. Tiens, mon enfant, dit-il, voilà une maudite bête qui vient de mourir, et de m'appauvrir d'un écu. Prends-la si tu veux pour en faire une fricassée.

Fanchonnette interrompit son déjeûner, posa son écuelle et son pain à terre, ramassa l'agneau, et se mit à le regarder d'un air de pitié. Mais, dit-elle aussitôt, pourquoi te plaindrais-je ? aujourd'hui ou demain on t'aurait passé un grand couteau dans le cou, au lieu que tu n'as plus à craindre de souffrir. Tandis qu'elle parlait ainsi, l'agneau, réchauffé par la chaleur de ses bras, ouvrit un peu les yeux, fit un léger mouvement, et poussa un *béé* languissant, comme s'il criait après sa mère.

Il serait difficile d'exprimer la joie que ressentit la petite fille. Elle enveloppe l'agneau dans son tablier, relève encore par-dessus son cotillon de futaine, baisse son sein sur ses genoux pour le réchauffer davantage, et lui souffle, de toute son haleine, dans les narines et sur le museau. Elle sentait la pauvre bête s'agiter peu à peu, et son propre cœur tressaillait à chacun de ses mouvemens. Encouragée par ce premier succès, elle broie quelques miettes entre ses mains, les jette dans l'écuelle; puis, les ramassant du doigt, parvient, avec assez de peine, à les lui faire glisser entre les dents, qu'il tenait étroitement serrées. L'agneau, qui ne mourait que de besoin, se sentit un peu fortifié par cette nourriture. Il commença à étendre ses jambes, à secouer la tête, à frétiller de la queue, et à redresser ses oreilles. Bientôt il eut la force de se tenir sur ses pieds; puis il alla de lui-même boire dans l'écuelle le déjeûner de Fanchonnette, qui le voyait faire en souriant. Enfin, un quart d'heure ne s'était pas encore écoulé qu'il avait fait mille cabrioles. Fanchonnette, transportée de joie, le prit entre ses bras, courut à sa cabane, et le présenta à sa mère. Bébé, c'est ainsi qu'elle l'appelait, devint dès ce moment l'objet de tous ses soins. Elle partageait avec lui le peu de pain qu'on lui donnait pour ses repas; elle ne l'aurait pas troqué, lui tout seul, contre le plus grand troupeau du village. Bébé fut si reconnaissant de son amitié, qu'il ne la quittait jamais d'un seul pas. Il venait manger dans sa main; il bondissait autour d'elle, et, lorsqu'elle était quelquefois obligée de sortir sans lui, il poussait les bêlemens les plus plaintifs. Dieu, qui voulait payer Fanchonnette de sa bonté, ne s'en tint pas à cette récompense. Bébé produisit de petits agneaux, qui en produisirent d'autres à leur tour; en sorte que, peu d'années après, Fanchonnette eut un joli troupeau, qui nourrit de son lait toute la famille, et lui fournit, de sa laine, les meilleurs vêtemens.

LE CEP DE VIGNE.

Monsieur de Surgy était allé se promener à sa maison de campagne, avec Julien, son fils, dans l'un des premiers jours du printemps. Déjà fleurissaient la violette et la primevère; et plusieurs arbres s'étaient déjà parés d'une verdure naissante, et de fleurs blanches et incarnat. Ils allèrent par hasard sous une treille, du pied de laquelle s'élevait un cep de vigne rude et tortu, qui étendait tristement et sans ordre ses bras dépouillés. Mon papa, s'écria

Julien, voyez ce vilain arbre qui me fait les cornes ! Pourquoi ne pas l'arracher, et en chauffer le four de Mathurin ? Et aussitôt il se mit à le tirailler pour l'enlever de terre ; mais ses racines l'y tenaient trop fortement attaché. Ne le tourmente pas, dit à son fils M. de Surgy ; je veux qu'il reste sur pied ; quand il en sera temps, je te dirai mes raisons.

JULIEN.

Mais, mon papa, voyez à côté ces fleurs brillantes des amandiers et des pêchers. Pourquoi ne s'est-il pas aussi bien paré, s'il veut qu'on le garde ? Il gâte et il attriste tout le jardin. Voulez-vous que j'aille dire à Mathurin de venir l'arracher ?

M. DE SURGY.

Non, te dis-je, mon fils ; je veux qu'il reste sur pied au moins quelque temps encore.

Julien persistait à le condamner : son père tâcha de détourner son attention sur d'autres objets, et le malheureux cep de vigne fut oublié.

Les affaires de M. de Surgy l'appelaient dans une ville éloignée ; il partit le lendemain, et ne revint qu'au commencement de l'automne.

Son premier soin fut d'aller visiter sa maison de campagne ; il y mena encore son fils. Le soleil était fort chaud ; ils allèrent se mettre à l'abri sous la treille.

— Ah ! mon papa, dit Julien, quelle belle verdure ! Je vous remercie d'avoir fait arracher ce vilain bois desséché, qui me faisait tant de peine à voir ce printemps, et d'avoir mis à la place ce charmant arbrisseau pour me causer une agréable surprise. Quels fruits ravissans! Voyez ces belles grappes; les unes violettes, les autres toutes noires. Il n'y a pas un seul arbre dans tout le jardin qui fasse une aussi belle figure. Ils ont tous perdu leur fruit; mais lui, voyez comme il en est encore couvert; voyez ces grandes feuilles vertes sous lesquelles se cache le raisin; je voudrais bien savoir s'il est aussi bon qu'il me paraît beau. M. de Surgy lui en donna une grappe à goûter : c'était du muscat. Ses transports recommencèrent, et combien ils furent plus vifs, lorsque son père lui apprit que c'était de ces graines qu'on exprimait la liqueur délicieuse dont il goûtait quelquefois au dessert!

Te voilà tout étonné, mon fils, lui dit M. de Surgy; je te surprendrais bien davantage si je te disais que c'est là cet arbre rude et tortu qui te faisait les cornes au printemps. Je vais, si tu veux, appeler Mathurin, et lui dire de l'arracher pour en chauffer son four.

JULIEN.

Oh! gardez-vous-en bien, mon papa; qu'il prenne tous les autres plutôt que celui-ci : j'aime tant le muscat!

M. DE SURGY.

Tu vois donc, Julien, que j'ai bien fait de n'avoir pas suivi ton conseil. Ce qui t'es arrivé arrive souvent dans la vie. On voit un enfant mal vêtu et d'un extérieur peu agréable; on le méprise, on s'énorgueillit en se comparant à lui; on pousse même la cruauté jusqu'à lui tenir des discours insultans. Garde-toi, mon fils, de ces jugemens précipités. Dans ce corps peu favorisé de la nature réside peut-être une âme élevée, qui étonnera un jour le monde par ses grandes vertus, ou qui l'éclairera par ses lumières. C'est une tige grossière, mais qui porte les plus beaux fruits.

CAROLINE.

La petite Caroline jouait un jour auprès de sa mère, occupée en ce moment à écrire quelques lettres. Le coiffeur étant arrivé, madame P... lui dit de passer dans le cabinet de toilette voisin avec Caroline, et de donner un coup de ciseaux à ses cheveux. Au lieu d'un coup de ciseaux, le coiffeur en donna tant et tant, que la petite fut entièrement dépouillée. Sa mère entra dans le moment où l'on venait d'achever cette malheureuse opération. Ah! ma pauvre Caroline, dit-elle, en jetant un cri, tes beaux cheveux perdus! Maman, lui répondit naïvement Caroline, ne t'afflige pas, ils ne sont pas perdus; on les a mis là dans le tiroir.

Les vacances dernières, pendant son séjour à la la campagne, on servit à dîner un poulet. Madame P..., seule avec ses enfans, après en avoir donné à sa fille aînée, en présenta un morceau à Caroline. — Non, maman, répondit-elle avec un soupir, je n'en mangerai pas. — Et pourquoi donc, ma fille? —Maman, c'est que nous nous voyions tous les jours, et que nous vivions familièrement ensemble.—Mais ta sœur en mange.—Oh! ma sœur peut bien en manger; elle ne le connaissait pas autant que moi.

Que ne doit-on pas espérer d'une enfant née avec un esprit ingénu, et un cœur si tendre! Qu'elle ressemble de plus en plus à sa mère, et tous mes vœux pour elle seront remplis!

LE FERMIER.

Monsieur Dublanc s'était un jour renfermé dans son cabinet pour expédier quelques affaires. Un domestique vint lui annoncer que Mathurin, son fermier était à la porte de la rue, et demandait à lui parler. Monsieur Dublanc ordonna qu'on le fît monter dans son antichambre, et qu'on le priât d'attendre un moment, jusqu'à ce que ses lettres fussent achevées.

Roger, Alexandre et Sophie (ainsi se nommaient les enfans de M. Dublanc) étaient dans l'antichambre de leur père, lorsqu'on y introduisit Mathurin. Il leur fit, en entrant, une inclination respectueuse;

mais il était aisé de voir qu'il ne l'avait pas apprise d'un maître à danser. Son compliment ne fut pas d'une tournure plus élégante. Les deux petits garçons se regardèrent l'un l'autre, et sourirent d'un air moqueur. Ils mesuraient l'honnête fermier des pieds à la tête, d'un coup d'œil méprisant, se chuchotaient à l'oreille, et faisaient des éclats de rire si outrés que le pauvre homme rougit, et ne savait plus quelle contenance il devait prendre. Roger poussa même la malhonnêteté au point de tourner autour de lui, et de dire à son frère, en se bouchant les narines : Alexandre, ne sens-tu pas ici une odeur de fumier? Il alla chercher un réchaud plein de charbons ardens, sur lesquels il fit brûler du papier, et qu'il promena dans la chambre pour dissiper, disait-il, la mauvaise odeur. Il appela ensuite un domestique, et lui dit de balayer les ordures que Mathurin avait répandues sur le parquet avec ses souliers ferrés. Alexandre se tenait les côtés de rire des impertinences de son frère.

Il n'en était pas ainsi de Sophie, leur sœur. Au lieu d'imiter la grossièreté de ses frères, elle leur en fit des reproches, chercha à les excuser auprès du fermier ; et, s'approchant de lui d'un air plein de bonté, elle lui offrit du vin pour se rafraîchir, le fit asseoir, et prit elle-même son chapeau et son bâton, qu'elle alla porter sur une table.

Sur cette antrefaite, M. Dublanc sortit de son cabinet ; il s'avança d'un air amical vers Mathurin, lui demanda des nouvelles de sa femme et de ses enfans, et quelles affaires l'amenaient à la ville. Monsieur, je vous apporte mon quartier, lui répondit Mathurin; et il tira en même temps de sa poche un sac de cuir plein d'argent. Ne soyez pas fâché, continua-t-il, de ce que j'ai tardé quelques jours à venir; les chemins étaient si rompus qu'il ne m'a pas été possible de voiturer plutôt mon grain au marché.

Je ne suis point fâché contre vous, répliqua M. Dublanc : je sais que vous êtes un honnête homme, et qu'on a pas besoin de vous faire souvenir de vos engagemens. En même temps il fit avancer une table pour que le fermier comptât ses espèces.

Roger ouvrit de grands yeux à la vue des écus de Mathurin, et il parut le regarder avec plus de considération.

Lorsque M. Dublanc eut vérifié les comptes du fermier, et loué leur justesse, celui-ci tira de son panier une boîte de fruits séchés au four. Voici ce que j'ai apporté pour vos enfans, dit-il. Ne voudriez-vous pas, monsieur, leur faire prendre, quelqu'un de ces jours, l'air de la campagne? je tâcherais de les régaler de mon mieux, et de leur donner de l'amusement. J'ai de bons chevaux; je viendrais les prendre moi-même, et je les ramènerais dans ma carriole. M. Dublanc lui promit de l'aller voir, et voulut l'engager à dîner avec lui. Mathurin le remercia de sa gracieuse invitation, et s'excusa de ne pouvoir y répondre, sur ce qu'il avait quelques emplettes à faire dans la ville, et beaucoup d'empressement à regagner sa ferme.

M. Dublanc lui fit remplir son panier de gâteaux

pour ses enfans, le remercia du cadeau qu'il avait fait aux siens; et, après lui avoir souhaité des forces pour ses rudes travaux, et de la santé pour sa famille, il le reconduisit jusque sur l'escalier, et le laissa partir.

A peine fut-il descendu, que Sophie, en présence de ses frères, instruisit son père de la réception grossière qu'ils avaient faite à l'honnête Mathurin.

M. Dublanc marqua son mécontentement à Roger et à Alexandre, et loua en même temps Sophie de sa conduite. Je vois, dit-il, en la baisant au front, que ma Sophie sait comme on doit se comporter envers d'honnêtes gens. Comme c'était l'heure du déjeûner, il se fit apporter les fruits secs du fermier, et en mangea une partie avec sa fille. Ils les trouvèrent l'un et l'autre excellens. Roger et Alexandre assistèrent au déjeûner, mais il ne furent point invités à goûter des fruits. Ils les dévoraient des yeux, M. Dublanc ne fit pas semblant de s'en apercevoir. Il reprit l'éloge de Sophie, et l'exhorta à ne jamais mépriser personne pour la simplicité de ses habits; car, disait-il, si nous n'en agissons poliment qu'avec ceux qui sont d'une parure brillante, nous avons l'air d'adresser nos civilités à l'habit même plutôt qu'à la personne qui le porte. Les gens le plus grossièrement vêtus sont quelquefois les plus honnêtes; nous en avons un exemple dans Mathurin. Non-seulement il trouve dans son travail le moyen de se nourrir lui, sa femme et ses enfans, mais encore, depuis quatre ans qu'il est mon fermier, il paie si exactement ses termes, que je n'ai jamais eu le moindre reproche à lui faire à ce sujet.

Oui, ma chère Sophie, si cet homme-là n'était pas si honnête, je ne pourrais fournir à la dépense de ton entretien et de celui de tes frères. C'est lui qui vous habille et qui vous procure une bonne éducation; car c'est pour vos vêtemens, et pour les leçons de vos maîtres, que je réserve la somme qu'il me paie à chaque quartier.

Lorsque le déjeûner fut fini, il ordonna qu'on en serrât les restes dans le buffet. Roger et Alexandre les suivirent d'un œil affamé; et ils comprirent bien que ce n'était pas pour eux qu'on les gardait.

Leur père acheva de les confirmer dans cette idée. Ne vous attendez pas, leur dit-il, à goûter aujourd'hui ni un autre jour de ces fruits. Lorsque le fermier qui vous les apportait aura lieu d'être content de vous, il n'oubliera pas de vous en envoyer.

ROGER.

Mais, mon papa, est-ce ma faute s'il sentait si mauvais?

M. DUBLANC.

Que sentait-il donc?

ROGER.

Une odeur insupportable de fumier.

M. DUBLANC.

D'où peut-il avoir contracté cette odeur?

ROGER.

C'est qu'il est tous les jours à en voiturer dans les champs.

M. DUBLANC.

Que devrait-il faire pour s'en garantir?

ROGER.

Il faudrait... il faudrait...

M. DUBLANC.

Il faudrait peut-être qu'il ne fumât point ses terres.

ROGER.

Il n'y a que ce moyen.

M. DUBLANC.

Mais s'il n'engraissait pas ses champs, comment pourrait-il y recueillir une abondante moisson? Et s'il n'en faisait que de mauvaises, comment viendrait-il à bout de me payer le prix de sa ferme?

Roger voulait répliquer; mais son père lui lança un regard où Alexandre et lui lurent aisément son indignation.

Le dimanche suivant, de grand matin, le bon Mathurin était à la porte de M. Dublanc. Il lui fit demander s'il ne serait pas bien aise de venir faire un tour à sa ferme. M. Dublanc, sensible à cette attention, ne voulut pas le mortifier par un refus. Roger et Alexandre prièrent instamment leur père de les mettre de la partie; et ils promirent de se conduire plus honnêtement. M. Dublanc se rendit à leurs instances. Ils montèrent d'un air joyeux dans la carriole; et comme le fermier avait d'excellens chevaux, et qu'il savait bien les conduire, ils furent arrivés chez lui avant de s'en douter.

Qui pourrait peindre leur joie lorsque la voiture s'arrêta! Claudine, femme de Mathurin, se présenta d'un air riant à la portière, l'ouvrit en saluant ses hôtes, prit les enfans dans ses bras pour les poser à terre, les embrassa et les conduisit dans la cour. Tous ses propres enfans y étaient en habit de grandes fêtes. Soyez les bien-venus, dirent-ils aux jeunes messieurs, en les saluant avec respect. M. Dublanc aurait bien voulu causer un moment avec eux et les caresser ; mais la fermière le pressa d'entrer, de peur de laisser refroidir le café.

Il était déjà servi sur une table couverte d'un linge éblouissant de blancheur. La cafetière n'était ni d'argent, ni de porcelaine ; elle était, ainsi que les tasses, d'une faïence grossière, mais fort propre. Roger et Alexandre se regardèrent en dessous, et ils auraient éclaté de rire, s'ils n'avaient craint de fâcher leur père. Claudine avait cependant remarqué à leur mine sournoise ce qu'ils pensaient. Elle s'excusa, et leur dit qu'ils auraient sans doute été mieux servis chez eux, mais qu'il fallait se contenter de ce qui était offert de bon cœur chez de pauvres gens.

Avec le café, on servit des galettes d'un goût si exquis, qu'on vit bien que la fermière avait mis tout son art à les pétrir et à les cuire.

Après le déjeuner, Mathurin engagea M. Dublanc à donner un coup d'œil à son verger et à ses terres. M. Dublanc y consentit. Claudine se donna toutes les peines possibles pour rendre cette promenade agréable aux enfans ; elle leur montra tous ses troupeaux qui couvraient les prairies, et leur donna à caresser les plus jolis agneaux. Elle les conduisit ensuite à son colombier. Tout y était propre et vivant. Il y avait sur le sol deux jeunes colombes qui venaient de quitter leur nid, mais qui n'osaient pas encore se confier à leurs ailes naissantes. On voyait des mères qui couvaient leurs œufs dans des paniers, d'autres qui s'occupaient à donner la nourriture aux petits qui venaient d'éclore. Ils allèrent du colombier aux ruches. Claudine eut soin qu'ils n'approchassent pas trop près. Elle les mit cependant à portée de pouvoir remarquer le travail des abeilles.

Comme la plupart de ces objets étaient nouveaux pour les enfans, ils en parurent très-satisfaits. Ils allaient même les passer une seconde fois en revue, si Thomas, le plus jeune des fils de Mathurin, ne fût venu les avertir que le dîner les attendait.

Ils furent servis en vaisselle de terre et en couverts d'étain et d'acier. Roger et Alexandre étaient encore si pleins du plaisir de leur matinée, qu'ils eurent honte de se livrer à leur humeur railleuse. Ils trouvèrent tout d'un goût exquis. Il est vrai que Claudine s'était surpassée pour les bien traiter.

Au dessert, M. Dublanc aperçut deux violons suspendus à la muraille. Qui joue ici de ces instrumens, demanda-t-il ? Mon fils aîné et moi, répondit le fermier ; et, sans en dire davantage, il fit signe à Lubin de décrocher les violons. Ils jouèrent tour-à-tour des airs champêtres si tendres et si gais, que M. Dublanc leur en exprima sa satisfaction de la manière la plus flatteuse.

Comme ils allaient remettre les instrumens à leur

place : Or ça, Roger, et toi Alexandre, leur dit M. Dublanc, c'est à présent votre tour; jouez-nous quelques-uns de vos plus jolis airs. En disant ces mots, il leur mit les violons entre leurs mains ; mais ils ne savaient pas même comment tenir leur archet, et il s'éleva une risée générale à leur confusion.

M. Dublanc pria le fermier de mettre les chevaux pour le ramener à la ville. Mathurin lui fit les plus vives instances pour l'engager à passer la nuit chez lui ; mais enfin il fut obligé de se rendre aux représentations de M. Dublanc.

Eh bien! Roger, dit M. Dublanc à son fils en s'en retournant, comment te trouves-tu de ton petit voyage ?

ROGER.

Fort bien, mon papa. Ces bonnes gens ont fait de leur mieux pour nous procurer bien du plaisir.

M. DUBLANC.

Je suis enchanté de te voir satisfait. Mais si Mathurin ne s'était pas empressé de te faire les honneurs de sa maison, s'il ne t'avait pas présenté le moindre rafraîchissement, aurais-tu été aussi content que tu le parais?

ROGER.

Non, certes.

M. DUBLANC.

Qu'aurais-tu pensé de lui ?

ROGER.

Que c'eut été un paysan grossier.

M. DUBLANC.

Roger! Roger! Cet honnête homme est venu chez nous; et, loin de lui offrir aucun rafraîchissement, tu t'es moqué de lui. Qui sait donc mieux vivre de toi ou du fermier?

ROGER, *en rougissant.*

Mais c'est son devoir de nous bien accueillir. Il tire du profit de nos terres.

M. DUBLANC.

Qu'appelles-tu du profit?

ROGER.

C'est qu'il trouve son compte à recueillir les moissons de nos champs et le foin de nos prairies.

M. DUBLANC.

Tu as raison; un laboureur a besoin de tout cela. Mais que fait-il du grain?

ROGER.

Il s'en nourrit lui, sa femme et ses enfans.

M. DUBLANC

Et du foin?

ROGER.

Il le donne à manger à ses chevaux.

M. DUBLANC.

Et que fait-il de ses chevaux?

ROGER.

Il les emploie à labourer les terres.

M. DUBLANC.

Ainsi, tu vois qu'une partie de ce qu'il tire de la terre y retourne. Mais crois-tu qu'il consomme tout le reste avec sa famille et ses chevaux?

ROGER.

Les vaches en prennent aussi leur part.

ALEXANDRE.

Et ses moutons aussi, ses pigeons et ses poules.

M. DUBLANC.

Cela est vrai. Mais ses récoltes entières se consomment-elles dans sa maison ?

ROGER.

Non, je me souviens de lui avoir entendu dire qu'il en portait une partie au marché pour en avoir de l'argent.

M. DUBLANC.

Et cet argent, qu'en fait-il ?

ROGER.

J'ai vu là semaine dernière qu'il vous en apportait son sac de cuir tout plein.

M. DUBLANC.

Tu vois maintenant qui tire le plus grand profit de mes terres, du fermier ou de moi. Il est vrai qu'il nourrit ses chevaux du foin de mes prairies; mais aussi ses chevaux servent à labourer les champs, qui, sans ces labours, seraient épuisés par les mauvaises herbes. Il nourrit aussi de mon foin ses moutons et ses vaches, mais le fumier qu'il en retire est porté dans les guérets, et sert à les rendre fertiles. Sa femme et ses enfans se nourrissent du grain de mes moissons; mais aussi ils passent tout l'été à sarcler les blés, ensuite à les scier, puis à les battre; et ces travaux tournent encore à mon profit. Le superflu de ses récoltes, il le porte au marché pour le vendre; mais c'est pour me donner l'argent qu'il en reçoit. Supposé qu'il en reste quelque partie pour lui, n'est-il pas juste qu'il trouve une récompense de ses travaux? Encore un coup, dis-moi qui de nous deux tire le plus grand profit de mes terres?

ROGER.

Je vois bien à présent que c'est vous.

M. DUBLANC.

Et sans ce dernier, aurais-je ce profit?

ROGER.

Oh! il y a tant fermiers dans le monde.

M. DUBLANC.

Tu as raison; mais il n'y en a point de plus honnête que celui-ci. J'avais autrefois affermé cette métairie à un autre. Il épuisait les terres, abattait les arbres, et laissait dépérir les bâtimens. Lorsque le terme des quartiers arrivait, il n'avait jamais d'argent à me donner; et, quand je voulus m'en plaindre, il me fit voir que, dans tout ce qu'il possédait, il n'avait pas assez de quoi s'acquitter envers moi.

ROGER.

Ah! le coquin!

M. DUBLANC.

Si celui-ci l'était de même, aurais-je un grand profit de mes biens?

ROGER.

Vraiment non.

M. DUBLANC.

A qui ai-je donc obligation de ce que j'en retire?

ROGER.

Je vois que vous le devez à cet honnête fermier.

M. DUBLANC.

N'est-il donc pas de notre devoir de bien accueillir un homme qui nous rend de si grands services?

ROGER.

Ah! mon papa! vous me faites bien sentir le tort que j'ai eu.

Pendant quelques minutes, il régna entre eux un profond silence. M. Dublanc reprit ainsi l'entretien.

Roger, pourquoi n'as-tu pas joué du violon?

ROGER.

Vous savez, mon papa, que je n'ai jamais appris.

M. DUBLANC.

Le fils de Mathurin sait donc quelque chose que tu ne sais pas?

ROGER.

Cela est vrai; mais aussi, entend-il comme moi le latin?

M. DUBLANC.

Et toi sais-tu labourer? sais-tu conduire un attelage? sais-tu comment on sème le froment, l'orge, l'avoine, et tous les autres grains? comment on les cultive? Saurais-tu seulement tailler un pied de vigne, et gouverner un arbre pour avoir de beaux fruits?

ROGER.

Je n'ai pas besoin de savoir tout cela, je ne suis pas fermier.

M. DUBLANC.

Mais si tous les habitans de la terre ne savaient autre chose que du latin, comment irait le monde?

ROGER.

Fort mal. Où trouverions-nous du pain et des légumes?

M. DUBLANC.

Et le monde pourrait-il se soutenir, quand bien même personne ne saurait du latin?

ROGER.

Je pense que oui.

M. DUBLANC.

Souviens-toi donc toute ta vie de ce que tu viens de voir et d'entendre. Ce fermier, si grossièrement vêtu, qui t'a fait un salut et un compliment si mal tournés, cet homme-là est plus poli que toi; sait beaucoup plus de choses et des choses bien plus utiles. Ainsi, tu vois combien il est injuste de mépriser quelqu'un pour la simplicité de ses habits ou le peu de grâces de ses manières.

LE LIT DE MORT.

Deschamps, pauvre maçon de village, venait de perdre sa femme depuis quelques mois. Les dépenses d'une longue maladie, et l'interruption de ses travaux pendant la saison pluvieuse de l'hiver, l'avaient réduit à la plus profonde misère. Il voyait autour de lui ses enfans demi-nus et sans pain; et sa mère Suzanne, couchée sur la paille, en un coin de la chaumière, était dans les faiblesses et les convulsions de la mort.

Accablé de douleur, il venait de s'asseoir sur une chaise démembrée, tenant son visage couvert de ses deux mains pour cacher ses larmes.

Sa mère l'appela et lui dit : Mon fils, n'as-tu rien à mettre sur moi ? Je ne puis reprendre de chaleur.

DESCHAMPS.

Attendez, ma mère, je vais vous couvrir de mes habits.

SUZANNE.

Non, mon fils, je ne le veux point : un peu de paille souffira. Mais as-tu encore un peu de bois pour échauffer ces pauvres enfans ? Tu ne peux plus maintenant aller dans la forêt, à cause des soins que tu me donnes. Ma vie est bien longue, puisque je ne la traîne que pour t'être à charge.

DESCHAMPS.

Ma mère, ne dites pas cela, je vous en prie. Si je pouvais, de mon sang, vous donner tout ce qu'il vous faut! Vous souffrez de la faim et du froid, et je ne puis vous secourir.

SUZANNE.

Ne te chagrine pas, mon fils : mes douleurs, grâces au ciel, ne sont pas bien vives; elles vont bientôt finir, et ma bénédiction sera la récompense de ce que tu fais pour moi.

DESCHAMPS.

O ma mère! vous avez bien trouvé dans mon enfance de quoi fournir à mes nécessités ; et moi, il faut que dans votre vieillesse, je vous voie pâtir de ma misère! Cela me déchire le cœur.

SUZANNE.

Je sais que ce n'est pas ta faute; et puis, Deschamps, lorsqu'on est près de sa fin, on a bien peu de besoins sur la terre; notre père, qui est dans le ciel, y pourvoit. Je te remercie, mon fils, ton amour me fortifie à ma dernière heure.

DESCHAMPS.

Eh quoi! ma mère, n'avez-vous donc pas l'espérance de vous rétablir ?

SUZANNE.

Non, je le sens, je n'en reviendrai jamais.

DESCHAMPS.

Oh! que me dites-vous?

SUZANNE.

Ne t'afflige pas, je vais dans une meilleure vie.

DESCHAMPS, *avec des sanglots.*

Hélas! mon Dieu.

SÉZANNE.

Ne t'afflige pas, te dis-je, mon cher fils; tu étais la joie de mes jeunes années, et maintenant tu fais la consolation de mes derniers jours. Bientôt, j'en rends grâces à Dieu, bientôt tes mains fermeront mes paupières. Alors je monterai vers mon créateur; je lui dirai tout ce que tu as fait pour moi, et il t'en voudra du bien éternellement. Pense souvent à moi, mon cher fils; je penserai à toi de là-haut.

DESCHAMPS.

Oh! toujours, toujours!

SUZANNE.

Il n'y a qu'une chose qui me tourmente.

DESCHAMPS.

Et qu'est-ce donc, ma mère?

SUZANNE.

Je vais te le dire, Deschamps; il faut que je te le dise, je le porte comme une pierre sur mon cœur.

DESCHAMPS.

Soulagez-vous, parlez.

SUZANNE.

Je vis hier Alexis qui se cachait derrière mon lit, et qui tirait de sa poche des pommes pour les manger; il en donna à ses frères et à ses sœurs, qui les mangèrent aussi en cachette. Deschamps, ces pommes n'étaient pas à nous; autrement Alexis les eût jetées sur la table, et il aurait appelé tout haut les autres pour les partager. Il m'en aurait aussi apporté une, à moi. Je me souviens encore comme il venait se jeter dans mes bras quand on lui avait donné quelque chose, en me disant de si bon cœur: Tiens, manges-en grand'mère. O mon fils! si cet enfant devait être voleur! Cette pensée m'accable depuis hier. Où est-il? amène-le-moi, je veux lui parler.

DESCHAMPS.

Malheureux que je suis! (*Il court chercher Alexis, et le porte sur le lit de Suzanne. Suzanne se soulève avec beaucoup de peine, se tourne du côté de l'enfant, prend ses deux mains dans les siennes, les presse sur son cœur, et appuie sa tête faible et défaillante sur l'épaule de son petit-fils.*)

ALEXIS.

Grand'mère, que veux-tu? Tu ne m'appelles pas pour mourir?

SUZANNE.

Mon cher Alexis, je mourrai certainement bientôt.

ALEXIS.

Non, pas encore, grand'mère. Ne meurs pas que je ne sois grand. (*Suzanne retombe sur son lit. Deschamps et Alexis se regardent fondant en larmes, et prennent chacun une main de Suzanne.*)

SUZANNE, *se ranimant un peu.*

Je me sens mieux à présent que je suis étendue.

ALEXIS.

Tu ne mourras donc plus?

SUZANNE.

Console-toi, mon petit ami. Je n'ai pas de peine à mourir. C'est pour aller vers un tendre père qui m'attend là-haut dans le ciel. Près de lui je serai mieux que dans ce monde. Bientôt, bientôt, Alexis, j'irai vers lui.

ALEXIS.

Eh bien! prends-moi donc avec toi? grand'-mère, pour y aller.

SUZANNE.

Non, mon cher Alexis, tu ne viendras point avec moi. S'il plaît à Dieu, tu vivras encore long-temps; tu deviendras un honnête homme; et lorsqu'un jour ton père sera tremblant de vieillesse, tu seras sa consolation et son secours. N'est-ce pas, Alexis, tu veux lui être toujours bien obéissant? tu chercheras à faire ce qui lui donnera du plaisir? Regarde, il fait aussi pour moi tout ce qui est en son pouvoir. Me le promets-tu?

ALEXIS.

Oui sûrement, grand'mère, je le ferai.

SUZANNE.

Prends-y garde. Le Dieu du ciel et de la terre, vers qui j'irai bientôt, voit tout ce que nous faisons. Ne le crois-tu pas?

ALEXIS.

Oui, je le crois; tu me l'as appris.

SUZANNE.

Comment donc croyais-tu hier te cacher de lui, en venant derrière mon lit manger des pommes que tu avais dérobées?

ALEXIS.

Je ne le ferai plus de ma vie. Pardonnez-moi, grand'mère; pardonne-moi, mon Dieu.

SUZANNE.

Il est donc vrai que tu avais volé ces pommes?

ALEXIS, *en sanglotant.*

Ou-ou-oui.

SUZANNE.

Et à qui les avais-tu prises?

ALEXIS.

Au-au-au voisin Lé-Lé-o-nard.

SUZANNE.

Il faut que tu ailles chez lui, Alexis, et que tu le supplies de te pardonner.

ALEXIS.

Oh! je t'en prie, grand'mère, que je n'y aille pas. Je n'oserai jamais.

SUZANNE.

Il le faut, mon petit ami, pour que cela ne t'arrive plus une autre fois. Au nom du ciel, mon cher enfant, ne prends jamais rien de la vie, même quand tu y serais poussé par le besoin. Dieu n'abandonne aucun de ceux qu'il a fait naître. Confie-toi à ses secours; offre-lui tes peines, et il te soulagera.

ALEXIS.

Oh! sûrement, sûrement! grand'mère, je ne volerai plus rien, je te le promets. J'aimerais mieux mourir de faim que de voler.

SUZANNE.

Que le Seigneur t'entende et te bénisse! J'espère de sa bonté qu'il te préservera toujours de malfaire. (*Elle le presse contre son cœur, et laisse tomber sur lui quelques larmes.*) Il faut, mon petit ami, que tu ailles tout de suite chez Léonard, le prier de te pardonner. Tu lui diras que moi aussi je lui demande pardon pour toi. Deschamps, Deschamps vas-y avec Alexis. Dis-lui combien je suis fâchée de ne pouvoir lui rendre ce qu'on lui a pris; que je prierai Dieu pour lui et pour sa famille, afin qu'il les fasse prospérer dans leurs affaires. Hélas! ils ne sont guère plus à leur aise que nous; et si la pauvre Geneviève ne passait les jours et les nuits à travailler, ils ne pourraient vivre avec un si grand nombre d'enfans. Mon fils, tu leur donneras un ou deux jours de ton travail pour les dédommager.

DESCHAMPS.

De tout mon cœur, ma mère; soyez en paix là-dessus.

Comme il disait ces mots, le bailli frappait du revers de la main contre la fenêtre.

Suzanne le reconnut à cette manière de s'annoncer, et à sa toux. Mon Dieu! s'écria-t-elle, c'est le bailli. Sûrement le pain et le beurre dont tu as fait ma dernière soupe ne sont pas payés.

DESCHAMPS.

Il n'y perdra rien, ma mère; tranquillisez-vous. Je lui donnerai tant qu'il voudra de mes journées à la moisson.

SUZANNE.

Oui, pourvu qu'il veuille attendre.

Deschamps alla parler au bailli. Suzanne poussa un profond soupir, et se dit à elle-même : Depuis notre malheureux procès, je ne puis le voir ou l'entendre, que tout mon cœur ne se soulève contre lui, pour nous avoir dépouillés. Et il faut encore, à mon agonie, qu'il vienne tousser à notre fenêtre. Mais, peut-être, c'est la main de Dieu même qui l'a conduit si près de moi, pour que je décharge mon cœur de tout ce que j'ai contre lui, et que je prie pour son âme. Eh bien! mon Dieu, je m'y résigne. Je ne lui veux plus aucun mal. Pardonnez-lui comme je lui pardonne. (*Elle entend le bailli qui élève la voix.*) Bonté divine! il se met en colère! O mon pauvre Deschamps! c'est par amour pour moi que tu t'es empêtré dans ses mains. (*Elle tombe en faiblesse. Alexis saute du lit, et court à Deschamps.*) Mon père! mon père! viens donc. Grand'mère qui se meurt.

DESCHAMPS.

O mon Dieu!... Permettez, monsieur le bailli, il faut que j'aille à son secours.

LE BAILLI, *en s'éloignant.*

Oui, certes, cela est bien nécessaire. Le grand malheur quand la vieille Sibylle viendrait à crever!

Deschamps, par bonheur, n'entendit point ces cruelles paroles. Il était déjà près du lit de Suzanne, qui commençait à revenir à elle; et qui entr'ouvrant à peine les yeux, lui dit :

Il était en colère, mon fils? Sans doute qu'il ne veut pas t'accorder du temps pour ce que tu lui dois?

DESCHAMPS.

Non, ma mère; ce n'est pas ce que vous pensez; c'est quelque chose d'heureux. (*Suzanne le regarde un moment en silence; et, recueillant ses forces, lui dit avec émotion*) : Me dis-tu vrai, mon fils? ou ne veux-tu que me consoler? Que peut-il nous arriver d'heureux de sa part?

DESCHAMPS.

Monseigneur veut faire rebâtir une aile de son

château, et il entend que j'y travaille. J'aurai trente sous par jour.

SUZANNE, *avec joie.*

Est-il possible ?

DESCHAMPS.

Oui, sûrement, et il y a du travail pour plus de quinze mois. Je commencerai lundi.

SUZANNE.

Eh bien! je mourrai contente; puisque je te vois du pain pour tes enfans, la mort n'a plus rien de douloureux pour moi. Tu es plein de bonté, ô mon Dieu! conserve-la jusqu'au dernier des miens. Crois-tu maintenant, mon fils, ce que je t'ai appris dès ta jeunesse, que plus le malheur vient à nous d'un côté, plus la grâce du ciel s'en approche de l'autre?

DESCHAMPS.

Oui, ma mère, je le croirai toujours. Mais vous voilà mieux. Souffrez que je vous quitte pour un moment. Je vais chercher un peu de paille pour vous couvrir.

SUZANNE.

Non, je me sens un peu réchauffée. Cours plutôt chez Léonard avec Alexis; c'est ce qui me presse le plus pour mon repos. Va, mon fils, je te le demande en grâce.

- Deschamps prit Alexis par la main; et, en tirant la porte, il fit signe à Mariette de venir lui parler.

Aie bien soin de ta grand'mère, lui dit-il. S'il lui prenait quelque faiblesse, envoie-moi tout de suite chercher par Babet; je serai chez le charpentier.

Léonard était à son travail. Geneviève, sa femme, se trouvait alors toute seule à la maison. Elle aperçut, du premier coup-d'œil, que le père et l'enfant avaient les larmes aux yeux.

Qu'avez-vous, mon voisin, dit-elle à Deschamps? Pourquoi pleurez-vous? pourquoi pleures-tu, Alexis.

DESCHAMPS.

Ah! Geneviève, je suis bien malheureux. Cet enenfant, qui mourait de faim, prit hier de vos pommes, apparemment dans votre grange. Ma mère s'en est aperçue... Geneviève, elle est sur son lit de mort, et elle vous prie de nous pardonner. Je ne puis vous en rendre aujourd'hui la valeur, mais je vous la donnerai sur mes premières journées.

GENEVIÈVE.

C'est une bagatelle, voisin; n'en parlerons pas davantage. Et toi, mon petit ami, promets-moi que tu ne prendras jamais rien à personne. (*Elle l'embrasse.*) Tu es né de si braves gens!

ALEXIS.

Oh! je te le promets. pardonne-moi, Geneviève; je ne prendrai plus rien.

GENEVIÈVE.

Oui, mon enfant, que cela ne t'arrive plus. Tu ne peux encore savoir combien c'est un grand crime. Lorsque tu auras faim, viens me trouver; et tant que j'aurai un morceau de pain, je le partagerai avec toi.

DESCHAMPS.

Dieu merci, voisine, j'espère qu'il ne manquera

plus de pain. J'aurai du travail pour quelques mois au château.

GENEVIÈVE.

Je viens de l'entendre dire des gens de monseigneur, et j'en ai eu bien de la joie.

DESCHAMPS.

Je n'en suis pas tant réjoui pour moi que pour ma pauvre mère ; elle aura du moins cette consolation avant de mourir. Dites bien à Léonard que je travaillerai de bon courage pour lui revaloir ce qui lui a été pris.

GENEVIÈVE.

Cela n'en vaut pas la peine ; mon mari, j'en suis sûre, n'y a point de regret. Nous voilà aussi hors d'affaire : il doit être employé pour la charpente du bâtiment. Mais puisque la pauvre Suzanne est si mal, je veux aller lui donner mes secours.

Elle courut prendre dans un panier des quartiers de pommes et de poires séchées au soleil ; elle en remplit la poche d'Alexis, le prit par la main, et sortit en silence avec Deschamps.

Ils arrivèrent bientôt auprès de la malade. Geneviève lui tendit les bras, en détournant à demi son visage pour cacher ses larmes. Suzanne les aperçut, et lui dit :

Tu pleures, Geneviève ?

GENEVIÈVE.

Oui, je suis affligée de te voir souffrir.

SUZANNE.

Ah ! c'est à nous de pleurer. Pardonne-nous, je te

te prie. C'est la première fois que cela arrive dans notre maison.

GENEVIÈVE.

Que veux-tu ? cette faute est peut-être excusable dans un enfant.

SUZANNE.

Mais s'il en prenait l'habitude quand il sera plus âgé !

GENEVIÈVE.

Non, je réponds pour lui ; il sera un honnête garçon. Brave Suzanne, tu mérites bien de recevoir cette récompense du ciel, pour ta droiture et pour le soin que tu prends d'élever ta famille dans l'honneur. As-tu besoin de quelque chose ? ne crains pas de le dire. Tout ce que nous possédons est à ton service.

ALEXIS.

Oh ! oui, grand'mère, vois ce qu'elle m'a donné. Manges-en un peu. Tiens.

SUZANNE.

Non, mon ami, je ne saurais. Je sens mes forces qui s'affaiblissent. Ma vue commence à s'éteindre. Approche-toi, mon fils. Voici le moment de te faire mes derniers adieux.

Deschamps saisi, à ces mots, d'un tremblement subit dans tout son corps, se découvre la tête, tombe à genoux devant le lit de sa mère, saisit ses mains, lève les yeux au ciel, et ne peut prononcer une parole, étouffé par ses larmes et ses sanglots.

Prends courage, mon fils, lui dit Suzanne ; je vais

t'attendre dans une vie plus heureuse. Nous nous retrouverons pour ne jamais nous quitter.

Deschamps, un peu revenu à lui-même, baissa la tête en disant : Bénis-moi donc, ma mère; je ne demande qu'à te suivre, quand mes enfans n'auront plus besoin de moi.

Suzanne rouvrit ses yeux mourans, et prononça ces paroles :

Exauce ma prière, Père céleste, et accorde ta grâce à mon cher enfant, le seul que tu m'as donné, et que j'aime de toute mon âme. Deschamps, que le Seigneur soit toujours avec toi, et qu'il confirme dans le ciel la bénédiction que je te donne, pour avoir si bien rempli tes devoirs envers tes parens.

Écoute-moi maintenant, mon fils, et observe ce que je vais te dire. Élève tes enfans dans l'honneur, et accoutume-les à une vie laborieuse, afin que, s'ils sont pauvres, ils ne perdent jamais courage, et ne se laissent pas aller au déréglement. Instruis-les à mettre toute leur confiance en Dieu, et à demeurer tendrement unis, pour trouver des consolations et des ressources dans les maux de la vie. Pardonne au bailli son injustice. Quand je serai morte et enterrée, va le trouver de ma part, et lui dis que je n'emporte point de rancune contre lui; que je prie Dieu, au contraire, en sa faveur, pour qu'il lui donne la grâce de se reconnaître avant de sortir de ce monde. (*Elle s'interrompt un moment pour reprendre haleine, et dit ensuite :*) Mon fils, apporte-moi mon Imitation, et ce billet qui est au fond du coffre dans une bourse de cuir.

Bon! (*Elle les prend et les serre dans ses mains.*) Voilà tout ce que je possède de plus précieux sur la terre... A présent, fais-moi venir tes enfans.

Deschamps alla les prendre autour de la table où ils étaient assis et pleuraient. Il les fit mettre à genoux auprès du lit de leur grand'mère. Suzanne se souleva un peu pour les regarder, et leur dit :

Mais chers enfans, il m'est bien douloureux de vous laisser ainsi pauvres et sans mère! Pensez à moi, mes bien-aimés. Je ne puis vous donner en héritage que ce livre; mais il a fait ma consolation, et il fera la vôtre. Quand vous saurez lire, lisez-en un peu tous les soirs devant votre père; vous y apprendrez à être religieux, honnêtes et équitables.

Deschamps, ce billet est un certificat de bonne conduite que j'apportai à ton père en l'épousant. Tu le feras passer tour-à-tour à chacune de tes filles, jusqu'à ce qu'elles se marient.

Pour toi, mon fils, je n'ai rien à te donner en souvenir; mais tu n'en as pas besoin. Tu ne m'oublieras pas, j'en suis sûre.

Geneviève, oserais-je te demander encore une grâce, après avoir eu pardonné la faute d'Alexis? Quand je ne serai plus, donne quelques soins à ces pauvres enfans..... Ils sont si délaissés..... Je te recommande surtout ma pauvre petite Louison..... C'est la dernière..... Où est-elle?..... Mes yeux se ferment..... je ne la vois plus..... (*Elle soulève lan-*

guissamment son bras.) Conduisez ma main..... que je la touche..... O mes enfans!..... (*Elle meurt.*)

Après un moment de silence, Deschamps, la croyant assoupie, dit aux enfans : Relevez-vous, et ne faites pas de bruit; elle dort. Si elle pouvait se rétablir! mais Geneviève vit bien qu'elle était morte, et le lui fit comprendre. Quels furent alors sa désolation et le chagrin de toute la petite famille! Comme ils pleuraient, comme ils joignaient leurs mains en les frappant l'une contre l'autre!

Geneviève les consola de son mieux; et elle répéta à Deschamps le dernier vœu de Suzanne, que sa profonde tristesse l'avait empêché d'entendre.

Elle commença dès ce jour même à le remplir. Les petits orphelins, élevés parmi ses enfans, profitèrent des mêmes instructions, et devinrent bientôt, comme eux, l'exemple du village. Alexis surtout, continuellement frappé du souvenir de sa première faute, se distingua toute sa vie par la plus rigide probité.

PASCAL.

Monsieur Dufresne avait coutume de payer tous les dimanches une petite pension à ses enfans, pour qu'ils eussent le moyen de se procurer les plaisirs

innocens de leur âge pendant le cours de la semaine.
Aussi confiant que généreux, il n'exigeait point qu'ils
lui rendissent compte de l'emploi qu'ils faisaient de
ses largesses. Il les croyaient assez bien nés pour
suivre les conseils qu'il leur avaient donnés quelquefois à ce sujet. Hélas! quelles suites affreuses produisit cette aveugle sécurité!

A peine les enfans avaient-ils reçu leur paie ordinaire, qu'ils couraient aussitôt en acheter des pâtisseries et des confitures. Leur bourse recevait dès ce jour même une atteinte si profonde, qu'il n'en fallait qu'une bien légère pour achever de l'épuiser le lendemain; en sorte qu'il ne leur restait plus rien pour se régaler les jours suivans. Cependant leur bouche affriandée n'en demandait pas moins à se repaître. Le marchand consentit d'abord à leur donner à crédit; mais comme leur pension ne pouvait jamais suffire à les acquitter, leurs dettes grossissaient tous les jours. Il résolut enfin d'en présenter le mémoire à leur père. M. Dufresne lui fit de sévères reproches de son imprudence, et défendit à tous les marchands des environs de donner rien à ses enfans qu'ils ne fussent en état de payer sur l'heure. Cette précaution, qui lui semblait assez sûre pour les forcer à vaincre leur gourmandise, ne fit que l'irriter davantage; et ils ne songèrent plus qu'aux moyens de satisfaire ce goût désordonné.

Pascal, l'aîné de la famille, et le plus audacieux, couchait tout près de son père. Après avoir remarqué le temps où il était plongé dans le plus profond sommeil, il se leva sans bruit, fouilla dans sa bourse; et y prit un écu. Enhardi par ce funeste succès, il renouvela plusieurs fois ses larcins. Mais il n'est point de crime si secret, que tôt ou tard il ne se découvre.

M. Dufresne avait un procès à la veille d'être décidé. Comme il s'en était occupé toute la journée, les mêmes pensées l'agitaient encore, et il les creusait dans le silence de la nuit. Pascal, le jugeant endormi, crut que c'était le moment d'exécuter son indigne entreprise. Malheureusement pour lui, la lune jetait alors assez de rayons dans la chambre, pour qu'une faible lumière se répandît à travers l'épaisseur des rideaux. Quel fut l'effroi de M. Dufresne de se voir voler par son propre fils! Il dévora son ressentiment pendant le reste de la nuit. Mais, avant que Pascal ne sortît de sa chambre, il s'habilla, et, après divers propos indifférens : Qu'est-ce que tu achèteras aujourd'hui, lui dit-il, pour ton déjeûner? Rien, mon papa, répondit le détestable menteur. J'ai donné aux pauvres ma pension de la semaine; il faudra bien me contenter de pain sec.

M. Dufresne ne put commander plus long-temps son indignation. Il saisit Pascal, le dépouilla, et trouva dans ses poches deux écus de six francs qu'il venait de lui dérober. Autant qu'il avait témoigné jusqu'alors de tendresse et d'indulgence, autant il fit éclater de courroux et de rigueur. De vives réprimandes ne furent que l'annonce d'un traitement plus sévère; et le malheureux fut obligé de passer quelque jours au lit, pour se rétablir des suites de cette correction.

Combien il est difficile d'extirper un vice qu'on a laissé trop long-temps s'enraciner dans son cœur! Pascal ne fut point réformé par cette aventure. La clé de la cassette de son père étant tombée, par hasard, entre ses mains, il en tira l'empreinte sur de la cire molle; et, sous un prétexte spécieux, il en fit forger une pareille par le serrurier. Il avait maintenant une occasion commode de piller à discrétion le trésor de la famille. Comme son père avait beaucoup d'argent, et qu'il était assez rusé, lui, pour n'en jamais prendre trop à la fois, ses rapines restèrent long-temps inconnues. Il parvint ainsi jusqu'à sa quinzième année, composant si bien sa conduite, que ses parens croyaient n'avoir plus aucun reproche à lui faire, lorsqu'une circonstance imprévue dévoila tout-à-coup son indigne hypocrisie.

Son père, dans le paiement d'un billet, avait reçu, par mégarde, une pièce de monnaie étrangère. Il la laissa pour le moment avec les autres, avec le projet de l'en retirer le jour d'après. Cette pièce tomba le jour même entre les mains de Pascal, dans une saignée qu'il fit à la cassette. M. Dufresne, qui l'avait si bien remarquée la veille, ne la trouva plus le lendemain. Les anciennes inclinations de son fils revinrent dans sa mémoire, et Pascal devint l'objet de ses premiers soupçons. Il monta soudain dans sa chambre, visita sa bourse ; et, avec un morne désespoir, et il y trouva la pièce qui lui manquait.

Pascal était trop grand pour que son père crût devoir le châtier comme la première fois. Il se contenta de lui reprocher vivement son indignité, en le menaçant de lui retirer sa tendresse. Il consulta ses amis sur la manière dont il devait traiter ce jeune scélérat. Les plus sages lui conseillèrent de le faire enfermer pour quelques mois dans une maison de force, afin de lui donner le temps de se repentir de son crime et de s'accoutumer à une vie frugale. Cependant la crainte de le déshonorer, et les combats de l'amour paternel, qui n'était pas encore entièrement éteints dans son cœur, ne lui laissèrent pas la force de profiter de cet avis salutaire. Il aima mieux employer une voie plus douce. Il envoya son fils continuer ses exercices dans une ville éloignée, sous la tutelle d'un ami vigilant, auquel il prescrivit de ne lui donner d'argent que ce qui lui serait d'une indispensable nécessité.

Précaution, hélas! trop tardive : Pascal était absolument corrompu. Il avait chez son tuteur une nourriture abondante, qui, sans être recherchée, était préparée avec assez de soin pour devoir contenter son goût. Mais il faillait à sa sensualité des morceaux plus fins et plus délicats. Il fit un marché secret avec un traiteur qui connaissait la richesse de son père, pour lui fournir ce qu'il y avait de plus friand dans les marchés. Un marchand de vin s'engagea également à lui procurer les liqueurs les plus exquises : il ne se trouva pas encore satisfait; il voulut prendre part aux débauches que les jeunes gens de la ville allaient faire dans les auberges des villages voisins ; et, comme son tuteur refusait de contribuer à ces dissipations, il s'adonna au jeu, et apprit à pratiquer toute espèce de friponneries pour escroquer de l'argent.

Le ciel paraissait s'intéresser visiblement au changement de sa conduite, en ne permettant pas qu'aucune de ses basses manœuvres demeurât impunies. Trois des plus robustes joueurs, qui s'aperçurent une fois de ses tours, tombèrent sur lui et le chargèrent de tant de coups qu'ils fut près d'en mourir sur la place.

On le transporta tout ensanglanté dans sa chambre. Son tuteur accourut et lui prodigua les soins et les secours. Il attendit qu'il fût entièrement rétabli pour lui représenter, avec les expressions les plus touchantes, les malheurs dans lesquels il courait se précipiter. Infortuné jeune homme, lui dit-il, qui vous porte à des excès si honteux? Vous déshonorez un nom que la probité de vos aïeux a rendu respectable. Vous ravissez à vos parens les douces espérances qu'ils formaient en cultivant votre éducation. Lorsque vos jeunes concitoyens, qui consacrent à l'étude le temps que vous perdez dans des scènes scandaleuses, seront recherchés dans votre patrie, et portés aux fonctions les plus distinguées; vous, comme un homme abject et dangereux, vous vous verrez méprisé par la plus vile populace, et banni de toutes les sociétés de gens d'honneur.

Ces discours firent sur lui d'abord quelque légère impression. Il suspendit tout commerce avec les complices de ses égaremens; il se contenta de sa nourriture ordinaire, et l'étude semblait prendre des charmes pour son esprit. Mais ces belles résolutions ne tardèrent pas long-temps, à s'évanouir. Il se rengagea peu à peu dans son train de vie ordinaire. Il vendit en secret les livres qu'on lui avait donnés. Sa montre, son linge et ses habits eurent successivement le même sort; et il se pouilla si bien lui-même, qu'il fut réduit à ne plus sortir de la maison.

Alors tous ses créanciers se réveillèrent à la fois; et, sur le refus de son tuteur de satisfaire à leur avidité, ils écrivirent à son père, en le menaçant de le faire arrêter, s'ils n'en recevaient une réponse plus agréable. Qu'on se représente l'état du malheux Pascal. Accablé des reproches de ses créanciers et de l'indignation de son tuteur, des mépris des domestiques et de ses propres remords, il ne lui restait plus à attendre que la malédiction de ses parens. Il sentit qu'il avait trop négligé de s'instruire pour trouver des ressources dans son travail. Quelquefois il lui venait l'idée d'aller mendier sa subsistance, mais son cœur orgueilleux ne pouvait s'y résoudre. Il passa un jour entier dans sa chambre, au milieu des plus violentes agitations du désespoir, tordant ses bras, s'arrachant les cheveux et maudissant ses vices; mais, toujours emporté par sa dépravation, il sortit le soir même pour aller boire dans une taverne le peu d'argent qui lui restait encore.

Il s'y trouvait en ce moment deux hommes qui venaient de lever des recrues pour les colonies. Ils remarquèrent sur ses traits le trouble dont son âme était agitée. Ils se firent un signe du coin de l'œil, et tournèrent leur conversation sur l'Amérique. Ils parlèrent de la beauté du pays, de la paie énorme que les troupes y reçoivent. Ils peignirent les avantages qu'un jeune homme de famille y rencontrait en foule pour faire promptement une grande fortune. Ils nommèrent plusieurs de leurs amis qui, de simples soldats, étaient devenus officiers, et avaient épousé de riches veuves.

Pascal écoutait ces discours avec une extrême avidité. Il se mêla bientôt à l'entretien, et demanda s'il ne pourrait point trouver du service parmi ces troupes. Je puis vous en procurer, dit un des recruteurs, quoique nous ayons déjà plus de sujets qu'il ne nous en faut; mais vous paraissez mériter des préférences; et il lui offrit quatre louis d'or pour son engagement.

Après quelques combats intérieurs, Pascal les reçut. Il passa le reste de la nuit à boire; et dès le lendemain il fut envoyé dans une forteresse pour y apprendre l'exercice. Il se trouva dans une société composée de paysans grossiers, d'apprentis fugitifs, de mendians enlevés sur les grandes routes, et de voleurs sauvés du gibet. On lui donna pour maître un caporal dur et rébarbatif qui, l'accablant d'injures et de coups de canne, lui fit éprouver toutes sortes de hontes et de douleurs.

Son malheur allait encore s'accroissant chaque jour. L'argent qu'il avait reçu en échange de sa liberté était déjà consumé dans la débauche. Du pain de munition et une soupe dégoûtante étaient tout ce qu'il avait pour se soutenir. Lucas, jadis gardeur de pourceaux, qui se trouvait alors son camarade, était bien moins à plaindre. Accoutumé dès l'enfance à vivre de pain de seigle et de fromage, il se croyait nourri comme un prince lorsqu'il pouvait manger quelquefois un peu de viande à demi-cuite ; et il goûtait d'une vieille poule avec autant de plaisir que Pascal aurait goûté d'un faisan. Mais, pour celui-ci, quelle devait être sa peine, lorsqu'avec une moitié de hareng saure, ou un tronc de chou baigné de graisses fétide, il pensait aux morceaux friands qu'il avait autrefois si recherchés !

Quelques jours après, l'ordre du départ arriva. Pascal reçut cette nouvelle avec plus de satisfaction qu'on ne l'aurait attendu. Si tu parviens une fois en Amérique, se disait-il, tu es jeune et bien tourné, tu feras ta fortune comme tant d'autres Européens.

Au milieu de ces brillantes perspectives, il monta sur le vaisseau qui devait le transporter avec sa troupe. Deux ou trois verres d'eau-de-vie, qu'il but avant de s'embarquer, échauffèrent sa tête, et lui firent oublier ses parens. Il s'éloigna du rivage avec des cris de joie insensés. Mais cette joie ne fut pas d'une plus longue durée que l'ivresse qui l'avait produite. Tous ceux qui n'avaient pas encore navigué éprouvèrent des maux de cœur violens. Pascal, dont l'estomac était déjà affaibli par ses intempérances, en souffrait plus que personne. Il passa plusieurs jours dans des défaillances continuelles. Il ne pouvait supporter aucune nourriture; la seule vue des alimens révoltait ses entrailles. Des fèves moisies, du bœuf salé, du biscuit racorni, voilà toutes les friandises qu'il avait maintenant à savourer. On avait d'abord donné aux soldats une pinte de bière par jour pour les soutenir; mais on les sevra peu à peu, et il fallut se contenter d'une petite mesure d'eau, qu'on était encore obligé de faire filtrer, pour en tirer les vers dont elle était remplie.

Après deux mois de vives souffrances, auxquelles se joignaient chaque jour les terreurs et les accidens d'une traversée orageuse, il aborda, épuisé de fatigues, de maux et de chagrins. Son cœur, aigri par les horreurs de sa situation, avait laissé corrompre tous ses penchans; et déjà son esprit ne s'ouvrait plus qu'à des idées de forfaits. La négligence de ses devoirs, et les bassesses qu'il commit dans le régiment, l'en firent chasser avec ignominie. On crut devoir le renvoyer à sa famille, lié et garotté au fond de la cale d'un vaisseau, avec d'autres scélérats.

Qu'étaient devenus, dans cet intervalle, ses infortunés parens? Hélas! ils vivaient encore, s'il faut nommer du doux nom de la vie des jours consumés dans les angoisses et le désespoir. La honte des crimes de leur fils, dont toute leur ville natale était instruite, les avait forcés de l'abandonner pour chercher un asile obscur. Ils traînaient leur déplorable existence dans une retraite écartée, sur le bord de la mer.

Ils y étaient à peine établis, lorsque le vaisseau qui portait Pascal vint aborder entre les rochers, non loin de cette plage. Les criminels qu'on y tenait renfermés avaient brisé leurs chaînes; et, après avoir massacré l'équipage, ils s'étaient rendus maîtres du bâtiment. Ils en sortirent la nuit pour aller piller les maisons répandues sur la côte. M. Dufresne, cette nuit même, veillait auprès du lit de sa femme, que la douleur avait réduite, après de longues souffrances, à une cruelle agonie. Dans les transports d'un violent délire, elle répétait le nom de son fils, et l'appelait pour l'embrasser et lui pardonner avant de mourir. Tout à coup la porte est foncée, et dix scélérats se précipitent dans la chambre. Pascal était à leur tête, une hache à la main. M. Dufresne s'avance avec un flambeau; mais avant que son fils ait pu le reconnaître.... O nature, nature!.... Je ne puis achever.

Enfans, si, après avoir lu cette horrible aventure, vous osiez vous familiariser avec la première idée du vice, tremblez de devenir, par degrés, criminels, et de finir, comme Pascal, par un parricide!

JACINTHE.

Jacinthe, jardinier de Livry, était regardé comme le plus habile de tout le canton. Ses fruits surpassaient en grosseur ceux de tous ses voisins, et on leur trouvait un goût plus exquis. Tous les grands seigneurs, dans leurs festins d'apparat, se faisaient honneur de ses pêches à leur dessert. Il n'avait pas besoin d'envoyer ses melons à la halle; on venait les mettre à l'enchère sur ses couches; souvent même, à prix d'or, on ne pouvait s'en procurer.

L'espèce de gloire qu'il trouvait dans son travail, et le gain qu'il en retirait, l'attachaient assidûment à ses cultures. Riche et laborieux comme il était, il ne lui fut pas difficile de trouver un bon parti. Il épousa Colette, jeune fille des environs, dont la sagesse égalait la beauté.

La première année de leur mariage fut très-heureuse. Colette secondait son mari dans ses travaux; et jamais les fruits de leur jardin n'avaient si bien prospéré.

Malheureusement pour Jacinthe, à côté de sa maison demeurait un autre jardinier, nommé Grégoire, qui, dès la pointe du jour, allait s'établir dans un cabaret, pour n'en sortir que la nuit. L'humeur joviale de Grégoire avait séduit Jacinthe, qui ne tarda pas long-temps à prendre ses goûts. Au commencement, il n'allait le trouver au cabaret que pour lui parler du jardinage ; bientôt, dans son jardin même, il ne lui parlait que du vin.

Colette gémissait de ce changement dans la conduite de son mari. Comme elle n'avait pas encore acquis assez d'expérience pour gouverner elle-même ses espaliers, elle était souvent obligée d'aller le chercher au milieu de ses verres et de ses bouteilles, pour le ramener à son travail. Hélas! il aurait bien mieux valu qu'il ne s'en fût pas du tout occupé! il ne taillait plus ses arbres que la tête prise de vin. Sa serpette jouait au hasard dans les branchages. Les branches à fruit étaient coupées indistinctement comme les branches gourmandes ; et ses beaux pêchers, où l'année précédente il n'y avait pas un seul jet oisif, ne firent plus, selon la jolie expression d'une jeune demoiselle très-aimable, qu'étendre lâchement leurs bras, comme de grands paresseux.

Plus Jacinthe voyait languir son jardin, plus il sentait se fortifier en lui le goût de la crapule. Ses fruits et ses légumes avaient perdu toute leur renommée ; et, ne trouvant plus dans son travail de quoi satisfaire sa honteuse passion, il se défaisait peu à peu de ses meubles, de son linge et de ses habits. Enfin, un jour que sa femme était allée porter au marché quelques racines qu'elle avait cultivées elle-même, il alla vendre tous ses outils, pour en boire le produit avec Grégoire.

On aurait de la peine à se figurer qu'elle fut la douleur de Colette à son retour. Tomber d'une douce aisance dans une affreuse misère, ce n'était pas là son plus grand supplice. Elle gémissait plus douloureusement encore sur le sort de son mari, et sur celui d'un jeune enfant de six mois qu'elle nourrissait.

Qui croirait que ce fut cet enfant qui sauva toute la famille de sa perte!

Le soir du même jour, Jacinthe, rentrant chez lui en jurant, était allé s'accouder sur la table, et demandait brutalement à sa femme de quoi manger; Colette lui présenta un grand couteau et une corbeille couverte de son tablier. Jacinthe ôte brusquement la couverture. Quelle est sa surprise de voir dans la corbeille son fils paisiblement endormi! Mange, lui dit Colette ; voilà tout ce qui me reste à te donner. Tu es le père de cet enfant; tu as plus de droit à le dévorer que la faim. Jacinthe, pétrifié à ces paroles, demeure sans voix, et les yeux stupidement fixés sur son fils. Enfin, sa douleur éclate par ses cris et par ses larmes. Il se lève, se jette au cou de sa femme, lui demande pardon, et lui promet de changer. Il tint sa parole. Son beau-père, qui depuis long-temps refusait de le voir, instruit de ses bonnes dispositions, lui fit des avances pour le remettre en état de reprendre son travail. Jacinthe profita de ces secours ; et bien-

Mange, lui dit Collette; voilà tout ce qui me reste à te donner.

tôt son jardin fructifia plus heureusement que jamais. Il redevint, jusqu'à sa vieillesse, actif, industrieux, bon mari et bon père.

Il se plaisait quelquefois, en rougissant, à raconter cette histoire à son fils, qui, à son exemple, prit la crapule et l'oisiveté dans une telle horreur, qu'il fut toute sa vie aussi sobre que laborieux.

LES DOUCEURS DU TRAVAIL.

Mme DE SAUSEUIL, VICTOIRE, sa fille.

Mme DE SAUSEUIL.

Qu'as-tu donc, Victoire ? tu parais bien triste ?

VICTOIRE.

Je le suis aussi, maman.

Mme DE SAUSEUIL.

Et pourquoi donc, ma fille ? j'espérais te voir revenir toute joyeuse de ta promenade.

VICTOIRE.

Elle m'a d'abord réjouie, mais, en passant, à mon retour, devant la maison du menuisier, j'ai vu ses trois enfans assis sur la porte, qui pleuraient à faire compassion. Ils mouraient de faim.

Mme DE SAUSEUIL.

Comment ! cela est-il possible ? Leur père a un

bon métier ; et il n'y a pas encore huit jours que je lui ai payé vingt écus pour des armoires qu'il a faites dans mon appartement.

VICTOIRE.

C'est ce que ma bonne a dit à une voisine qui était accourue aux cris des enfans, et qui leur donnait un morceau de pain.

Mme DE SAUSEUIL.

Et qu'a-t-elle répondu ?

VICTOIRE.

Ce pauvre homme est bien à plaindre, a-t-elle dit. Il travaille nuit et jour, et n'en est pas plus riche. Sa femme est une si mauvaise ménagère ! Elle n'entend rien de tout ce qu'une femme doit faire. Elle ne sait ni coudre, ni tricoter, ni filer ; elle ne sait pas même tenir le linge en bon état. Si son mari veut mettre une chemise, il faut qu'il la fasse blanchir et raccommoder hors de la maison.

Mme DE SAUSEUIL.

Voilà qui est fort triste ; et tu as raison d'être affligée de trouver une femme qui ne remplit aucun de ses devoirs. Dieu veuille que ce soit la seule qui se présente jamais à toi.

VICTOIRE.

Ah ! ce n'est pas encore là tout. Écoutez, ma chère maman. Comme elle ne sait s'occuper de rien, absolument de rien, l'oisiveté l'a conduite à s'adonner au vin. Lorsque le mari, après un rude travail, croit trouver une bonne soupe en rentrant chez lui, il trouve sa femme étendue ivre-morte dans son lit ;

et ses enfans n'ont pas eu souvent, de toute la journée, un morceau de pain à manger. Ne trouvez-vous pas ces petits malheureux bien à plaindre ?

Mme DE SAUSEUIL.

Je les plains comme toi, ma chère fille. Mais dans cette triste occasion, tu as eu l'avantage de faire une remarque dont l'utilité peut s'étendre sur toute ta vie.

VICTOIRE.

Et laquelle, maman ?

Mme DE SAUSEUIL.

C'est qu'une femme qui néglige les occupations de son sexe et de son état est la plus méprisable et la plus malheureuse créature qui soit au monde. Tu peux maintenant comprendre, mieux que jamais, pourquoi ton père et moi ne cessons de t'exhorter au travail.

VICTOIRE.

Oh! oui, maman! je sens aujourd'hui combien vous m'aimez en m'apprenant à travailler. Mais dites-moi, je vous prie, les demoiselles riches et de condition ont-elles besoin d'apprendre tant de choses ? Lorsqu'elles sont mariées, n'ont-elles pas des femmes-de-chambre pour leur faire tout ce qu'elles désirent ?

Mme DE SAUSEUIL.

Non, ma chère Victoire; le travail est d'une nécessité aussi indispensable pour elles que pour les enfans des pauvres. Je ne te parlerai pas des revers de fortune qui peuvent un jour ne laisser de moyens de subsistance à une femme que dans le travail de ses mains ; ces révolutions sont cependant assez communes. Mais dans l'état le plus brillant, au milieu d'une foule de domestiques empressés à s'occuper pour elle, ne doit-elle pas connaître par elle-même le travail, pour savoir les employer chacun selon son talent, n'exiger d'eux que ce qu'ils peuvent faire, pouvoir récompenser leur diligence en facilitant leur service, et se concilier de cette manière leur attachement et leur respect ? Obligée, par son rang et par sa richesse, d'occuper un grand nombre d'ouvriers, sans connaître le travail par elle-même, comment saura-t-elle apprécier celui des autres, ne pas retrancher du juste salaire de l'artisan utile, et se défendre des tromperies de l'artisan du luxe et de la frivolité ; satisfaire d'un côté la noble générosité de son cœur, et prévenir de l'autre la ruine de sa maison ? Quel plaisir d'ailleurs pour une femme sensible de se voir, elle et ses enfans, parés de l'ouvrage de ses mains ; d'employer le produit de cette économie à soulager les malades, à nourrir les indigens, et à donner de l'éducation à leurs enfans, pour qu'ils puissent soutenir leur famille !

VICTOIRE.

Ah ! ne perdons pas un moment, je vous prie. Instruisez-moi de tout cela, ma chère maman.

Mme DE SAUSEUIL.

Je le ferai pour m'acquitter de mon devoir, et pour t'aider à remplir le vœu de la nature et de la religion ; pour te sauver surtout des dissipations dangereuses, dont l'oisiveté pourrait faire naître en toi le goût et le besoin. Je le ferai pour te faire aimer le séjour de ta maison; pour te rendre un jour agréable aux yeux de ton mari, et respectable aux yeux de tes enfans; pour te ménager une distraction des chagrins qui pourraient t'accabler, si tu ne savais leur opposer cette diversion puissante; enfin, pour t'assurer le calme d'une bonne conscience, et te rendre heureuse dans tous les momens de ta vie. Tu as vu, par l'exemple de la femme du menuisier, dans quel vice détestable peut conduire le désœuvrement. Que dirai-je du dégoût et de l'ennui, les deux plus insupportables tourmens d'une femme? Je ne peux t'en donner qu'une idée légère et proportionnée à ton intelligence, dans l'histoire d'une petite fille de ton âge.

VICTOIRE.

O ma chère maman! voyons vite l'histoire de cette petite fille.

Mme DE SAUSEUIL.

La voici:

« Madame de Fayeuse aimait à s'occuper, et ne passait jamais un quart d'heure de la journée dans l'inaction.

Angélique, sa fille, avait bien de la peine à l'en croire, lorsqu'elle lui parlait des plaisirs du travail, et des désagrémens attachés à l'oisiveté. Il est vrai qu'elle travaillait toutes les fois que sa mère le lui prescrivait, car elle était accoutumée à l'obéissance; mais on imagine aisément combien peu elle était heureuse, ne s'y portant jamais qu'avec dégoût.

Ma chère fille, lui disait souvent madame de Fayeuse en la voyant travailler la tête pendante et les mains distraites, puisses-tu bientôt éprouver toi-même l'ennui où jette le désœuvrement, et le bonheur qu'on se procure par une douce occupation! Ce vœu, inspiré par sa tendresse, ne tarda pas à s'accomplir.

Angélique, alors âgée de onze ans, devait un jour se rendre avec sa mère dans une maison de campagne, éloignée de quelques lieues. Madame de Fayeuse, à son départ, prit à son bras un sac à ouvrage, et recommanda bien à Angélique de ne pas oublier le sien. Angélique voulut obéir à sa mère. Mais avec quelle fatalité on perd la mémoire d'un devoir qu'on ne remplit qu'avec répugnance! le sac à ouvrage fut oublié.

Le voyage s'annonça d'abord très-heureusement. Le ciel était serein; toute la nature semblait leur sourire. Mais, vers l'heure de midi, les nuages s'amoncelèrent sur l'horizon, le tonnerre traversait tout l'espace des cieux, en roulant avec un horrible fracas. La frayeur les obligea de descendre dans un village; et, l'instant d'après, une pluie bruyante se précipita par torrens.

Comme les approches de l'orage avaient forcé beaucoup de voyageurs à chercher un asile dans l'hôtellerie, madame de Fayeuse et sa fille ne purent y trouver une chambre pour se reposer. Elles firent remiser leur voiture, et se rendirent à pied chez une bonne vieille du voisinage, qui leur céda honnêtement sa chambre à coucher et son lit; c'était le seul qu'elle avait.

Combien madame de Fayeuse s'applaudit d'avoir porté son ouvrage! La bonne vieille s'assit à son côté en filant sa quenouille; et la longue soirée d'automne s'écoula, sans ennui pour elles, entre la conversation et le travail.

La pauvre Angélique eut bien à souffrir dans tout cet intervalle. La chaumière était petite; et, lorsqu'elle en eut visité tous les recoins, il ne lui restait plus rien absolument à faire. La pluie, qui tombait toujours avec une grande abondance, ne lui permettait pas de mettre le pied dans le jardin; le bruit effrayant du tonnerre lui ôtait l'envie de dormir, et les discours de la vieille, qui ne savait parler que de son travail, n'était guère propres à l'amuser.

Elle voulut prier sa mère de lui céder un moment son ouvrage; mais madame de Fayeuse lui répondit, avec justice, qu'elle ne voulait pas s'ennuyer pour elle, qu'ayant eu l'intention de porter de quoi s'occuper, il était naturel qu'elle goûtât le fruit de sa prévoyance, et qu'elle, au contraire, portât la peine de sa négligence et de son oubli. Angélique n'eut rien à répondre à des raisons si fortes.

Après bien des bâillemens d'ennui, des soupirs d'impatience, et des murmures très-inutiles contre le temps, Angélique enfin attrapa le bout de la soirée. Elle fit, sans appétit, un léger repas, et se mit au lit, bien mécontente de ses plaisirs.

Avec quelle joie elle se réveilla le lendemain, aux premiers rayons d'un soleil sans nuage! avec quelle ardeur elle pressa le moment du départ!

Enfin la voiture se trouva prête, et madame de Fayeuse, ayant généreusement récompensé la bonne vieille de ses secours, se remit en route, aussi satisfaite de la veille, qu'elle avait causé à Angélique d'humeur et de dépit.

La pluie avait rompu tous les chemins; l'eau, qui les couvrait encore, empêchait d'apercevoir les ornières; la voiture tombait d'un trou dans un autre; on entendait crier l'essieu, et craquer les soupentes; enfin une roue se brisa, et la voiture fut renversée. Heureusement madame de Fayeuse ni sa fille ne furent blessées dans la chute.

Elle se remirent peu à peu de leur frayeur. On découvrait, à quelque distance, un joli hameau bâti sur le penchant d'une colline; madame de Fayeuse prit d'une main celle de sa fille, passa l'autre sous le bras de son domestique, et s'achemina vers ce hameau pour envoyer du secours à son cocher.

Il n'y avait, dans cet endroit, ni serrurier, ni charron. Il fallut attendre près de deux jours pour faire venir des roues de la ville.

La pauvre Angélique! comme elle pleurait! comme elle se plaignait de la longueur du temps! L'impression de frayeur qu'elle avait gardée de sa chute lui dérobait l'usage de ses jambes; elle n'était pas en état de marcher. Que pouvait madame de Fayeuse pour la distraire de son ennui? La justice exacte qu'elle s'était imposée avec sa fille l'empêchait de lui céder son ouvrage; et d'ailleurs Angélique avait si fort négligé de cultiver son talent pour la broderie, qu'elle aurait tout gâté.

Elle commença alors à sentir le prix du travail; et, toute honteuse, elle dit à sa mère:

Ah! maman, j'ai bien mérité ce qui m'arrive. Je comprends aujourd'hui, pour la première fois, pourquoi vous m'exhortiez si vivement au travail. J'ai bien senti l'ennui du désœuvrement! Elle se jeta dans les bras de sa mère; et pressant sa main sur son cœur: Pardonnez-moi, maman, de vous avoir affligée par mon indolence. Je vous ai vue chagrine de me voir souffrir. Ah! pour vous et pour moi, me voilà corrigée pour toute ma vie.

Madame de Fayeuse embrassa sa fille, la loua de sa résolution, et profitant de la leçon qu'Angélique avait reçue d'elle-même, elle lui fit sentir combien le goût du travail nous sauve d'ennuis, et combien il peut adoucir les peines de la vie, en nous fournissant une distraction agréable et salutaire. Elle bénit les accidens d'un voyage qui avait opéré un changement si heureux dans sa fille. Angélique tint la parole qu'elle lui avait donnée. Elle alla même au-delà de ce qu'elle avait promis, et madame de Fayeuse n'eut plus de reproches à lui faire que sur l'excès de son activité.

LE NID DE MOINEAUX.

Le petit Robert aperçut un jour un nid de moineaux sur le bord du toit de sa maison. Aussitôt il courut chercher ses sœurs pour leur faire part de sa découverte; ils cherchèrent ensemble comment ils pourraient se rendre maîtres de la couvée.

Il fut convenu entre eux qu'il fallait attendre que les petits se fussent couverts de leurs premières plumes; qu'alors Robert appliquerait une échelle à la muraille, et ses sœurs la tiendraient par le pied, tandis qu'il grimperait en haut pour atteindre le nid.

Lorsqu'ils jugèrent que les oisillons s'étaient bien emplumés, ils se mirent en devoir d'exécuter leur projet. Le succès en fut heureux. Ils trouvèrent dans le nid trois petits. Le père et la mère jetaient des cris plaintifs, en se voyant enlever leurs enfans, qu'ils avaient eu tant de peine à nourrir; mais Robert et ses sœurs étaient si transportés de joie, qu'ils ne firent aucune attention à ces plaintes.

Ils se trouvèrent d'abord un peu embarrassés sur l'usage qu'ils devaient faire de leurs prisonniers. Adeline, la plus jeune, d'un caractère doux et compatissant, voulait qu'on les mît dans une cage. Elle se chargeait d'en avoir soin, et de leur donner tous les jours leur nourriture. Elle peignit vivement à son frère et à sa sœur le plaisir qu'ils auraient de voir et d'entendre ces jeunes oiseaux, lorsqu'ils seraient devenus grands.

Cette proposition fut combattue par Robert. Il soutint qu'il valait mieux les plumer tout vifs, et qu'on aurait bien du plaisir à les voir sautiller tout nus dans la chambre, qu'à les voir tristement renfermés dans une cage.

Cécile, qui était l'aînée, se déclara pour l'avis d'Adeline; Robert s'obstina dans le sien. Enfin, comme les deux petites filles virent que leur frère ne voulait point céder, et que d'ailleurs il tenait le nid en son pouvoir, elles consentirent à tout ce qu'il voulait.

Il n'avait pas attendu leur aveu pour commencer son exécution; il avait déjà plumé le premier. En voilà un de déshabillé, dit-il en le mettant à terre. Dans un petit moment, toute la petite famille fut dépouillée de ses plumes naissantes. Les pauvres bêtes jetaient des cris douloureux; elles tremblottaient, elles agitaient tristement leurs ailes; mais Robert, au lieu de se laisser attendrir par leurs souffrances, ne borna pas là ses persécutions. Il les poussait du pied pour les faire avancer; et, lorsqu'elles faisaient une culbute, il poussait de grands éclats de rire. A la fin, ses sœurs se mirent à rire avec lui.

Tandis qu'ils se livraient à cet amusement barbare, ils virent de loin venir leur précepteur. Pst!

chacun met un oiseau dans sa poche, et se sauve à toutes jambes.

Eh bien! leur cria le précepteur, où allez-vous? approchez.

Cet ordre les obligea de s'arrêter. Ils s'avancèrent lentement, et les yeux baissés vers la terre.

LE PRÉCEPTEUR.

Pourquoi donc fuyez-vous à ma présence?

ROBERT.

C'est que nous étions en train de jouer?

LE PRÉCEPTEUR.

Vous savez que je ne vous ai pas interdit les amusemens, et que je n'ai jamais tant de plaisir que lorsque je vous vois bien joyeux.

ROBERT.

Nous avions peur que vous ne vinssiez nous gronder.

LE PRÉCEPTEUR.

Est-ce que je vous gronde lorsque vous prenez une récréation innocente? Vous avez fait, je le vois, quelques malices. Pourquoi avez-vous tous une main dans la poche? je veux savoir ce que c'est. Présentez-moi votre main, et ce que vous y tenez. (*Ils présentent chacun leur main avec un oiseau plumé.*)

LE PRÉCEPTEUR, *avec un mouvement mêlé de pitié et d'indignation.*

Et qui vous a donné l'idée de traiter de la sorte ces pauvres petites bêtes?

ROBERT.

C'est qu'il est si drôle de voir sauter des moineaux sans plumes !

LE PRÉCEPTEUR.

Vous trouvez donc bien drôle de voir souffrir d'innocentes créatures, et d'entendre leurs cris douloureux ?

ROBERT.

Non, certainement ; mais je ne croyais pas que cela les fît souffrir.

LE PRÉCEPTEUR.

Eh bien ! approchez ; je veux vous en convaincre. (*Il lui tire quelques cheveux.*)

ROBERT.

Aye ! aye !

LE PRÉCEPTEUR.

Est-ce que cela vous fait mal ?

ROBERT.

Vous croyez donc que cela fait du bien d'arracher des cheveux.

LE PRÉCEPTEUR.

Bon ! il n'y en a qu'une douzaine.

ROBERT.

Mais c'est trop.

LE PRÉCEPTEUR.

Que serait-ce donc si l'on vous arrachait toute la chevelure ? concevez-vous la douleur que vous en ressentiriez, voilà cependant le supplice que vous avez fait endurer à ces pauvres oiseaux, qui ne vous avaient fait aucun mal. Et vous, mesdemoiselles, vous qui êtes nées avec un cœur plus sensible, vous l'avez souffert?

Les deux petites filles étaient restées debout en silence; mais, en entendant ces dernières paroles, accablées du reproche, elles allèrent s'asseoir, et des larmes roulèrent dans leurs yeux.

Le précepteur remarqua leurs regrets; il en fut touché, et ne leur dit plus rien. Robert ne pleurait pas, et il chercha à se justifier de cette manière :

Je ne croyais pas leur faire du mal; ils ne cessaient pas de chanter, et ils battaient des ailes comme s'ils avaient du plaisir.

LE PRÉCEPTEUR.

Vous appelez leurs cris des chansons? Mais pourquoi chantaient-ils?

ROBERT.

Apparemment pour appeler leur père et leur mère.

LE PRÉCEPTEUR.

Sans doute. Et lorsque leurs cris les auraient attirés, que voulaient-ils leur témoigner en battant des ailes?

ROBERT.

Je ne le sais pas trop. C'était peut-être pour leur demander du secours.

LE PRÉCEPTEUR.

Vous l'avez dit. Ainsi, si ces oiseaux avaient pu s'exprimer en langue humaine, vous les auriez entendu s'écrier : « Ah! mon père et ma mère sauvez-nous. Nous sommes malheureusement tombés entre les mains d'enfans barbares, qui nous ont arraché toutes nos plumes. Nous avons froid, nous souffrons. Venez nous réchauffer et nous panser, ou nous allons mourir. »

Les petites filles ne purent y tenir plus long-temps. Elles cachèrent, en sanglotant, leurs visages dans leur mouchoir. C'est toi, Robert, dirent-elles, qui nous as poussées à cette méchanceté. Nous en avions horreur.

Robert lui-même sentit en ce momennt toute sa faute. Il en avait déjà été puni par les cheveux que son précepteur lui avait arrachés; il le fut bien plus encore par les reproches de son cœur. Le précepteur crut n'avoir pas besoin d'ajouter à ce double châtiment. Ce n'était pas en effet par un instinct de cruauté, mais seulement par un défaut de réflexion, que Robert avait commis ces meurtres. La pitié qu'il prit, dès le moment, pour toutes les créatures plus faibles que lui, ouvrit son cœur aux sentimens de bienfaisance et d'humanité qui l'ont animé tout le reste de sa vie.

LES DEUX POMMIERS.

Un riche laboureur était père de deux garçons, dont l'un avait tout juste un an de plus que l'autre. Le jour de la naissance du second, il avait planté, à l'entrée de son verger, deux pommiers d'une tige égale, qu'il avait cultivés depuis avec le même soin, et qui avaient si également profité de leur culture, qu'on n'aurait jamais pu se décider entre eux pour la préférence. Lorsque ses enfans furent en état de manier les outils du jardinage, il les mena, un beau jour de printemps, devant les deux arbres qu'il avait plantés pour eux, et nommés de leurs noms; et, après leur avoir fait admirer leur belle tige et la quantité de fleurs dont ils étaient couvets, il leur dit : Vous voyez, mes enfans, que je vous les livre en bon état. Ils peuvent autant gagner par vos soins qu'ils perdraient par votre négligence. Leurs fruits vous récompenseront en proportion de vos travaux.

Le cadet, nommé Étienne, était infatigable dans ses soins. Il s'occupait tout le jour à délivrer son arbre des chenilles qui l'auraient dévoré. Il étaya sa tige d'un échalas, pour empêcher qu'il ne prît une mauvaise tournure ; il piochait la terre tout autour, afin qu'elle pût se pénétrer plus facilement des feux du soleil et de l'humidité de la rosée. Sa mère n'avait pas eu plus d'attention pour lui dans sa plus tendre enfance, qu'il n'en avait pour son jeune pommier.

Michel, son frère, ne faisait rien de tout cela. Il passait la journée à grimper sur le côteau voisin, d'où il jetait des pierres aux passans. Il allait chercher tous les petits paysans d'alentour pour se battre avec eux. On ne lui voyait que des écorchures aux jambes et des bosses au front, des coups qu'il avait reçus dans ses querelles. En un mot, il négligea si bien son arbre, qu'il n'y songea du tout qu'au moment où il vit dans l'automne celui d'Etienne si chargé de pommes bigarées de pourpre et d'or, que, sans les appuis qui soutenaient ses branches, le poids de ses fruits l'auraient entraîné à terre. Frappé, à la vue d'une si belle récolte, il courut à son arbre, dans l'espérance d'en recueillir une tout au moins aussi abondante. Mais qu'elle fut sa surprise de n'y trouver que des branches couvertes de mousse, et quelques feuilles jaunies! Plein de jalousie et de dépit, il alla trouver son père, et lui dit : Mon père quel arbre m'avez-vous donné? il est sec comme un manche à balai ; et je n'aurai pas dix pommes à y cueillir. Mais mon frère !..... Oh ! vous l'avez bien mieux traité. Ordonnez-lui du moins de partager ses pommes avec moi. Partager avec toi ! lui repondit son père. Ainsi le diligent aurait perdu ses sueurs pour nourrir le paresseux ? Souffre; c'est le prix de ta négligence, et ne t'avise pas, en voyant la riche récolte de ton frère, de m'accuser d'injustice. Ton arbre était aussi vigoureux et d'un aussi bon rapport que le sien, il avait une égale quantité de fleurs, il est venu sur le même terrain; seulement il n'a pas reçu la même culture. Étienne a délivré son arbre des moindres insectes; tu leur as laissé dévorer le tien dans sa fleur. Comme je ne veux laisser rien perdre de ce que Dieu m'a donné, puisque je lui en dois compte, je te reprends cet arbre, et je lui ôte ton nom. Il a besoin de passer par les mains de ton frère pour se rétablir ; et il lui appartient dès ce moment, ainsi que les fruits qu'il y fera naître. Tu peux en aller chercher un autre dans ma pépinière, et le cultiver si tu veux, pour réparer ta faute ; mais, si tu le négliges, il appartiendra encore à ton frère, puisqu'il me seconde dans mes travaux.

Michel sentit la justice de la sentence de son père et la sagesse de son conseil. Il alla dès ce moment choisir dans la pépinière le jeune élève qu'il crut le plus vigoureux. Il le planta lui-même; Étienne l'aida de ses avis pour le cultiver. Michel n'y perdit pas un moment; plus de querelles avec ses camarades, encore moins avec lui-même ; car il se portait de gaîté de cœur au travail. Il vit dans l'automne son arbre répondre pleinement à ses espérances. Ainsi il eut le double avantage de s'enrichir d'une abondante récolte et de perdre les habitudes vicieuses qu'il avait contractées. Son père fut si satisfait de ce changement, qu'il lui céda, l'année suivante, de moitié, avec son frère le produit d'un petit verger.

SI LES HOMMES NE TE VOIENT PAS,

DIEU TE VOIT.

Monsieur de La Ferrière se promenait un jour dans les champs avec Fabien, son plus jeune fils.

C'était un beau jour d'automne, et il faisaient encore grand chaud.

Mon papa, lui dit Fabien, en tournant la tête du côté du jardin le long duquel ils marchaient alors, j'ai bien soif.

Et moi aussi, mon fils, lui répondit M. de La Ferrière. Mais il faut prendre patience, jusqu'à ce que nous arrivions à la maison.

FABIEN.

Voilà un poirier chargé de bien belles poires. Voyez, c'est du doyenné. Ah! que j'en mangerais une avec grand plaisir!

M. DE LA FERRIÈRE.

Je le crois sans peine. Mais cet arbre est dans un jardin fermé de toutes parts.

FABIEN.

La haie n'est pas trop fourrée; et voici un trou par où je pourrais bien passer.

M. DE LA FERRIÈRE.

Et que dirait le maître du jardin s'il était là?

FABIEN.

Oh! il n'y est pas, sûrement; et il n'y a personne qui puisse nous voir.

M. DE LA FERRIÈRE.

Tu te trompes, mon enfant. Il a quelqu'un qui nous voit, et qui nous punirait avec justice, parce qu'il y aurait du mal à faire ce que tu me proposes.

FABIEN.

Et qui serait-ce donc, mon papa?

M. DE LA FERRIÈRE.

Celui qui est présent partout, qui ne nous perd jamais un instant de vue, et qui voit jusque dans le fond de nos pensées : Dieu.

FABIEN.

Ah! vous avez raison. Je n'y songeais plus.

Au même instant il se leva derrière la haie un homme qu'ils n'avaient pu voir, parce qu'il était étendu sur un banc de gazon. C'était un vieillard à qui appartenait le jardin, et qui parla de cette manière à Fabien :

« Remercie Dieu, mon enfant, de ce que ton père t'a empêché de te glisser dans mon jardin, et d'y venir prendre une chose qui ne t'appartenait pas. Apprends qu'au pied de ces arbres on a tendu des piéges pour surprendre les voleurs; tu t'y serais cassé les jambes, et tu serais resté boiteux pour toujours. Mais, puisqu'au premier mot de la sage leçon que ta faite ton père, tu as témoigné de la crainte de Dieu, et que tu n'as point insisté plus long-temps sur le vol que tu méditais, je vais te donner avec plaisir des fruits que tu désires. »

A ces mots, il alla vers le plus beau poirier, secoua l'arbre, et porta à Fabien son chapeau rempli de poires.

M. de La Ferrière, voulut tirer de l'argent de sa bourse pour récompenser cet honnête vieillard; mais il ne put jamais l'engager à céder à ces instances. J'ai eu du plaisir, monsieur, à obliger votre enfant; et je n'en aurais plus, si je m'en laissais payer. Il n'y a que Dieu qui paie ces choses-là.

M. de La Ferrière lui tendit la main par dessus la haie. Fabien le remercia aussi dans un assez joli compliment; mais il lui témoigna sa reconnaissance d'une manière encore bien plus vive par l'air d'appétit dont il mordait dans les poires, dont l'eau ruisselait de tous côtés.

Voilà un bien brave homme, dit Fabien à son papa, lorsqu'il eut fini la dernière, et qu'ils se furent éloignés du vieillard.

M. DE LA FERRIÈRE.

Oui, mon ami; il l'est devenu, sans doute, pour avoir pénétré ton cœur de cette grande vérité, que Dieu ne laisse jamais le bien sans récompense, et le mal sans châtiment.

FABIEN.

Dieu m'aurait donc puni, si j'avais pris les poires?

M. DE LA FERRIÈRE.

Le bon vieillard t'a dit ce qui te serait arrivé.

FABIEN.

Mes pauvres jambes l'ont échappé belle. Mais ce n'est pas Dieu qui a tendu lui-même ces piéges?

M. DE LA FERRIÈRE.

Non, sans doute, ce n'est pas lui-même; mais les piéges n'ont pas été tendus à son insu et sans sa permission. Dieu, mon cher enfant, règle tout ce qui se passe sur la terre; et il dirige toujours les évènemens de manière à récompenser les gens de bien de leurs bonnes actions, et à punir les méchans de leurs crimes. Je vais te raconter a ce sujet une aventure qui m'a trop frappé vivement dans mon enfance pour que je puisse l'oublier de toute ma vie.

FABIEN.

Ah! mon papa, que je suis heureux aujourd'hui! De la promenade, des poires, et une histoire encore.

M. DE LA FERRIÈRE.

« Quand j'étais encore aussi petit que toi, et que je vivais auprès de mon père, nous avions deux voisins, l'un à la droite, l'autre à la gauche de notre maison. Le premier s'appelait Dubois, et le second Verneuil.

M. Dubois avait un fils nommé Silvestre, et M. Verneuil en avait aussi un nommé Gaspard.

Derrière notre maison et celles de nos voisins étaient de petits jardins, séparés les uns des autres par des haies vives.

Silvestre, lorsqu'il était seul dans le jardin de son père, s'amusait à jeter des pierres dans tous les jardins d'alentour, sans faire réflexion qu'il pouvait blesser quelqu'un. M. Dubois s'en était aperçu, il lui en avait fait de vives réprimandes, en le menaçant de le châtier s'il y revenait jamais. Mais, par malheur, cet enfant ignorait, ou n'avait pu se persuader qu'il ne faut pas faire le mal, même lorsqu'on est seul, parce que Dieu est toujours auprès de nous, et qu'il voit tout ce que nous faisons. Un jour que son père était sorti, croyant n'avoir pas de témoins, et qu'ainsi personne ne le punirait, il remplit sa poche de cailloux, et se mit à les lancer de tous les côtés.

Dans le même temps M. Verneuil était dans son jardin avec Gaspard son fils.

Gaspard avait le défaut de croire, comme Silvestre, que c'était assez de ne pas faire le mal devant les autres, et que lorsqu'on était seul on pouvait faire tout ce qu'on voulait.

Son père avait un fusil chargé, pour tirer aux moineaux qui venaient manger ses cerises, et il se tenait sous un berceau pour les guêter. Dans ce moment un domestique vint lui dire qu'un étranger l'attendait dans le salon. Il laissa le fusil sous le berceau, et il défendit expressément à Gaspard d'y toucher. Gaspard, se voyant seul, se dit à lui-même : Je ne vois pas le mal qu'il y aurait à jouer un moment avec ce fusil. En disant ces mots, il le prit, et se mit à faire l'exercice comme un soldat. Il présentait les armes, il se reposait sur ses armes ; il voulut essayer s'il saurait aussi coucher enjoue et ajuster.

Le bout de son fusil était tourné par hasard vers le jardin de M. Dubois. Au moment où il allait fermer l'œil gauche pour viser, un caillou lancé par Silvestre vint le frapper droit à cet œil. Gaspard, d'effroi et de douleur, laissa tomber son fusil. Le coup partit ; et aye ! aye ! on entendit des cris dans les deux jardins.

Gaspard avait reçu une pierre dans l'œil ; Silvestre reçut toute la charge du fusil dans une jambe.

L'un devint borgne, et l'autre boiteux; et ils restèrent dans cet état toute leur vie. »

FABIEN.

Ah! le pauvre Silvestre! le pauvre Gaspard! que je les plains!

M. DE LA FERRIÈRE.

Ils étaient effectivement fort à plaindre; mais je suis encore plus sensible au malheur de leurs parens, d'avoir eu des enfans indociles. Dans le fond ce fut un vrai bonheur pour ces deux petits vauriens d'avoir eu cette mésaventure.

FABIEN.

Et comment donc, mon papa?

M. DE LA FERRIÈRE.

Je vais te le dire. Si Dieu n'avait de bonne heure puni ces enfans, ils auraient toujours continué de faire le mal, lorsqu'ils se seraient vus seuls; au lieu qu'ils apprirent, par cette expérience, que tout le mal que les hommes ne voient pas, Dieu le voit et le punit.

C'est d'après cette leçon qu'ils se corrigèrent l'un et l'autre, qu'ils devinrent prudens et religieux, et qu'ils évitaient de malfaire dans la plus grande solitude, comme s'ils avaient vu s'ouvrir sur eux tous les yeux de l'univers.

Et c'était bien aussi le dessein de Dieu, en les punissant de cette manière, car ce bon père ne nous châtie que dans la vue de nous rendre meilleurs.

FABIEN.

Voilà un œil et une jambe qui me rendront sage.

Je veux éviter le mal et pratiquer le bien, quand même je ne verrais personne auprès de moi.

Et, en disant ces mots, ils arrivèrent à la porte de leur maison.

~~~~~~~~~~~~~~~~~~~~~~~~~~~~~~~~

LA PETITE FILLE

TROMPÉE PAR SA SERVANTE.

Mme DE BLAMONT, AMÉLIE.

AMÉLIE.

Maman, voulez-vous me permettre d'aller trouver ce soir mon petit cousin Henri!

Mme DE BLAMONT.

Non, je ne le veux pas, Amélie.

AMÉLIE.

Et pourquoi donc, maman?

Mme DE BLAMONT.

Je n'ai pas besoin, je crois, de te dire mes raisons. Une petite fille doit toujours obéir à ses parens, sans se permettre de les questionner. Cependant, afin que tu sois bien persuadée que j'ai toujours un motif raisonnable lorsque je te prescris ou que je te défends quelque chose, je vais te le dire. Ton cousin Henri n'a que de mauvais exemples à te donner; et je craindrais, si tu le voyais trop souvent, de te voir prendre sa légèreté et son indiscrétion.

AMÉLIE.

Mais, maman....

Mme DE BLAMONT.

Point de réplique, je te prie. Tu sais qu'il faut suivre exactement mes ordres.

Amélie se retira un peu à l'écart pour cacher les larmes qui roulaient dans ses yeux. Puis, sa mère étant sortie, elle alla s'asseoir dans un coin, et s'abandonna à sa tristesse.

Dans cet intervalle, Nanette, nouvellement au service de madame de Blamont, entra dans la chambre. Comment, mademoiselle Amélie, lui dit-elle, je crois que vous pleurez! Qu'avez-vous donc? Ne pourrais-je savoir ce qui vous afflige?

AMÉLIE.

Laissez-moi, Nanette, vous ne pouvez rien pour me consoler.

NANETTE.

Et pourquoi ne le pourrais-je pas? Mademoiselle Sophie, dont je servais les parens, venait toujours me chercher lorsqu'elle avait quelque peine. Ma chère Nanette, me disait-elle, tu vois ce qui m'arrive. Dis-mois ce que je dois faire; et j'avais toujours un bon conseil à lui donner.

AMÉLIE.

Moi, je n'ai pas besoin de vos conseils. Je vous

dis encore un coup que vous n'avez rien à faire pour moi.

NANETTE.

Accordez-moi au moins la permission d'aller chercher madame votre mère; elle sera peut-être plus heureuse à vous consoler. Je n'aime pas à voir une aussi jolie demoiselle que vous dans le chagrin.

AMÉLIE.

Oh! oui, maman, maman!

NANETTE.

Je n'ose croire que ce soit elle qui vous ait affligée.

AMÉLIE.

Et qui serait-ce donc?

NANETTE.

Je ne l'aurais jamais imaginé. Il me semble que vous êtes assez raisonnable pour que votre maman n'ait rien à vous refuser. Ah! si j'avais une fille aussi bien née que vous, je voudrais la laisser se conduire elle-même. Mais votre maman aime à commander; et pour un caprice, elle s'opposerait à vos désirs les plus innocens. Comment peut-on avoir un enfant aussi aimable, et se faire un jeu de la contrarier! Je ne puis vous dire ce que je souffre de vous voir dans cet état.

AMÉLIE, *recommençant à pleurer*.

Ah! je crois que j'en mourrai de chagrin.

NANETTE.

En vérité, je le crains aussi. Comme vos yeux sont rouges et enflés! C'est être bien cruelle pour vous-même de ne pas vouloir que les personnes qui vous sont sincèrement attachées cherchent à vous donner quelque soulagement. Ah! si mademoiselle Sophie avait eu la moitié de vos peines, elle n'aurait pas manqué de m'ouvrir son cœur.

AMÉLIE.

Je n'oserais jamais vous dire les miennes.

NANETTE.

Ce n'est pas que, par rapport à moi, je me soucie beaucoup de les savoir... Oh! c'est peut-être que votre maman vous fait rester à la maison, tandis qu'elle va à la foire?

AMÉLIE.

Non; elle a bien promis de ne pas y aller sans moi.

NANETTE.

Mais qu'est-ce donc? votre tristesse semble augmenter. Voulez-vous que j'aille chercher votre petit cousin? vous jouerez avec lui, pour vous distraire.

AMÉLIE, *en soupirant*.

Ah! je n'aurai plus ce plaisir!

NANETTE.

Il n'est pas bien difficile de vous le procurer. Une jeune demoiselle doit avoir quelque société. Votre maman n'a pas envie de faire de vous une religieuse.

AMÉLIE.

Il m'est défendu de le voir.

NANETTE.

De le voir? Je ne sais pas à quoi pense votre maman. Celle de mademoiselle Sophie faisait tout de même; elle ne voulait pas qu'elle eût la moindre liaison avec le petit Sergy. Mais comme nous savions l'attraper !

AMÉLIE.

Et comment donc ?

NANETTE.

Nous attendions le moment où elle allait rendre des visites. Alors, mademoiselle Sophie allait trouver le petit Sergy, ou le petit Sergy venait la trouver.

AMÉLIE.

Et sa maman ne s'en apercevait pas ?

NANETTE.

C'était moi qui étais chargée d'y veiller.

AMÉLIE.

Mais si j'allais chez mon petit cousin, et que maman vînt à demander : Où est Amélie ?

NANETTE.

Je lui dirais que vous êtes toute seule au bout du jardin ; ou bien, s'il était un peu tard, je lui dirais que vous êtes allée vous mettre au lit ; que vous dormez d'un bon sommeil ; et tout de suite je courrais vous chercher.

AMÉLIE.

Ah ? si je croyais que maman n'en sût rien.

NANETTE.

Fiez-vous-en à moi ; elle ne s'en doutera jamais. Voulez-vous m'en croire ? Allez passer la soirée chez votre petit cousin : ne vous inquiétez pas du reste.

AMÉLIE.

J'aurais envie de l'essayer une fois. Mais vous m'assurez au moins que maman....

NANETTE.

Allez, n'ayez pas peur.

Amélie alla effectivement trouver son petit cousin. Sa maman rentra quelque temps après, et demanda où elle était. Nanette répondit qu'elle s'était ennuyée d'être seule, qu'elle avait soupé de bon appétit, et qu'elle était allée se coucher. Amélie trompa plusieurs fois de cette manière sa crédule maman. Ah! c'était bien plutôt elle-même qu'elle trompait, en agissant ainsi. Auparavant, elle était toujours gaie; elle avait du plaisir à rester auprès de sa mère, et elle courait avec joie à sa rencontre lorsqu'elle en avait été séparée un moment. Qu'était devenue sa gaîté? elle se disait sans cesse: Mon Dieu! si maman savait où je suis allée! Elle tremblait lorsqu'elle entendait sa voix. Si elle lui voyait un peu de tristesse: Je suis perdue, s'écriait-elle, maman a découvert que je lui ai désobéi. Ce n'était pas encore là tout son malheur. L'artificieuse Nanette lui disait souvent combien mademoiselle Sophie avait été généreuse envers elle; combien de fois elle lui avait donné du sucre et du café; avec quelle confiance elle lui abandonnait les clefs de la cave et du buffet. Amélie se piqua de mériter, de la part de Nanette, les mêmes éloges de confiance et de générosité. Elle dérobait à sa maman du sucre et du café pour Nanette, et trouvait le moyen de lui procurer les clefs de la cave et du buffet.

Quelquefois, cependant, elle entendait les reproches de sa conscience. Je fais mal, disait-elle, et mes tromperies seront tôt ou tard découvertes. Je perdrai l'amitié de maman. Elle allait trouver Nanette, et lui protestait qu'elle ne lui donnerait plus rien. Vous en êtes bien la maîtresse, mademoiselle, lui répondait Nanette; mais, prenez-y garde, vous aurez peut-être sujet de vous en repentir. Laissez revenir votre maman; je lui dirai avec quelle obéissance vous avez suivi ses ordres.

Amélie pleurait, et faisait tout ce qu'il plaisait à Nanette de lui commander. Auparavant c'était Nanette qui obéissait à Amélie; c'était aujourd'hui Amélie qui obéissait à Nanette. Elle en essuyait toute espèce de malhonnêteté, et elle n'avait personne à qui elle pût s'en plaindre.

Cette méchante fille vint un jour lui dire : Il faut que vous sachiez que j'ai envie de goûter du pâté qu'on a serré hier dans le buffet. Outre cela, il me faut une bouteille de vin. C'est à vous d'aller chercher les clefs dans le tiroir de votre maman.

AMÉLIE.

Mais, ma chère Nanette....

NANETTE.

Il est bien question de ma chère Nanette ? Songez plutôt à ce que je vous demande.

AMÉLIE.

Mais, maman nous verra; et si elle ne nous voit pas, Dieu nous voit, et il nous punira.

NANETTE.

Et ne vous a-t-il pas vue toutes les fois que vous êtes allée chez votre cousin ? Je ne me suis cependant pas aperçue qu'il vous ai punie.

Amélie avait reçu de sa mère de bons principes de religion. Elle était fortement persuadée que Dieu a toujours l'œil ouvert sur nous; qu'il récompense nos bonnes actions, et qu'il ne nous a interdit le mal que parce qu'il nous est préjudiciable; c'était par pure légèreté qu'elle était allée chez son cousin, malgré les défenses de sa maman. Mais il arrive toujours, lorsqu'on s'est laissé aller à une faute, de tomber tout de suite dans une autre; elle se voyait alors dans la nécessité de faire tout le mal que sa servante lui ordonnait, dans la crainte d'en être trahie.

On se figure aisément combien elle avait à souffrir de sa part.

Elle se retira un jour dans sa chambre pour avoir la liberté de pleurer tout à son aise. Mon Dieu! s'écriait-elle en sanglotant, combien on est à plaindre lorsqu'on t'a désobéi! Malheureuse enfant que je suis! me voilà l'esclave de ma servante. Je ne peux plus faire ce que tu me demandes, et je suis forcée de faire ce qu'une méchante fille ordonne de moi. Il faut que je sois une menteuse, une voleuse, une hypocrite. Prends pitié de moi, grand Dieu! et délivre-moi.

Elle cacha dans ses deux mains son visage inondé de larmes; et elle se mit à réfléchir sur le parti qu'elle avait à prendre. Enfin elle se leva tout d'un coup en s'écriant : Oui, j'y suis résolue. Et quand maman devrait me chasser un mois entier d'auprès d'elle; quand elle devrait... Mais non, elle se laissera attendrir; elle m'appellera encore sa chère Amélie; j'ai confiance en sa bonté. Mais comme il va m'en coûter! comment soutenir ses regards et ses reproches? N'importe; je vais lui tout avouer.

Elle s'élance aussitôt hors de sa chambre; et, apercevant sa mère qui se promenait toute seule dans le jardin, elle vole vers elle, se jette dans ses bras, l'embrasse étroitement, et couvre de larmes ses joues et son sein. La confusion et le trouble l'empêchaient de parler.

Mme DE BLAMONT.

Qu'as-tu donc, ma chère Amélie?

AMÉLIE.

Ah! maman.

Mme DE BLAMONT.

Que veulent dire ces larmes?

AMÉLIE.

Ma chère maman!

Mme DE BLAMONT.

Parle-moi donc, ma fille. D'où te vient cette agitation?

AMÉLIE.

Ah! si je croyais que vous puissiez me pardonner?

Mme DE BLAMONT.

Je te pardonne, puisque ton repentir paraît si vif et si sincère.

AMÉLIE.

Ma chère maman, j'ai été une fille désobéissante. Je suis allée plusieurs fois, malgré vos défenses, chez mon cousin Henri.

Mme DE BLAMONT.

Est-il possible, mon Amélie? Toi qui craignais tant autrefois de me déplaire!

AMÉLIE.

Ah! je ne suis plus votre Amélie. Si vous saviez tout...!

Mme DE BLAMONT.

Tu m'inquiètes. Achève ta confidence. Il faut que tu aies été trompée. Tu ne m'avais pas donné jusqu'à présent aucun sujet de mécontentement.

AMÉLIE.

Oui, maman, j'ai été trompée. C'est Nanette, Nanette...

Mme DE BLAMONT.

Quoi! c'est elle!

AMÉLIE.

Oui, maman. Et pour qu'elle ne vous en dît rien, je vous ai souvent dérobé les clefs de la cave et du buffet; je vous ai volé pour elle je ne sais combien de sucre et de café.

Mme DE BLAMONT.

Malheureuse mère que je suis! C'est de la part de ma fille que j'ai essuyé ces horreurs! Laissez-moi, indigne enfant. J'ai besoin d'aller consulter votre père pour concerter avec lui la conduite que nous devons tenir envers vous.

AMÉLIE.

Non, maman, je ne veux pas vous quitter. Il faut d'abord me punir; mais promettez-moi de me rendre un jour votre amitié.

Mme DE BLAMONT.

Ah! malheureuse enfant, tu seras assez punie!

Madame de Blamont s'éloigna à ces mots, et elle laissa Amélie toute désolée sur un banc de gazon. Elle alla trouver M. de Blamont, et ils cherchèrent ensemble les moyens de sauver leur enfant de sa perte.

On fit bientôt appeler Nanette. Après l'avoir accablée des plus sévères reproches, M. de Blamont lui ordonna de sortir sur-le-champ de sa maison. Elle eut beau pleurer, et prier qu'on la traitât avec moins de rigueur; elle eut beau promettre qu'il ne lui arriverait plus rien de semblable à l'avenir, M. de Blamont fut inexorable. Vous savez, lui répondit-il, avec quelle douceur je vous ai traitée, et quelle indulgence j'ai eue pour vos défauts. Je croyais vous engager, par mes bontés, à répondre aux soins que je prends de l'éducation de mon enfant; et c'est vous qui l'avez portée à la désobéissance et au vol. Vous êtes un monstre à mes yeux. Sortez de ma présence, et songez à vous corriger si vous ne voulez pas tomber entre les mains d'un juge plus terrible.

Ce fut ensuite le tour d'Amélie. Elle comparut devant ses parens dans un état digne de compassion. Ses yeux étaient gonflés de larmes; tous les traits de son visage étaient bouleversés. Une pâleur effrayante couvrait ses joues; et tout son corps frissonnait d'un tremblement pareil aux convulsions de la fièvre. Hors d'état de proférer une parole, elle attendait dans un morne silence la sentence de son père.

Vous avez, lui dit-il d'une voix sévère, vous avez trompé, vous avez offensé vos parens. Qui vous a portée à en croire une fille scélérate plutôt que votre mère, qui vous aime si tendrement, et qui ne désire rien tant au monde que de vous rendre heureuse ? Si je vous punissais avec l'indignation que vous m'inspirez, si je vous chassais pour jamais de ma vue ainsi que la complice de vos fautes, qui pourrait m'accuser d'injustice ?

AMÉLIE.

Ah ! mon papa, vous ne pouvez jamais être injuste envers moi. Punissez-moi avec toute la rigueur que vous jugerez nécessaire, je supporterai tout. Mais commencez par me prendre encore dans vos bras; nommez-moi encore votre Amélie.

Mme DE BLAMONT.

Je ne saurais si tôt vous embrasser. Je veux bien ne pas vous châtier, en faveur de l'aveu que vous avez fait de vous-même; mais je ne vous nommerai mon Amélie que lorsque vous l'aurez mérité par un long repentir. Faites bien attention à votre conduite. Les punitions suivent toujours les fautes; et c'est vous-même qui vous serez punie.

Amélie ne comprenait pas bien encore ce que son père avait entendu par ces dernières paroles. Elle ne s'était pas attendue à un traitement si doux. Elle alla donc vers ses parens avec un cœur brisé.

Elle baisa leurs mains, et leur promit de nouveau la soumission la plus aveugle.

Elle tint en effet la parole qu'elle avait donnée. Mais, hélas! les punitions suivirent bientôt, comme son père le lui avait annoncé. La méchante Nanette répandit sur son compte les propos les plus injurieux. Elle racontait tout ce qui s'était passé entre elle et Amélie, et elle y ajoutait mille horribles mensonges. Elle disait qu'Amélie, par de basses prières, et à force de dons volés à ses parens, avait travaillé si long-temps à la corrompre, qu'elle s'était enfin laissé engager à lui ménager des entrevues secrètes avec son cousin Henri; qu'ils se voyaient tous les soirs à l'insu de leurs parens, et qu'Amélie était souvent rentrée fort tard au logis. Elle racontait cela avec des détails si affreux, que tout le monde prit les idées les plus désavantageuses d'Amélie.

Il lui fallut essuyer à ce sujet les plus cruelles mortifications. Lorsqu'elle entrait dans une société de ses petites amies, elle les voyait toutes se chuchoter quelque chose à l'oreille, la regarder d'un air de mépris, et avec un sourire insultant. Si elle restait un peu tard dans une société, on disait: Apparemment qu'elle attend ici l'heure de son rendez-vous. Avait-elle un ruban à la mode ou un ajustement de bon goût, on disait: Lorsqu'on sait se procurer les clefs de sa maman, on est en état d'acheter tout ce qu'on veut. Enfin, au moindre différend qu'elle avait avec une de ses compagnes: Taisez-vous, mademoiselle, lui disait-on ; c'est le souvenir de votre cousin Henri qui trouble vos idées.

Ces reproches étaient autant de traits aigus qui déchiraient le cœur d'Amélie. Souvent, lorsqu'elle était trop accablée de sa douleur, elle se jetait dans les bras de sa maman pour y chercher quelque consolation.

Sa mère lui répondait ordinairement : Souffre avec patience, ma chère fille, ce que ton imprudence t'a mérité. Prie Dieu d'oublier ta faute, et d'abréger le temps de tes mortifications. Ces épreuves te serviront pour le reste de ta vie, si tu sais en profiter. Dieu a dit aux enfans : Honorez votre père et votre mère, et soyez soumis en tout à leurs volontés. Ce commandement est pour leur bonheur. Pauvres enfans ! vous ne connaissez pas encore le monde ; vous ne prévoyez pas les suites que vos actions peuvent entraîner. Dieu a remis le soin de vous conduire à vos parens, qui vous chérissent comme eux-mêmes, et qui ont plus d'expérience et de réflexion pour écarter de vous tout ce qui vous serait dangereux. Tu n'as voulu rien croire de cela. Tu éprouves aujourd'hui avec quelle sagesse Dieu a ordonné aux enfans la soumission envers leurs parens. Puisque tu as eu tant à souffrir de ta désobéissance, ma chère Amélie, que ton malheur serve à ton instruction. Il en est de même de tous les commandemens de Dieu. Dieu ne nous prescrit que ce qui est avantageux ; il ne nous défend que ce qui nous est nuisible. Nous nous préjudicions donc à nous-mêmes, toutes les fois que nous faisons le mal. Tu te trouveras souvent dans des circonstances où il ne te sera pas possible de prévoir combien le vice te nuira, ou combien la vertu te sera utile. Rappelle-toi alors combien tu as souffert par un seul manquement, et règle toutes les actions de ta vie sur ce principe infaillible.

Tout ce qu'on fait contre la vertu, on le fait contre son bonheur.

Amélie suivit régulièrement les sages conseils de sa mère. Plus elle eut à souffrir encore des suites de son imprudence, plus elle devint réservée et attentive sur elle-même. Elle profita si bien de cette disgrâce, que par la sagesse de sa conduite elle ferma la bouche à tous ses calomniateurs, et s'acquit le nom glorieux de l'irréprochable Amélie.

LE VIEILLARD MENDIANT.

M. D'ARCY, *à un domestique.*
Que ne faisiez-vous entrer ce bon vieillard?
LE VIEILLARD.
Monsieur, on me l'a proposé; c'est moi qui ne l'ai pas voulu.
M. D'ARCY.
Et pourquoi donc?

LE VIEILLARD.

Je rougis de le dire. Je fais une chose à laquelle je ne suis pas accoutumé; je viens.... pour demander l'aumône.

M. D'ARCY.

Vous me paraissez honnête; pourquoi rougiriez-vous d'être pauvre? j'ai des amis qui le sont. Soyez de ce nombre.

LE VIEILLARD.

Pardonnez-moi, monsieur, je n'ai pas le temps.

M. D'ARCY.

Qu'avez-vous donc à faire?

LE VIEILLARD.

Ce qu'il y a de plus important ici-bas : à mourir. Je peux vous le dire, puisque nous voilà seuls. Je n'ai plus que huit jours à vivre.

M. D'ARCY.

Comment savez-vous cela?

LE VIEILLARD.

Comment je le sais? Je ne peux guère vous l'expliquer. Mais je le sais, par ce que je le sens; et cela est sûr. Heureusement personne ne perd à ma mort; ma fille et mon gendre me nourrissent depuis deux ans.

M. D'ARCY.

Ils n'ont fait que leur devoir.

LE VIEILLARD.

J'étais assez riche pour n'avoir pas à craindre d'être à charge à personne. Je prêtai mon argent à un gentilhomme qui se disait mon ami. Il mena joyeuse

L'AMI DES ENFANS.

vie, jusqu'à ce qu'il m'eût réduit au besoin. Pardonnez-moi, monsieur; vous êtes aussi gentilhomme; mais je dis la vérité.

M. D'ARCY.

J'ai autant de plaisir à l'entendre que vous en avez à la dire, même quand elle parlerait contre moi.

LE VIEILLARD.

J'aurais été plus sage de travailler jusqu'à la mort. Mais j'étais devenu pâle et blême, et je regardais ce changement comme un signe que me faisais Dieu de me reposer. Monsieur, je n'ai jamais fui le travail. Quand j'étais jeune, c'est lui qui soutenait ma santé; je n'ai jamais eu d'autre médecin. Mais ce qui fortifie dans la jeunesse épuise dans les vieux ans. Lorsque j'eus perdu ma fortune, je voulus reprendre mon travail; je le voulais de tout mon cœur. Je cherchai mes bras, je ne les trouvai plus. Pardonnez-moi ces larmes de souvenir. Je n'ai jamais eu de moment plus triste que celui où je me sentis si faible.

M. D'ARCY.

Vous eûtes alors recours à vos enfans?

LE VIEILLARD.

Non, monsieur, ils vinrent au-devant de moi. Je n'avais plus qu'une fille; mais je trouvai un fils dans son mari. Tout ce qu'ils avaient semblait m'appartenir. Ils eurent soin de moi, quoique je n'eusse pas un écu à leur laisser. Que Dieu les fasse asseoir à sa table céleste, comme ils m'ont fait asseoir à leur table en ce monde.

M. D'ARCY.

Est-ce qu'ils sont devenus aujourd'hui plus froids envers vous?

LE VIEILLARD.

Non, monsieur; mais ils sont devenus pauvres eux-mêmes. Le torrent de la montagne a noyé leurs récoltes et renversé leur maison. Ils ont emprunté pour me faire vivre avec aisance jusqu'à la mort; c'est la seule chose en laquelle ils m'aient désobéi. Je veux qu'ils trouvent au moins l'argent de mes funérailles tout prêt, pour ne pas leur être à charge au-delà de ma vie. C'est pour cela que je viens demander l'aumône. Je suis un vieil homme, mais un jeune mendiant.

M. D'ARCY.

Et où demeurez-vous?

LE VIEILLARD.

Pardonnez, monsieur; mais je ne le dis pas, soit pour moi, soit pour mes enfans.

M. D'ARCY.

Excusez mon indiscrète curiosité; Que Dieu me punisse si je cherche à la satisfaire!

LE VIEILLARD.

J'y compte, monsieur, dans huit jours regardez le ciel, vous y verrez, je l'espère, ma demeure, qui ne sera plus secrète.

M. D'ARCY, *lui présentant une poignée d'écus.*

Prenez ceci, bon vieillard, et que Dieu soit avec vous!

LE VIEILLARD.

Tout cela, monsieur? non, ce n'était ma pensée. Il ne me faut qu'un écu. Le reste m'est inutile ; on n'a besoin de rien dans le ciel.

M. D'ARCY.

Vous donnerez le surplus à vos enfans.

LE VIEILLARD.

Que Dieu m'en préserve? Mes enfans peuvent travailler; ils n'ont besoin de rien.

M. D'ARCY.

Adieu, bon vieillard, allez vous reposer.

LE VIEILLARD, *lui rendant tout son argent, excepté un écu.*

Reprenez ceci, monsieur.

M. D'ARCY.

Mon ami, vous me faites rougir.

LE VIEILLARD.

Je rougis bien aussi, moi! C'est déjà trop de prendre un écu. Gardez le reste pour ceux qui ont à mendier plus long-temps que moi.

M. D'ARCY.

Votre situation me touche.

LE VIEILLARD.

J'espère qu'elle aura touché Dieu. Votre générosité le touche aussi, monsieur; et il vous en tiendra compte.

M. D'ARCY.

Voulez-vous prendre quelque nourriture?

LE VIEILLARD.

J'ai déjà pris du pain et du lait.

M. D'ARCY.

Emportez du moins quelque chose avec vous.

LE VIEILLARD.

Non, monsieur, je ne ferai pas cet affront à la Providence. Cependant un verre de vin, un seul.

M. D'ARCY.

Plus, si vous voulez, mon ami.

LE VIEILLARD.

Non, monsieur, un seul : je n'en porte pas davantage. Vous méritez que je boive chez vous la dernière goutte de vin que j'avalerai sur la terre ; et je dirai dans le ciel chez qui je l'ai bue. Grand Dieu ! un verre même d'eau ne demeure pas sans récompense auprès de toi; (*M. d'Arcy va chercher lui-même une bouteille. Le vieillard, se voyant seul, élève ses mains vers le ciel.*) Mon dernier coup de vin ! Dieu de justice, je te prie de le rendre un jour toi-même à celui qui me le donne.

M. D'ARCY, *portant une bouteille et deux verres.*

Prenez ce verre, bon vieillard. J'en ai aussi un pour moi : nous boirons ensemble.

LE VIEILLARD, *regardant le ciel.*

Je te remercie, mon Dieu, pour tout le bien que tu me fais dans ce monde. (*Il boit un peu, et s'arrête. A M. d'Arcy, en trinquant avec lui.*) Que Dieu vous donne une fin aussi heureuse qu'à moi !

M. D'ARCY.

Bon vieillard, passez ici cette nuit. Personne ne vous verra, si vous le désirez.

LE VIEILLARD.

Non, monsieur, je ne le peux pas. Mon temps est précieux.

M. D'ARCY.

Pourrais-je vous être bon encore à quelque chose?

LE VIEILLARD.

Je le voudrais, monsieur, par rapport à vous; mais je n'ai plus besoin de rien dans ce monde. (*Il regarde sur lui.*) Rien que d'un gant toutefois; j'ai perdu le mien.

M. D'ARCY, *fouillant dans sa poche et lui en présentant une paire.*

Tenez, mon ami.

LE VIEILLARD.

Gardez celui-là. Je n'en ai demandé qu'un.

M. D'ARCY.

Et pourquoi ne prenez-vous pas l'autre?

LE VIEILLARD.

Cette main sait résister à l'air. Il n'y a que la gauche qui ne peut le supporter. Elle est refroidie depuis deux ans. (*Il gante sa main gauche, et présente la droite nue à M. d'Arcy.*) Je penserai à vous, monsieur.

M. D'ARCY.

Et moi aussi, à vous. O mon ami! laissez-moi vous suivre. Il m'en coûte de garder la parole que je vous ai donnée.

LE VIEILLARD.

Aussi, tant mieux pour vous, monsieur, si vous la gardez. (*Il dégage sa main, et veut s'en aller.*)

M. D'ARCY.

Donnez-moi encore votre main, bon vieillard, elle est pleine des bénédictions de Dieu.

LE VIEILLARD.

Je lui présenterai la vôtre dans le paradis?

(*Il s'en va.*)

LES DOUCEURS ET LES AVANTAGES

DE LA SOCIABILITÉ.

Fulbert avait reçu de la nature un caractère mélancolique et un esprit observateur. Dans les promenades qu'il faisait avec son oncle, rien de ce qui frappait ses regards n'échappait à ses réflexions. Ses cousins se plaignirent de ce que, paraissant goûter tant de jouissances, il cherchait si peu à contribuer à l'amusement général de la famille. Ils pensèrent d'abord à prier leur père de ne plus le mener avec eux; mais un moyen plus doux de le corriger se présenta bientôt à leur esprit. Ils convinrent ensemble de tenir pendant quelques jours, avec lui, la même conduite qu'il tenait avec eux. L'un alla visiter le jardin et le cabinet du roi; l'autre, le garde-meuble de la couronne; le troisième, les tableaux du Louvre et ceux du Luxembourg; mais, lorsqu'ils revinrent à la maison, les récits qu'ils avaient coutume de se faire de leurs observations furent supprimés. Au lieu de ces confidences mutuelles des plaisirs de la journée, qui leur faisaient passer des soirées si récréatives, il ne régnait entre eux qu'une grave réserve et un silence ennuyeux. Fulbert remarqua ce changement avec autant de surprise que de chagrin. Il sentit le vide de ces épanchemens d'entretiens et de gaîté qu'il provoquait rarement lui-même, mais auxquels ils cherchait à s'intéresser. Accoutumé, comme il l'était, à la réfléxion, il reconnut aisement l'injustice de sa conduite. Il devint bientôt aussi communicatif qu'il avait été jusque là concentré. En se livrant à ces douces effusions que la nature inspire aux hommes pour rapprocher leurs âmes et les réunir, son cœur goûta les douceurs de la bienveillance et de l'amitié; et l'ardente curiosité de son esprit trouva de nouveaux moyens de se satisfaire, par les faits qu'il recueillait des autres, en leur faisant part de ceux qu'il avait observés.

PERSONNAGES.

M. DE CLERMONT.
CONSTANTIN, son fils.
ADÉLAIDE, sa fille.
THOMAS, fils du médecin du village.
GENEVIÈVE, sœur de Thomas.

La scène est dans un jardin, sous les fenêtres du château de M. de Clermont. On voit sur le côté un berceau de treillage, et dans l'enfoncement un bosquet.

LES PERES.

RÉCONCILIÉS PAR LEURS ENFANS.

Drame.

SCÈNE PREMIÈRE.

M. DE CLERMONT, ADÉLAIDE, CONSTANTIN.

ADÉLAÏDE.

Mais, mon papa...

M. DE CLERMONT.

Je vous le répète, qu'aucun de vous deux ne s'avise, sous peine d'encourir ma disgrâce, d'entretenir désormais la moindre liaison avec les enfans du médecin.

ADÉLAÏDE.

Qui vous a donc mis si fort en colère contre M. Genest?

M. DE CLERMONT.

Suis-je obligé de t'en rendre compte?

CONSTANTIN.

Non certainement. Il ne nous convient pas de

vous interroger. (*A Adélaïde.*) Lorsque mon papa donne ses ordres, c'est à nous d'obéir sans réplique.

M. DE CLERMONT.

C'est comme je l'entends. M. Genest est un homme contrariant et opiniâtre. L'ingrat! me refuser cela, à moi qui suis son seigneur, à moi de qui il tient son état et sa fortune!

CONSTANTIN.

Cela est indigne, mon papa; et je ne sais pourquoi nous avons été liés si long-temps avec des enfans de cette espèce. S'il y avait eu le plus petit gentilhomme dans notre voisinage, je n'aurais jamais adressé une parole à Thomas.

ADÉLAÏDE.

O mon papa! pouvez-vous entendre parler ainsi mon frère! Thomas et Geneviève sont de si braves enfans! nous serions bien heureux de les valoir.

M. DE CLERMONT.

Que m'importe qu'ils soient bons ou méchans! Encore une fois je vous défends d'avoir un mot d'entretien avec eux, ou je vous tiens renfermés au château.

CONSTANTIN.

Que Thomas s'avise de venir seulement rôder autour du jardin, je vous le...

M. DE CLERMONT.

Que veux-tu dire? Je n'entends pas qu'on les maltraite, ou qu'on leur fasse la plus légère insulte.

CONSTANTIN, *embarrassé.*

Ce n'est pas ce que j'entends non plus. Je veux

dire que je ne les laisserai pas approcher de cent pas. Oh! je ferai ma ronde.

ADÉLAÏDE.

Vous aviez tant d'amitié pour M. Genest! vous le regardiez comme un si honnête homme! comme un homme si raisonnable et si savant! Vous vous souvenez bien que c'est lui qui apprenait le latin à mon frère, et qui me donnait, à moi, des leçons d'orthographe avant que nous eussions un précepteur.

M. DE CLERMONT.

Tout cela peut-être; mais je te défends d'ajouter un mot. Je ne veux plus avoir rien de commun avec lui, comme vous n'aurez plus rien de commun avec ses enfans... Eh bien! je crois que tu pleures? Séchez ces pleurs, mademoiselle. Avez-vous donc si peu de respect pour les volontés de votre père, qu'il en coûte des larmes pour lui obéir?

ADÉLAÏDE.

Non, mon papa. Pardonnez-moi ces derniers sentimens d'amitié qui parlent encore pour eux dans mon cœur. Je ne serai pas moins obéissante que mon frère.

CONSTANTIN.

Nous verrons qui sera le plus soumis.

ADÉLAÏDE.

Vous n'exigez pas, au moins, que je les haïsse. Il ne dépendrait plus de moi de vous obéir.

M. DE CLERMONT.

Ni les haïr, ni les maltraiter; rompre seulement

toute liaison avec eux, voilà ce que je vous ordonne.

ADÉLAÏDE.

Je m'y soumettrai pour vous plaire. Mais j'ai une grâce à vous demander.

M. DE CLERMONT.

Qu'elle est-elle?

ADÉLAÏDE.

C'est de leur parler encore une fois pour les instruire de vos ordres.

CONSTANTIN.

A quoi bon? tout est rompu..

M. DE CLERMONT.

Je trouve ta demande raisonnable, et je te l'accorde. Tu peux leur dire en même temps que leur père ait à me payer, sous trois jours, ou qu'il aura sujet de s'en repentir.

ADÉLAÏDE.

O mon papa, que dites-vous? Est-ce que M. Genest vous doit quelque chose.

M. DE CLERMONT.

Penses-tu que je lui demanderais ce qu'il ne me devrait pas? Mais cela ne te regarde point. Songe seulement à m'obéir. (*Il sort.*)

SCÈNE II.

ADÉLAIDE, CONSTANTIN.

ADÉLAÏDE.

Comment, mon frère, est-ce là ton amitié pour Thomas et pour Geneviève?

CONSTANTIN.

Comment, ma sœur, est-ce là ta soumission à notre papa?

ADÉLAÏDE.

Parle-moi de la tienne : c'est de l'hypocrisie, et rien de plus. Tu ne le flattes que pour lui escroquer de l'argent. Tu n'aimes rien au monde que toi.

CONSTANTIN.

Parce que je ne me fais pas un plaisir de le contrarier sans cesse! Voudrais-tu que j'allasse courir après ces enfans, lorsqu'il me l'a defendu?

ADÉLAÏDE.

Tu ne méritais guère leur amitié, s'il ne t'en coûte pas davantage pour y renoncer. Mais lorsque tu n'as plus rien à attendre de quelqu'un, tes sentimens sont bientôt évanouis.

CONSTANTIN.

Comme si j'avais eu jamais quelque chose à attendre d'enfans de cette espèce.

ADÉLAÏDE.

Qu'est-ce donc que cet étui de nacre que tu t'es fait donner, il n'y a pas encore huit jours, par Geneviève, et ces tablettes que tu sus tirer si adroitement avant-hier de Thomas? Tu as fait mille fois des bassesses auprès d'eux pour un bouquet, ou pour une orange; et aujourd'hui...

CONSTANTIN.

Aujourd'hui, il faut que j'obéisse. Vraiment, la belle société à regretter que celle des enfans de monsieur le médecin!

ADÉLAÏDE.

Oui, et je te verrai peut-être ce soir au milieu des plus sales polissons du village!

CONSTANTIN.

Je ne perdrai pas beaucoup au change.

ADÉLAÏDE.

Et eux encore moins.

CONSTANTIN.

A la bonne heure. Mais voici monsieur Thomas. Conseille-lui, en tendre amie, de ne pas m'approcher de trop près.

ADÉLAÏDE.

Tu peux t'en aller, si sa vue te déplaît.

CONSTANTIN.

Sa vue me déplaît, et je reste.

SCÈNE III.

ADÉLAÏDE, CONSTANTIN et THOMAS, *qui porte une petite cabane de bois peinte en bleu.*

THOMAS, *à Adélaïde.*

Ah! que je suis aise de vous trouver!

CONSTANTIN.

Mon cher Thomas, que portes-tu là dans cette petite cabane?

THOMAS.

C'est un présent que m'a fait le garde-chasse de M. de Boismiran.

CONSTANTIN.

Et tu viens me le donner, mon cher ami?

ADÉLAÏDE.

L'hypocrite!

THOMAS.

C'est pour mamselle Adélaïde.

ADÉLAÏDE.

Pour moi? non, non mon ami. Puisque c'est un présent qu'on t'a fait, je ne veux pas t'en priver. Mais qu'est-ce donc, je te prie?

CONSTANTIN, *d'un ton impérieux.*

Allons, je veux voir ce que c'est. (*Il veut arracher la cabane des mains de Thomas; mais Thomas la retient avec force.*) Quelque vilain oiseau sans doute?

THOMAS.

Un vilain oiseau? Oh! pour cela non. Devinez, mamselle. Mais je ne veux pas vous laisser en peine. C'est un écureuil. Oh! la drôle de petite bête! Il cherche toujours à se fourrer dans vos poches; puis il vient manger dans votre main, et il court après vous comme un petit barbet. (*Il le tire de sa cabane, et présente sa chaîne à Adélaïde.*) Ne le lâchez pas, au moins; il faut d'abord qu'il s'apprivoise avec vous: autrement il irait faire un tour dans la forêt.

CONSTANTIN, *avec un regard d'envie.*

Le joli cadeau qu'un écureuil? cela sent comme une fouine.

ADÉLAÏDE.

Oh! le charmant petit animal, comme il a un air d'esprit.

THOMAS.

J'aurais voulu, monsieur Constantin, en avoir un autre à vous offrir, et je vous apporterai le premier qu'on me donnera. Lorsqu'il sera un peu familiarisé avec vous, mamselle, il fera des espiégleries à vous faire mourir de rire. C'est pis qu'un singe.

ADÉLAÏDE.

C'est pour cela, mon cher Thomas, que je ne veux pas t'en priver. (*A l'écureuil.*) Allons ma petite bête, rentre dans ta maison. Il faut que tu le remporte, mon ami.

CONSTANTIN.

Oui, entends-tu, il faut le remporter.

THOMAS.

Comment! il n'est plus à moi. Vous voudriez donc me faire de la peine, mamselle Adélaïde? Oh! non sûrement, vous ne le voudriez pas. (*Il court sous le berceau qui est à côté.*) Là, je vais le mettre ici sur le banc.

CONSTANTIN, *à Adélaïde.*

Avise-toi de le prendre, pour voir. Mon papa te le fera payer cher.

ADÉLAÏDE.

J'aurais presque envie de le prendre à cause de ta menace. Mon papa ne m'a pas défendu de recevoir des écureuils. Je suis fâchée pour le pauvre Thomas de n'avoir à lui donner en récompense qu'un triste adieu.

CONSTANTIN.

Eh bien! laisse-moi faire; je vais le congédier, lui et son écureuil.

ADÉLAÏDE.

Non, non, ne te charge pas de ce soin. (*A Thomas, qui revient*) Encore une fois, mon ami, je ne puis recevoir ton présent. La nouvelle que j'ai à t'annoncer est si fâcheuse, que je ne saurais.....

CONSTANTIN.

Oui, oui, monsieur Thomas; qu'il vous arrive de vous présenter devant notre jardin, ou de regarder seulement les murs du château!

THOMAS.

Est-ce que vous auriez le cœur de me chasser, monsieur? je vous croyais plus d'amitié pour moi.

CONSTANTIN.

Notre amitié est rompue, afin que vous le sachiez; et ne vous avisez pas.....

ADÉLAÏDE.

Je te prie d'excuser sa grossièreté, mon ami. Tu ne sais peut-être pas que ton père a eu une querelle avec le nôtre?

THOMAS.

Pardonnez-moi; je le sais, et cela m'a donné assez de chagrin. Je ne croyais pas cependant que la chose allât jusqu'à rompre notre amitié. Et je l'aurais encore moins attendu de la part de monsieur Constantin.

CONSTANTIN.

Ma sœur, veux-tu bien me le renvoyer à l'instant? ou je vais avertir mon papa.

THOMAS.

Si vous devez avoir de la peine par rapport à moi, mamselle Adélaïde...

ADÉLAÏDE.

Rassure-toi, mon ami; tu peux rester encore, mon papa ne le trouvera pas mauvais.

CONSTANTIN.

C'est ce que nous allons voir. Je vais lui commencer ta justification. (*Il sort; mais il revient un moment après, et se glisse dans le berceau sans être aperçu.*)

SCÈNE IV.

ADÉLAÏDE, THOMAS.

THOMAS.

Au nom de Dieu, mamselle Adélaïde, dites-moi donc ce que j'ai fait à monsieur votre frère.

ADÉLAÏDE.

D'abord, c'est qu'il est un peu jaloux de l'écureuil que tu m'as donné. Et puis il croit faire sa cour à mon papa, en paraissant entrer dans sa querelle contre le tien; car mon papa est bien en colère, et je ne sais pas pourquoi.

THOMAS.

Je ne le sais pas non plus. J'ai seulement entendu mon père qui disait en se promenant seul à grands pas : Je ne peux croire cela de monsieur de Clermont. Il est allé trouver ma mère, et, comme ma sœur était auprès d'elle en ce moment, elle saura de quoi il s'agit.

ADÉLAÏDE.

En attendant, mon papa nous a défendu de vous voir et de vous parler.

THOMAS.

Quoi! je ne vous verrais plus! je ne pourrais plus vous parler! Et comment ferais-je pour me passer de vous? comment fera ma pauvre sœur, qui vous aime tant? Hélas! mon Dieu! qu'avous-nous donc fait?

ADÉLAÏDE.

Console-toi, mon enfant; nous serons toujours aussi bons amis. Et, s'il nous est défendu de nous voir, qui nous empêche de penser l'un à l'autre? Moi, par exemple, en caressant ton écureuil, je songerai à toi; je ne l'appellerai que de ton nom. Oh! comme je vais l'aimer.

THOMAS.

Que vous me faites de plaisir de me dire cela! Je ne sais plus si je dois avoir encore du chagrin. Mais voici ma sœur; elle est bien triste.

SCÈNE V.

ADÉLAÏDE, THOMAS, GENEVIÈVE.

ADÉLAÏDE, *courant au devant de Geneviève, et l'embrassant...*

Ma chère Geneviève!

GENEVIÈVE.

Ma bonne mamselle Adélaïde! (*On voit dans l'éloignement M. de Clermont, que Constantin conduit secrètement derrière le berceau.*

THOMAS, *à Geneviève.*

Ah! tu vas apprendre une bien mauvaise nouvelle.

GENEVIÈVE.

Je n'en ai pas de meilleure à vous donner. Mon père et ma mère sont dans un chagrin...

THOMAS.

Ne vous l'avais-je pas dit? Et que s'est-il passé?

GENEVIÈVE.

Monsieur votre père peut bien être mécontent du nôtre, mais sûrement sa demande est un peu injuste...

ADÉLAÏDE.

Injuste? cela ne peut pas être. Ah! si elle l'était, je pourrais encore espérer de le faire revenir. Dis-moi toujours ce que c'est.

GENEVIÈVE.

Vous savez bien ce joli bosquet qui est derrière votre jardin?

ADÉLAÏDE.

Oh! oui. Où nous allions entendre chanter le rossignol dans les soirées du printemps. Le charmant petit bocage!

GENEVIÈVE.

Vous savez aussi que ce bosquet a été donné à mon père par le vieux monsieur Drouillet, en récompense des services qu'il lui avait rendus pendant sa vie?

ADÉLAÏDE.

Eh bien?

GENEVIÈVE.

Eh bien! monsieur de Clermont veut l'avoir.

ADÉLAÏDE.

Mon papa?

THOMAS.

Notre joli bosquet?

GENEVIÈVE.

Mon père lui a répondu qu'il aurait beaucoup de plaisir à le satisfaire, qu'il n'oublierait jamais combien lui et sa famille lui avaient d'obligations; mais que son bienfaiteur lui avait recommandé, au lit de la mort, de ne jamais se défaire de ce bosquet pour qu'il lui rappelât sans cesse son bon souvenir.

ADÉLAÏDE.

Avec tout le respect que je dois à mon papa, je ne puis disconvenir qu'il n'ait tort en cette occasion. Mais cependant il ne voudrait pas l'avoir pour rien; ce n'est pas là sa manière de penser.

GENEVIÈVE.

Eh! mon Dieu non! il veut le payer à mon père, et le payer même peut-être plus qu'il ne vaut.

THOMAS.

Et qu'en veut-il donc faire? n'est-il pas à lui comme à nous.

GENEVIÈVE.

Il veut jeter à bas tous ces beaux arbres.

ADÉLAÏDE et THOMAS.

Les jeter à bas!

GENEVIÈVE.

Vous savez le coteau qui est derrière le bosquet?

il dit qu'il veut en faire un point de vue. Le bosquet est au pied du coteau; ainsi, pour avoir le point de vue, il faudrait abattre le bosquet.

ADÉLAÏDE.

Ah! voilà donc pourquoi il a fait venir un architecte de la ville, qui lui parle de grottes, de ponts, de temples chinois! Mon papa ne rêve que de jardins anglais. Il en a toujours le plan dans ses mains. Cent fois le jour il m'en faisait le détail à moi-même. Et moi, qui me réjouissais de voir bientôt toutes ces jolies choses! Ah! je n'en veux plus; et que votre père garde son petit bosquet!

THOMAS.

Que deviendraient les oiseaux qui gazouillaient si joliment sous ces vieux arbres, et qui venaient y faire leurs nids, parce que personne ne les troublait, et que nous leur y apportions leur nourriture!

GENEVIÈVE.

Et la fraîcheur que nous allions y respirer dans les jours brûlans de l'été?

ADÉLAÏDE.

Et l'écho qui nous y renvoyait de la colline le bout de nos chansons!

GENEVIÈVE.

La vue d'un bosquet en verdure vaut bien, je crois, celle d'un coteau.

ADÉLAÏDE.

Et puis, quel besoin a mon papa d'un nouveau point de vue? il y en a tant d'autres de tous les côtés.

THOMAS.

Il me semblerait voir tomber un de mes membres à chaque coup de cognée.

ADÉLAÏDE.

Non, non; il ne faut pas que votre père se prive de son petit bosquet.

GENEVIÈVE.

Il ne le faut pas? Ah! il ne le gardera pas long-temps.

ADÉLAÏDE.

Pourquoi donc? mon papa n'ira pas vous l'arracher de force, peut-être. Il n'en a pas le pouvoir.

THOMAS.

Mais s'il est si fâché contre nous, qu'il vous ait défendu de nous voir et de nous parler, je donnerais plutôt dix bosquets comme celui-là.

GENEVIÈVE.

Et moi donc, qu'irais-je y faire sans vous, mamselle Adélaïde? Je ne me sentirais plus d'envie d'y entrer.

ADÉLAÏDE.

Ma chère Geneviève, nous y étions si heureuses! Te souviens-tu lorsque nous y allions le soir, et que nous nous disions tout ce qui nous était arrivé dans la journée?

GENEVIÈVE.

Chacun y apportait son ouvrage; je tricotais, vous faisiez du filet; et puis, lorsque Thomas nous avait apporté des fleurs, nous laissions nos travaux pour faire des bouquets. Vous me donniez le vôtre, je vous donnais le mien. C'en était assez pour penser l'une à l'autre toute la journée du lendemain.

THOMAS.

Et tout cela est passé! tout cela ne reviendra plus!

ADÉLAÏDE.

Non, non, je n'aurais plus un moment de plaisir; j'en tomberais malade. Alors mon papa aurait du regret; et je lui dirais que, s'il veut me rendre la santé, il me permette encore de recevoir mes petits amis. (*Ils s'embrassent tous les trois en pleurant.*)

GENEVIÈVE.

Mais, en attendant, le petit bosquet sera abattu. Il faut qu'il le soit.

ADÉLAÏDE.

Et pourquoi donc?

GENEVIÈVE.

Hélas! mamselle Adélaïde, je ne vous ai pas tout dit. Il y a dix ans que M. de Clermont a prêté à mon père cent écus pour s'établir : et vous savez bien que mon père n'a pas encore été en état de les lui rendre.

ADÉLAÏDE, *à part*.

Ah! voilà donc la dette dont il était question tout à l'heure!

GENEVIÈVE.

Si nous voulons garder le bosquet, M. de Clermont voudra ravoir les cent écus; et mon père ne sait où les prendre. Parmi tous ses amis, il n'y a que votre papa lui-même qui pût lui fournir une si grosse somme; et c'est précisément à lui qu'on la doit.

ADÉLAÏDE, *les prenant tous deux par la main.*

Oh bien! s'il ne tient qu'à cela, je peux vous tirer de peine.

GENEVIÈVE.

Nous tirer de peine?

THOMAS.

Vous, mamselle?

ADÉLAÏDE, *les regardant avec un air de joie.*

Me promettez-vous bien de ne pas me trahir?

GENEVIÈVE.

Moi, vous trahir!

THOMAS.

Ah! si je vous le promets!

ADÉLAÏDE.

Eh bien! écoutez-moi. Vous savez...... Je ne puis y penser sans être encore émue... vous savez quelle tendresse avait pour moi maman. Pendant sa dernière maladie, un jour que j'étais seule avec elle, elle me fit approcher de son lit, m'embrassa tout en larmes; et, tirant une bourse de dessous son chevet : « Tiens, ma chère Adélaïde, me dit-elle, prends ceci. Je te défends de dire à personne que je te l'ai donné. Garde cet argent pour de grandes occasions. Tu as un bon cœur, et beaucoup de raison pour ton âge (c'est maman qui disait cela, au moins); tu sauras t'en servir pour faire de bonnes œuvres. Ton père a une âme noble et généreuse, mais il est un peu colère et vindicatif. Tu pourras lui épargner des chagrins ou des regrets. Dans une terre aussi étendue que la nôtre, il doit se trouver des malheureux qui essuient des pertes qu'ils n'auront point méritées; tu pourras les aider en secret; tu pourras aussi récompenser quelques services qu'on t'aura rendus, sans avoir besoin de recourir toujours à ton père. C'est par tes mains que je distribue depuis deux ans mes grâces et mes secours; j'espère que tu as acquis assez de discernement pour savoir distinguer ceux qui méritent qu'on s'intéresse à leur sort. Enfin je ne doute pas que tu ne fasses le meilleur usage de cette petite somme, que je laisse en dépôt dans tes mains pour d'honnêtes gens. Je croirai avoir fait moi-même le bien que tu feras, et c'est pour moi le moyen le plus doux de me rappeler à ta mémoire. » Il lui prit une faiblesse qui l'empêcha de m'en dire davantage; mais rien ne pourra m'empêcher de me souvenir toute ma vie de ce discours.

GENEVIÈVE, *essuyant ses yeux.*

Oh! l'excellente dame!

THOMAS.

Mon père et ma mère ne parlent jamais d'elle que les larmes aux yeux.

ADÉLAÏDE.

Maman avait aussi pour eux beaucoup d'amitié. Elle m'a recommandé à sa mort de regarder toujours M. Genest comme mon meilleur ami, et de suivre en tout ses sages conseils. Vous voyez donc que c'est moi qui vous ai des obligations. Que je suis heureuse! j'honore la mémoire de maman, je satisfais ma reconnaissance, je sauve une injustice à mon papa, je lui épargne des regrets, je conserve tout : le charmant petit bocage, notre amitié, le plaisir de nous voir comme auparavant...

GENEVIÈVE *saute à son cou en pleurant.*

O ma chère mamselle Adélaïde !

THOMAS.

Mon père va vous bénir dans son cœur, mais il ne prendra jamais votre argent.

ADÉLAÏDE.

Il le prendra sûrement, si je l'en prie; personne au monde n'en saura rien. Attendez, mes chers amis ; je vais vous l'apporter.

THOMAS.

Ce n'est pas moi qui m'en charge, au moins.

ADÉLAÏDE.

Ce sera toi, ma chère Geneviève. Et toi, Thomas, si tu l'en empêches, prends-y garde, je ne reçois pas ton écureuil, j'obéis à la rigueur à mon papa, je ne vous regarde plus, je ne vais plus chez vous, et je ne rentre jamais dans le bosquet.

GENEVIÈVE.

Eh bien ! mamselle, puisque vous parlez de la sorte...

ADÉLAÏDE, *lui mettant la main dans la bouche.*

Tu ne sais ce que tu dis. Je ne veux pas seulement t'écouter. Attendez-moi, je vais revenir. Si je ne suis pas interrompue, j'écrirai quelques lignes à votre père. En cas que je ne puisse vous rejoindre, je mettrai la bourse près du berceau, là, sous cette grosse pierre. Remarquez bien la place, entendez-vous?

GENEVIÈVE.

Je suis sûre que mon père me renverra avec votre argent.

ADÉLAÏDE.

Qu'il s'en garde bien. Et puis, vous ne sauriez où me trouver; car hélas! c'est peut-être la dernière fois qu'il nous est permis de nous entretenir.

GENEVIÈVE.

Ah! mamselle Adélaïde, que dites-vous!

ADÉLAÏDE.

Il faut bien que j'obéisse à mon papa. Mais nous sommes voisins, il ne nous est pas défendu de nous regarder; et lorsque nos yeux pourront se rencontrer à la dérobée...

GENEVIÈVE.

Oh! les miens sauront bien chercher les vôtres, et leur dire que je n'oublierai jamais de vous aimer!

THOMAS.

Qui nous empêche de nous trouver sur votre chemin, lorsque vous irez à la promenade? Et alors...

ADÉLAÏDE.

Tu as raison. Un sourire, une petite mine, un regard de côté, c'est fait avant qu'on le voie. Allons, consolez-vous; tout ira bien. Mais où est l'écureuil? Puisque je vais dans ma chambre, je veux l'emporter.

THOMAS.

Attendez un peu; je vais chercher sa cabane, et je vous la porterai jusqu'au château. (*Il court vers le berceau.*)

ADÉLAÏDE.

Adieu, ma chère Geneviève.

GENEVIÈVE.

Ah! mamselle Adélaïde, je ne puis croire que ce soit pour toujours.

THOMAS, *revenant tout consterné avec la petite cabane.*

Oh Dieu! l'écureuil n'y est plus.

ADÉLAÏDE.

Que dis-tu? Mon écureuil! O mon cher Thomas!

THOMAS.

Il faut qu'on lui ait ouvert la porte; car je me souviens bien de l'avoir fermée.

ADÉLAÏDE.

Ce ne peut être que mon frère. Il était jaloux du présent que tu m'as fait; et, tandis que nous parlions ici, il s'est glissé dans le berceau, et a ouvert la cabane.

THOMAS.

S'il n'avait fait qu'emporter l'écureuil avec lui pour jouer un moment!

ADÉLAÏDE.

Je le connais mieux que toi. Il l'aura fait échapper.

THOMAS.

Eh bien! attendez; il ne doit pas être fort loin. Si je puis le découvrir sur quelque arbre, je n'aurai qu'à lui montrer une noix pour l'en faire bien vite descendre. Je vais fureter de tous les côtés. (*Il sort.*)

ADÉLAÏDE, *à Thomas.*

Je te souhaite une heureuse chasse, mon cher ami. (*A Geneviève.*) Le pauvre Thomas; je le plains; il avait tant de plaisir de me faire ce cadeau!

GENEVIÈVE.

Oh! cela est vrai. Il n'a pas eu de repos qui ne vous l'ait apporté.

ADÉLAÏDE.

Allons, je te laisse, ma chère Geneviève. Je vais gagner le château par la terrasse; et toi, sors par la petite porte du jardin, et fais le tour, en te glissant le long du mur. Tu n'auras qu'à te tenir sous ma fenêtre, sans faire semblant de rien; je te jetterai ma bourse avec une lettre. Si mon papa n'est pas sur mon chemin, je viendrai te les apporter moi-même.

GENEVIÈVE.

O ma chère et généreuse amie, quelle bonté! (*Elles sortent chacune de leur côté.*)

SCÈNE VI.

M. DE CLERMONT, CONSTANTIN.

CONSTANTIN.

Eh bien! mon papa, avais-je tort? Vous voyez comme ma sœur s'empresse de vous obéir.

M. DE CLERMONT.

Et quelle est cette histoire d'un écureuil?

CONSTANTIN.

Je ne vous l'ai pas contée dans notre cachette, parce qu'on aurait pu nous entendre; mais, voici ce que c'est. Le cher ami Thomas a fait cadeau d'un écureuil à la chère amie Adélaïde. La chère amie Adélaïde a reçu avec tant de plaisir cette vilaine petite bête, qu'elle l'appelle son cher ami Thomas. Mais j'ai si bien fait, qu'elle n'a pas eu long-temps à s'en réjouir.

M. DE CLERMONT.

Et comment donc cela?

CONSTANTIN.

Ils avaient mis la cabane de l'écureuil sous le berceau; je m'y suis glissé tandis qu'ils se faisaient leurs tendres adieux; j'ai ouvert la cabane; j'en ai tiré l'écureuil, et je l'ai lâché dans le bois. Je l'ai vu aussitôt grimper sur un arbre, et sauter de branche en branche. Ils seront bien fins, s'ils le rattrapent jamais.

M. DE CLERMONT.

Vous avez fait là, monsieur, une fort vilaine action. Ne vous avais-je pas défendu d'affliger ces pauvres enfans? Et vous sentiez le chagrin que vous alliez causer à votre sœur.

CONSTANTIN.

Puisqu'elle vous désobéissait, ne méritait-elle pas d'être punie?

M. DE CLERMONT.

Est-ce à vous qu'appartenait le droit de la punir? Courez dire au jardinier et à ses garçons de chercher l'écureuil, et de me l'apporter.

CONSTANTIN.

Mais, mon papa, vous avez défendu à ma sœur toute société avec les enfans de M. Genest; et vous souffririez qu'elle en reçoive un cadeau?

M. DE CLERMONT.

Thomas était-il instruit de mes volontés lorsqu'il a apporté l'écureuil?

CONSTANTIN.

Du moins Adélaïde les savait. N'était-ce pas vous désobéir?

M. DE CLERMONT.

C'était à moi de le décider. Elle n'aurait pas manqué de me montrer le présent qu'elle avait reçu; et je lui aurais ordonné de le rendre, si je l'avais jugé à propos. Encore une fois, courez; et que cet écureuil se trouve, ou vous m'en répondrez.

CONSTANTIN.

Mais mon papa, vous avez entendu de fort belles choses. Ma sœur a de l'argent dont vous ne savez rien, et elle le donne à M. Genest pour vous payer. Ne ferais-je pas mieux d'aller guetter Geneviève, de la surprendre lorsqu'elle aura reçu la bourse, et de vous l'apporter?

M. DE CLERMONT.

Avisez-vous de cela. Vous savez mes ordres; obéissez.

CONSTANTIN, *en murmurant.*

Moi, qui croyais avoir fait merveilles!

SCÈNE VII.

M. DE CLERMONT, *pensif un moment.*

Oui, je le vois, je me suis laissé emporter trop loin. Quel exemple d'amitié, de reconnaissance et de générosité me donnent ces enfans! il est vrai que j'avais défendu à Adélaïde... Mais devais-je le lui défendre? devais-je étouffer le sentiment que j'avais moi-même fait naître dans son cœur? Pouvais-je lui dérober l'unique bonheur dont elle jouit dans cette solitude, le plus grand bonheur de la vie humaine, une société aimable et vertueuse avec des enfans de son âge? un bien dont je ne saurais lui racheter la perte avec toutes mes richesses? Et pourquoi? pour satisfaire un vain caprice. Ma chère Adélaïde, ces grottes, ces ponts, ces temples chinois, tous ces ornemens dont je voulais embellir mon jardin, rien n'aurait pu te faire oublier le bosquet sauvage où l'amitié trouvait un si doux asile! Quelle leçon pour moi! Sans toi j'allais perdre aussi cette douce amitié. Tu me conserves un bien si précieux! tu me sauves une injustice et des remords! Que ta noble conduite me fait sentir l'indignité de ton frère! Le méchant! sous quels traits affreux il vient de se montrer! Bannissons de mon cœur cette image accablante. Je brûle de savoir si M. Genest pense avec autant de noblesse que ses enfans; le parti qu'il va prendre va décider de mon propre bonheur. Je n'avais qu'un ami indigne de mes sentimens; je vais le retrouver digne de moi. (*Adélaïde traverse sur la pointe du pied le fond du théâtre; M. de Clermont l'aperçoit, et l'appelle.*) Adélaïde! (*Elle veut continuer sa marche; M. de Clermont l'appelle une seconde fois.*) Adélaïde! approchez.

SCÈNE VIII.

M. DE CLERMONT, ADÉLAÏDE.

M. DE CLERMONT.

Où allais-tu donc? Pourquoi cherchais-tu à m'éviter?

ADÉLAÏDE, *embarrassée*.

C'est que je craignais de vous troubler, mon papa.

M. DE CLERMONT.

Tu allais peut-être chercher l'écureuil dont Thomas t'a fait cadeau?

ADÉLAÏDE.

Oui, mon papa, il est vrai qu'il m'en a donné un; c'est apparemment Constantin qui vous l'a dit?

M. DE CLERMONT.

J'imagine que tu ne l'as pas reçu.

ADÉLAÏDE.

Moi? non... Mais, oui. Comment aurais-je pu

m'en empêcher? Le pauvre Thomas! il s'était fait une si grande joie de me l'offrir!

M. DE CLERMONT.

Il faut le lui rendre.

ADÉLAÏDE.

Oui, mon papa, si je l'avais; mais il s'est échappé.

M. DE CLERMONT.

Cela est-il bien vrai, Adélaïde!

ADÉLAÏDE.

Oui, je vous assure. Je puis vous montrer sa cabane; elle est déserte.

M. DE CLERMONT.

Qui peut donc l'avoir fait échapper? C'est une malice de Constantin.

ADÉLAÏDE.

Non, mon papa. N'en accusez pas mon frère. C'est que la porte a été mal fermée, et le prisonnier s'est sauvé. Mais Thomas est à sa poursuite; et, s'il le rattrape, il me le rapportera?

M. DE CLERMONT.

Tu veux donc avoir un second entretien avec lui? Qu'as-tu à lui dire? Ne lui as-tu pas déclaré mes volontés, et ne lui as-tu pas fait tes adieux.

ADÉLAÏDE.

Oui, mon papa, mais... Oh! comme j'ai souffert! J'aurai bien de la peine à m'en consoler.

M. DE CLERMONT.

Tu sens donc bien de la répugnance à m'obéir?

ADÉLAÏDE.

Oh! ce n'est pas cela; ne le croyez jamais. Mais

pourriez-vous m'aimer encore, pourriez-vous me reconnaître pour votre enfant, si je vous disais que cette brouillerie ne m'a pas affligée ? Que penseriez-vous de moi, qu'en penseraient mes amis, si je pouvais leur retirer tout de suite mon cœur, sans qu'il m'en coûtât des regrets ?

M. DE CLERMONT.

Mais l'offense que me fait leur père est-elle si indifférente pour toi, que tu n'y prennes aucune part ?

ADÉLAÏDE.

Oh ! j'y prends part aussi ; et je donnerais tout au monde pour que vous en eussiez une entière satisfaction.

M. DE CLERMONT.

Tu sais donc ce que je lui demande, et ce qu'il me refuse ?

ADÉLAÏDE.

Je sais... je sais... Ah ! mon papa ! pourquoi me le demandez-vous ?

M. DE CLERMONT.

Parce que je voudrais savoir si les enfans de M. Genest en sont instruits, et s'ils t'en ont fait confidence.

ADÉLAÏDE.

Oui ; ils m'ont... ils m'ont tout dit. Mon papa, n'en soyez point fâché.

M. DE CLERMONT.

Eh bien, que penses-tu de ma demande ? Te paraît-elle déraisonnable ? Ne suis-je pas en droit d'exiger de M. Genest, pour tous mes bienfaits, une légère déférence dont je le paierais au centuple?

ADÉLAÏDE.

Mon cher papa, je ne suis qu'un enfant; comment pourrais-je décider entre de grandes personnes?

M. DE CLERMONT.

Consulte ton cœur. Je veux savoir ce qu'il te dira.

ADÉLAÏDE.

Dispensez m'en, de grâce. Mon cœur dirait peut-être quelque chose qui pourrait vous fâcher.

M. DE CLERMONT.

Je comprends. Il jugerait sans doute que j'ai tort.

ADÉLAÏDE.

Ah! vous allez vous mettre en colère.

M. DE CLERMONT.

Parle seulement. Tu le verras.

ADÉLAÏDE.

Je ne voudrais pour rien au monde vous faire de la peine.

M. DE CLERMONT.

Tu ne m'en feras point. Dis-moi librement ce que tu penses.

ADÉLAÏDE.

Eh bien! je pense que vous avez raison, et M. Genest aussi.

M. DE CLERMONT.

Nous avons raison tous deux! Ah! la petite flatteuse. Cela ne se peut pas. Il faut que l'un de nous ait raison, et que l'autre ait tort.

ADÉLAÏDE.

Pardonnez-moi ; je vous ai parlé comme je le sens. Vous avez rendu de grands services à M. Genest, et vous avez raison d'exiger en reconnaissance qu'il vous cède une chose qui vous tient si fort à cœur. Et lui, il a raison de vous la refuser, parce qu'il a aussi des motifs pour ne pas s'en défaire.

M. DE CLERMONT.

Et ses motifs sont-ils justes ou mal fondés ?

ADÉLAÏDE.

Ce n'est pas à moi d'en être le juge. Vous regardez comme un devoir de reconnaissance qu'il vous cède son petit bosquet ; et il regarde aussi comme un devoir de reconnaissance de le garder. Vous voudriez l'abattre pour y trouver un beau point de vue ; il y trouve un ombrage agréable pour ses enfans. Vous êtes son seigneur, et vous avez la puissance ; il est votre vassal, et il n'a que ses prières et les larmes de sa famille.

M. DE CLERMONT.

C'en est assez ; tu es un avocat trop dangereux. Eh bien ! qu'il me rende les cent écus que je lui ai prêtés, et qu'il garde son bosquet.

ADÉLAÏDE.

Ainsi donc ce sera la force...

M. DE CLERMONT.

Qui aura raison, n'est-ce pas ?

ADÉLAÏDE.

Non, mon papa. Je voudrais seulement.... Oh !

je n'en sais plus rien. Mais les cent écus, où les prendre ?

M. DE CLERMONT.

Si tu ne le sais pas, je n'en sais rien non plus. Cependant s'il avait recours à toi.

ADÉLAÏDE, *jetant ses bras autour de son père.*

Oh ! je ne puis vous le cacher plus long-temps. Et quand vous devriez m'en punir... j'ai mérité votre colère... j'ai...

M. DE CLERMONT.

Allons, allons, laisse-moi. Que veut dire cela, mademoiselle ?

SCÈNE IX.

M. DE CLERMONT, ADÉLAÏDE, CONSTANTIN, *traînant de force Geneviève*, GENEVIÈVE.

CONSTANTIN.

Ah ! mon papa, je la tiens, je la tiens ! Elle a une lettre, apparemment pour ma sœur. Allons, donne-la-moi, ou je te fouille de la tête aux pieds. Oui, oui ; elle l'avait à la main, en se glissant ici derrière la charmille.

M. DE CLERMONT.

Point de violence, Constantin. (*A Geneviève*) Cherchez-vous ici quelqu'un, mon enfant ?

GENEVIÈVE, *déconcertée.*

Non... oui, monsieur. Je cherchais...

M. DE CLERMONT.

Pourquoi s'effrayer ? Eh bien ! qui cherchez-vous ?

GENEVIÈVE.

C'est mamselle Adélaïde.

CONSTANTIN.

Vous savez cependant, Geneviève, que mon papa lui a défendu de vous parler.

M. DE CLERMONT, *à Constantin.*

Je te prie, toi, de te taire. (*A Geneviève.*) Qu'est-ce donc que cette lettre dont il est question?

GENEVIÈVE.

Ce n'est rien... (*Elle regarde tristement Adélaïde.*) Ah! mamselle Adélaïde, me pardonnerez-vous?

ADÉLAÏDE.

Ma chère amie, il ne faut plus rien cacher à mon papa.

CONSTANTIN, *à M. de Clermont.*

Comment! elles osent se parler jusque sous vos yeux? Est-ce là l'obéissance?..

M. DE CLERMONT, *à Constantin.*

Te tairas-tu? Eh bien! Geneviève, ne pourrai-je savoir...

GENEVIÈVE.

Monsieur, puisqu'il faut vous le dire, c'est que mon père a écrit une lettre à mamselle votre fille, pour la remercier de ses bontés. (*Elle donne, en tremblant, la lettre à Adélaïde, Constantin s'en saisit.*)

CONSTANTIN.

Mon papa, elle est pleine d'argent. (*A Adélaïde.*) Ah! tu vas être payée.

ADÉLAÏDE.

J'allais tout vous avouer, mon papa, lorsque Genevièvë et mon frère nous ont interrompus. Je me résigne avec soumission à mon châtiment.

M DE CLERMONT *ouvre la lettre et la lit.*

Noble et généreuse demoiselle,

« Je ne serais pas digne de vos sentimens envers moi, si j'avais la bassesse de vous induire à la plus légère tromperie, et d'accepter l'argent que vous m'offrez pour le rendre à votre papa. Non, ma chère demoiselle, je suis son débiteur, et j'aurai le malheur de l'être encore jusqu'à ce que je puisse acquitter ma dette par mes propres moyens. Je suis au désespoir de ne pouvoir, en cette occasion, répondre aux désirs de monsieur votre père avec la joie que j'aurais de remplir tous ses autres souhaits. Si M. de Clermont, sans m'en parler, avait employé la voie que son pouvoir lui permet, je ne lui en aurais demandé aucun compte ; et il peut être sûr que je n'aurais pas même formé dans mon cœur une seule plainte contre lui ; du moins je n'aurais pas à me reprocher d'avoir violé la parole sacrée que j'ai donnée. Faites-lui bien entendre cela, ma digne et jeune amie. Son amitié et la vôtre me sont plus précieuses que tous les biens de l'univers. Conservez-moi toujours vos généreuses dispositions, ainsi qu'à mes enfans.

« J'ai l'honneur d'être, etc. »

(*M. de Clermont, sans fermer la lettre, regarde Adélaïde.*)

ADÉLAÏDE, *courant à lui.*

Maintenant, mon papa, apprenez comment cet

argent se trouve dans mes mains, et daignez me pardonner si je ne vous ai pas plus tôt avoué....

M. DE CLERMONT, *l'embrassant.*

Je sais tout, ma chère Adélaïde. J'ai entendu ton entretien. Je suis transporté de la noblesse et de la générosité de tes sentimens. Je ne rougis point d'avouer que, sans toi, peut-être, j'allais commettre une action qui aurait fait le désespoir de ma vie. Voici ton argent; fais-en le digne usage que ton excellente mère t'a prescrit; ne crains pas que je le laisse jamais épuiser entre tes mains. Votre petit bosquet restera sur pied, mes chers enfans, et l'amitié vous unira toujours.

ADÉLAÏDE, *prenant une de ses mains et la baisant.*

O mon papa! vous me donnez une seconde fois la vie.

GENEVIÈVE, *lui baisant la main.*

O monsieur! quelle bonté! Ah! comme mon père....

M. DE CLERMONT.

Dis-lui, ma chère Geneviève, que je le prie de vouloir bien reprendre son billet; que j'ai un petit changement à y faire, dont je lui parlerai...

CONSTANTIN.

Comment mon papa! vous...

M. DE CLERMONT.

Tais-toi, méchant : tu m'as donné aujourd'hui des preuves d'un mauvais cœur.

CONSTANTIN.

Je n'ai fait que de vous obéir. Ne faut-il pas que les enfans obéissent à leurs pères?

Tome 2. L'AMI DES ENFANS. Page 362.

Sans toi peut-être, j'allais commettre une action qui aurait fait le désespoir de ma vie.

M. DE CLERMONT.

Sans doute, il le faut. Mais, lorsque les ordres de leurs parens sont injustes, c'est à leur devoir, c'est à Dieu qu'ils doivent d'abord obéir. Si ton cœur ne t'a pas dit que le mien se laissait emporter par sa passion, je n'ai plus rien à espérer de toi. Vois ce qu'a fait Adélaïde.

CONSTANTIN.

Mais maman ne m'a pas laissé, à moi, d'argent pour en disposer.

M. DE CLERMONT.

C'est qu'elle prévoyait l'indigne usage que tu en aurais pu faire. Et n'avais-tu pas des paroles consolantes pour tes petits amis, et pour un homme qui a donné des soins à ton éducation? Mais qu'est devenu l'écureuil? As-tu dit qu'on se mît à le chercher?

CONSTANTIN.

Je n'ai trouvé personne dans le jardin.

SCÈNE X.

M. DE CLERMONT, CONSTANTIN, ADÉLAIDE, GENEVIÈVE, THOMAS.

(*Thomas arrive en courant à perte d'haleine. Il tient l'écureuil d'une main; l'autre est enveloppée dans un mouchoir taché de quelques gouttes de sang.*)

THOMAS.

De la joie! de la joie! le voilà! il est pris! le voilà ! (*Il aperçoit M. de Clermont, et s'arrête tout court.*)

ADÉLAÏDE, *courant à lui.*

O mon ami ! (*Elle prend l'écureuil.*) Mon cher petit Thomas ! je te tiens donc. Oh ! tu ne m'échapperas plus. Allons, monsieur, rentrez dans votre maison. (*Elle le renferme dans sa cabane, et la porte sous le berceau.*)

M. DE CLERMONT.

Qu'est-ce donc que tu as à la main ? Il me semble que je vois du sang à ton mouchoir, mon cher Thomas ?

THOMAS, *avec une surprise de joie.*

Mon cher Thomas ! Mamselle, entendez-vous.

ADÉLAÏDE.

Oui, mon enfant, tout est raccommodé.

GENEVIÈVE.

Nous sommes amis pour toujours. (*Thomas saute de joie, et court baiser les mains et l'habit de M. de Clermont. Geneviève prend la main de son frère, et la regarde avec attendrissement.*) Tu t'es blessé ? Voyons.

ADÉLAÏDE.

Et c'est pour moi !

THOMAS.

Ce n'est rien. C'est une branche qui a cassé du bond que j'ai fait pour sauter sur le fuyard. Je m'y suis un peu déchiré la main ; mais c'est égal ; j'y aurais laissé mon bras plutôt que de ne pas rapporter l'écureuil à mamselle Adélaïde.

ADÉLAÏDE.

Mon cher ami ! mon papa, il faut le faire panser ; ma bonne a un baume excellent.

M. DE CLERMONT.

Je te charge de ce soin. Allons, mes enfans, suivez-moi. Je vais faire préparer aujourd'hui une petite fête pour vous au château; j'irai moi-même inviter vos parens à venir la partager. Je me suis instruit aujourd'hui à votre école. Et je vois, par votre exemple, que les enfans bien nés peuvent donner d'utiles leçons à leurs parens.

PERSONNAGES.

Mme BEAUMONT.
LÉONOR, sa nièce.
DIDIER, son neveu.
M. VERTEUIL, tuteur des deux enfans.
M. DUPAS, maître de danse.
FINETTE, femme de chambre.

La Scène se passe dans un salon de l'appartement de madame Beaumont.

L'ÉDUCATION A LA MODE.

Drame en un acte.

SCÈNE PREMIÈRE.

Mme BEAUMONT, M. VERTEUIL.

Mme BEAUMONT.

Non, M. Verteuil, je ne puis vous le pardonner. Pendant cinq ans n'être pas venu nous voir une seule fois, moi, ni votre pupille !

M. VERTEUIL.

Que voulez-vous ? Les devoirs de mon état, la faiblesse de ma santé, la crainte des incommodités de la route...

Mme BEAUMONT.

Quinze lieues ! un grand voyage !

M. VERTEUIL.

Très-grand pour moi, qui ne me déplace pas aisément. Mes infirmités ne me permettent pas plus de courir le monde, que de m'y promettre encore un long séjour.

Mme BEAUMONT.

Et à quel motif devons-nous enfin cette héroïque résolution ?

M. VERTEUIL.

Au désir de voir les enfans de feu mon ami, Léonor et Didier.

Mme BEAUMONT.

Ah! Léonor! Léonor! On devrait accourir, pour la voir un instant, des deux bouts de l'univers. Tant de talens! tant d'esprit!

M. VERTEUIL.

Vous m'inspirez une bien forte envie de la connaître. Où est-elle? que j'aie le plaisir de l'embrasser.

Mme BEAUMONT.

Elle est encore à sa toilette.

M. VERTEUIL.

Comment! à l'heure qu'il est? Et Didier, pourquoi n'est-il pas venu de sa pension chez vous, pour m'attendre?

Mme BEAUMONT.

Il était un peu tard hier lorsque vous m'avez fait annoncer votre arrivée. Les domestiques ont été fort occupés ce matin, et la femme de chambre n'a pu quitter un instant ma nièce.

M. VERTEUIL.

Faites-moi le plaisir d'envoyer chercher tout de suite Didier. Dans l'intervalle je monterai chez sa sœur.

Mme BEAUMONT.

Non, non, mon cher M. Verteuil; vous pourriez lui causer quelque saisissement; je cours la prévenir. (*Elle sort.*)

SCÈNE II.

M. VERTEUIL.

Madame Beaumont élève, à ce que je vois, sa nièce, ainsi qu'on l'a élevée elle-même, à s'atifer comme une poupée, et se tenir toujours en parade. Encore si ces frivolités ne lui ont pas fait négliger des soins plus essentiels !

SCÈNE III.

Mme BEAUMONT, M. VERTEUIL.

Mme BEAUMONT.

Vous allez la voir descendre dans un moment; elle n'a plus qu'une plume à placer.

M. VERTEUIL.

Comment ! une plume ? Et croyez-vous qu'une plume de plus ou de moins m'embarrasse beaucoup ? Son impatience de me voir ne devrait-elle pas être aussi vive que la mienne ?

Mme BEAUMONT.

Aussi vive certainement. C'est le désir qu'elle aurait de vous plaire...

M. VERTEUIL.

Ce n'est peut-être pas au moyen de sa plume qu'elle se flatte d'y parvenir. Et avez-vous eu la bonté d'envoyer chercher votre neveu ?

Mme BEAUMONT, *d'un air impatient.*

Oh! mon neveu! Vous aurez toujours le temps de le voir.

M. VERTEUIL.

Vous m'en parlez comme si je n'en devais pas recevoir une grande satisfaction.

Mme BEAUMONT.

Ce n'est pas qu'il soit méchant; mais c'est que cela ne sait pas vivre.

M. VERTEUIL.

Comment donc! est-il impoli, sauvage, grossier?

Mme BEAUMONT.

Non, pas tout-à-fait. On dit qu'il a déjà sa tête meublée d'une quantité de choses savantes; mais pour cette aisance, ce bon ton, cette fleur de politesse...

M. VERTEUIL.

Si ce n'est que cela, il sera bientôt formé. Et son cœur?

Mme BEAUMONT.

Je ne le crois ni bon, ni méchant. Mais Léonor de quelles perfections elle est ornée! quelles manières enchanteresses! Je ne le vois pas souvent, lui.

M. VERTEUIL.

Et pourquoi donc?

Mme BEAUMONT.

De peur de le détourner de ses études. Aussi bien, lorsqu'il est ici, je ne le trouve pas assez attentif aux leçons de savoir-vivre qu'on lui donne; il ne sait pas non plus s'exprimer avec grâce. Je l'ai mené quelquefois dans un cercle de femmes; il n'a pas trouvé un mot heureux à placer.

M. VERTEUIL.

C'est que la conversation a roulé apparemment sur des choses qui lui sont étrangères.

Mme BEAUMONT.

Un jeune homme bien élevé ne doit jamais trouver rien d'étranger parmi les femmes.

M. VERTEUIL.

Un silence modeste sied fort bien à son âge. Son rôle est maintenant d'écouter pour s'instruire et se mettre en état de parler à son tour.

Mme BEAUMONT.

Bon! voulez-vous en faire une poupée qui ne peut se mouvoir avant que ses rouages ne soient montés? Oh! il faut entendre jaser Léonor! C'est une aisance, un esprit, une vivacité? On a de la peine à suivre ses paroles.

M. VERTEUIL.

Nous verrons qui sera le plus digne de ma tendresse. Vous vous souvenez que je promis à leur père mourant de les regarder comme ma propre famille; je veux remplir cette parole sacrée. Comme je ne peux savoir combien de temps encore le ciel me donne à passer sur la terre, je suis venu ici pour voir ces enfans, étudier leur caractère, et régler en conséquence les dernières dispositions que je me propose de faire en leur faveur.

Mme BEAUMONT.

O le plus fidèle et le plus généreux des hommes!

Mon frère, jusque dans sa tombe, sera touché de
de vos bienfaits. Et moi, comment pourrais-je vous
exprimer ma reconnaissance au nom de ses enfans?
M. VERTEUIL.
Ce que vous appelez un bienfait n'est qu'un devoir. Votre digne père me fit autrefois partager l'heureuse éducation qu'il donnait à son fils. C'est à ses soins que je dois la fortune que j'ai acquise. Je n'ai point d'enfans; ses petit-fils m'appartiennent; et ils ont droit, pendant ma vie et après ma mort, à des biens que je n'ai cherché à étendre que pour les enrichir.
Mme BEAUMONT.
En ce cas, Léonor, comme la plus aimable...
M. VERTEUIL.
Si je fais quelque distinction, ce ne sera point pour de frivoles agrémens; ce seront les qualités et les vertus qui décideront mes préférences.
Mme BEAUMONT.
Ah! la voici qui vient.

SCÈNE IV.

Mme BEAUMONT, M. VERTEUIL, LÉONOR,
dans une parure au-dessus de son état et de son bien.

M. VERTEUIL, *étonné.*
Comment! c'est Léonor.
Mme BEAUMONT.
Vous êtes surpris, je le vois, de la trouver si charmante. Tu nous as fait un peu attendre, mon cœur.

LÉONOR, *faisant à M. Verteuil une révérence cérémonieuse.*

C'est que Finette n'a jamais pu réussir à placer mes plumes. Je les ai bien ôtées dix fois. Enfin, je l'ai renvoyée de dépit, et je me suis coiffée moi-même. Je suis enchantée, M. Verteuil, de vous voir en bonne santé.

M. VERTEUIL, *allant vers elle et lui tendant les bras.*

Et moi, ma chère Léonor... (*Elle se détourne avec un air dédaigneux.*) Eh bien! est-ce que tu crains de me regarder comme ton père?

Mme BEAUMONT.

Oui, Léonor, comme ton père et notre bienfaiteur. (*A M. Verteuil.*) Il faut lui pardonner, je vous prie. Elle est élevée dans la modestie et dans la réserve.

M. VERTEUIL.

Elle ne les aurait point blessées en recevant le témoignage de mon amitié. Je lui dois aussi de tendres reproches pour avoir tardé si long-temps à satisfaire mon impatience.

LÉONOR.

Pardonnez-moi, monsieur; j'étais dans un état à ne pouvoir paraître devant vous avec bienséance.

M. VERTEUIL.

Une jeune demoiselle doit être toujours en état de paraître avec bienséance devant un honnête homme. Un déshabillé modeste et décent est toute la parure qui lui convient pour cela dans la maison.

Mme BEAUMONT.

Oui; mais, pour recevoir un hôte comme vous, le respect demande...

M. VERTEUIL.

Une plume de moins, et quelque empressement de plus à venir au-devant d'un ami qui fait quinze lieues pour vous voir; oui, je l'avoue, mon cœur aurait été mille fois plus flatté de voir mes enfans, car ils le sont par la tendresse qu'ils m'inspirent, et par mon amitié pour leur père; de les voir, dis-je, accourir à moi les bras ouverts, et m'accabler de leurs touchantes caresses.

Mme BEAUMONT.

C'est la vénération dont vous l'avez d'abord saisie...

M. VERTEUIL.

N'en parlons plus. Tu me recevras une autre fois avec plus d'amitié, n'est-ce pas, ma chère Léonor? Tu n'es pas au moins fâchée de ce que j'ose te tutoyer? je ne t'ai pas appelée autrement dans ton enfance; les cinq années que j'ai passées sans te voir n'ont produit aucun changement dans mon cœur. J'espère bien, après ton mariage, te traiter encore avec cette douce familiarité.

LÉONOR.

Ce sera beaucoup d'honneur pour moi.

M. VERTEUIL.

Point de ces complimens de cérémonie; dis-moi que cela te fera plaisir. Mais comme tu t'es formée depuis que je ne t'ai vue! Une taille élégante, des manières aisées, un noble maintient...

Mme BEAUMONT.

Oh! charmante! adorable!

M. VERTEUIL.

Tous ces avantages cependant ne sont rien sans

les grâces de la pudeur et de la modestie, le charme de l'affabilité, l'expression ingénue des mouvemens de l'âme, et la culture des talens de l'esprit?

Mme BEAUMONT.

Oui, oui; de ces talens qui donnent de la considération dans le grand monde.

M. VERTEUIL.

Dans le grand monde, madame! Est-ce que Léonor doit s'y produire? Je n'ai plus rien à désirer, si elle possède seulement les qualités qui peuvent l'honorer dans une société choisie et dans l'intérieur de sa maison, devant sa conscience et aux regards de Dieu.

Mme BEAUMONT.

Oh sûrement! cela s'entend de soi-même, M. Verteuil. Je veux dire qu'elle est en état de se présenter partout avec honneur. Viens, ma chère Léonor, fais-nous entendre quelque jolie pièce sur ton clavecin.

LÉONOR.

Non, ma tante; cela pourrait déplaire à M. Verteuil.

M. VERTEUIL.

Que dis-tu, ma chère enfant? Je suis très-sensible aux charmes de la musique; et je ne connais point d'amusement plus convenable à une jeune demoiselle.

Mme BEAUMONT.

Eh! quoi de plus digne de notre admiration, que ces talens enchanteurs, le dessin, la danse, la mu-

siquc! Léonor, cette charmante ariette! tu sais bien?
(*Léonor va d'un air boudeur au clavecin, prélude un moment, et commence une sonate.*)

Mme BEAUMONT.

Non, non, il faut aussi chanter. Elle a une voix, M. Verteuil! vous allez l'entendre. Si vous saviez combien d'applaudissemens elle a reçus dans le dernier concert! Mais elle a un peu d'amour-propre, et il faut se mettre à ses pieds.

M. VERTEUIL.

J'espère bien que j'obtiendrai quelque chose sans cette cérémonie. N'est-il pas vrai, Léonor?

LÉONOR.

Vous n'avez qu'à ordonner, monsieur.

M. VERTEUIL.

Non, cela n'est pas dans mon caractère; je prie seulement.

LÉONOR, *bas à sa tante, en ouvrant son cahier avec dépit.*

Je vous ai là une grande obligation.

Mme BEAUMONT, *bas à Léonor.*

Au nom du ciel, mon cœur, obéis; ta fortune en dépend.

M. VERTEUIL.

Si elle n'est pas en voix aujourd'hui, je peux attendre.

(*Léonor chante en s'accompagnant sur le clavecin.*)

Vermeille rose,
Que le zéphir, etc.

(*Et à peine a-t-elle fini, que madame Beaumont s'écrie, en battant des mains:*)

Bravo! bravo! bravissimo?

M. VERTEUIL.

En effet, ce n'est pas mal pour un enfant de son âge. J'aurais pourtant désiré une chanson plus rapprochée des principes que vous lui inspirez sans doute.

Mme BEAUMONT.

Eh bien! monsieur, n'en sentez-vous pas la morale? (*Elle chante.*)

> Mais sur ta tige
> Tu vas languir
> Et te flétrir, etc.

C'est-à-dire qu'une jeune personne doit se produire dans le monde, si elle veut tirer quelque avantages de ses talens, et ne pas mourir ignorée au fond de sa retraite.

M. VERTEUIL.

Croyez-moi, madame, c'est là, de préférence, qu'un époux digne d'elle viendra la chercher. (*Il aperçoit un dessin suspendu à la tapisserie, représentant une jeune bergère surprise dans son sommeil par un Faune. Il le considère avec étonnement.*

Mme BEAUMONT.

Ah! ah! comment le trouvez-vous?

M. VERTEUIL.

Fort bien, si Léonor l'a fait sans le secours de son maître.

Mme BEAUMONT.

Véritablement il l'a un peu retouché.

M. VERTEUIL.

Je crois qu'il aurait pu mieux faire encore en lui

choisissant un sujet plus heureux; quelque trait de bienfaisance, une action vertueuse, qui aurait élevé son âme en perfectionnant son talent.

SCÈNE V.

Mme BEAUMONT, M. VERTEUIL, LÉONOR, FINETTE.

FINETTE, *à M. Verteuil.*

Monsieur, vos malles viennent d'arriver. Les ferai-je porter dans votre appartement?

M. VERTEUIL, *à madame Beaumont.*

Vous avez donc eu la bonté de me loger, madame?

Mme BEAUMONT.

Je m'en fais autant d'honneur que de plaisir.

M. VERTEUIL.

Je vous en remercie. Je vais donner un coup-d'œil à mes affaires, et je reviens. (*Il sort avec Finette.*)

SCÈNE VI.

Mme BEAUMONT, LÉONOR.

LÉONOR.

Bon! le voilà dehors. Je respire.

Mme BEAUMONT.

Doucement, doucement, Léonor; qu'il ne puisse vous entendre!

LÉONOR.

Qu'il m'entende s'il veut. Je suis si piquée, que

je briserais volontiers mon clavecin, et que je mettrais en pièces tous mes dessins et mes cahiers de musique.

Mme BEAUMONT.

Calme-toi donc, mon enfant; tu as besoin ici de toute ta modération.

LÉONOR.

C'est bien assez, je crois, de m'être possédée en sa présence. Ne l'avez-vous pas vu, ne l'avez-vous pas entendu ?

Mme BEAUMONT.

Les personnes de son âge ont leurs bizarreries.

LÉONOR.

Pourquoi donc m'y exposer ? Il ne fallait pas me faire chanter devant lui; je ne le voulais pas. Voilà ce que c'est que de faire toujours à sa tête comme vous. Mais il n'a qu'à y revenir.

Mme BEAUMONT.

Ma chère Léonor, je t'en conjure. Tu ignores peut-être que ta fortune dépend absolument de M. Verteuil.

LÉONOR.

Ma fortune ?

Mme BEAUMONT.

Hélas! oui. Faut-il que je t'avoue ce que tu tiens déjà de ses bontés.

LÉONOR.

Oh! je le sais. De petits présens qu'il me fait de loin en loin. Je puis fort bien me passer de ses cadeaux.

Mme BEAUMONT.

Ah! ma chère enfant, sans lui tu serais bien malheureuse. Ce que ton père t'a laissé pour héritage est si peu de chose! De mon côté, je n'ai qu'un revenu très-médiocre. Comment aurais-je pu, avec ces seuls moyens, fournir aux dépenses de ton éducation?

LÉONOR.

Est-il possible, ma tante? Quoi! c'est à M. Verteuil que je suis si redevable? S'occupe-t-il aussi de mon frère?

Mme BEAUMONT.

C'est lui qui paie également sa pension et ses maîtres.

LÉONOR.

Vous me l'aviez toujours caché.

Mme BEAUMONT.

Pourvu que rien ne manquât à tes besoins, que t'importait cette connaissance? Tu vois par là combien il est important de le ménager, de lui montrer des égards et du respect. Mais ce n'est pas tout; il a voulu vous voir, ton frère et toi, avant d'écrire son testament, afin de régler ses dispositions en votre faveur.

LÉONOR.

Oh! que je suis à présent fâchée de lui avoir montré de l'humeur et du dépit!

Mme BEAUMONT.

C'est aussi fort mal de sa part. Ecouter froidement ta voix brillante! ne pas être transporté de plaisir à ton exécution sur le clavecin! Quoi qu'il en soit, il faut que tu le flattes; autrement toutes ses préférences seront pour Didier.

LÉONOR.

Ah! il les mérite mieux que moi, je le sens.

Mme BEAUMONT.

Que dis-tu; c'est bien peu te connaître. Et quelle serait ta destinée? Un homme sait toujours faire son chemin dans le monde. Mais une femme, quelle ressource peut-elle avoir?

LÉONOR.

Il est vrai. Vous me faites sentir par là que j'aurais dû apprendre des choses plus utiles que le dessin, la danse et le clavecin.

Mme BEAUMONT.

Folle que tu es! avec la fortune que tu peux te promettre, qu'est-ce qu'une jeune demoiselle doit désirer de plus que des talens agréables pour briller dans la société? Il ne s'agit que d'intéresser M. Verteuil en ta faveur. Avec des attentions et des complaisances, nous en ferons ce qu'il nous plaira.

SCÈNE VII.

Mme BEAUMONT, LÉONOR, FINETTE.

FINETTE.

Mademoiselle, M. Dupas vous attend pour vous donner leçon.

Mme BEAUMONT.

Dis-lui de monter ici. (*Finette sort.*)

LÉONOR.

Non, ma tante; renvoyez-le, je vous en prie. Si j'allais encore déplaire à M. Verteuil!

Mme BEAUMONT.

Comment donc! il faut qu'il te voie danser. Tu danses avec tant de grâces! Tu lui tourneras la tête, j'en suis sûre. (*Elle court après.*) Entrez, entrez, M. Dupas.

SCÈNE VIII.

Mme BEAUMONT, LÉONOR, M. DUPAS.

Mme BEAUMONT, *à M. Dupas.*

N'est-il pas vrai, monsieur, que ma nièce danse comme un ange?

M. DUPAS, *en s'inclinant.*

Comme un ange, madame, à vous obéir.

Mme BEAUMONT.

Son tuteur assistera peut-être à la leçon. Songez, monsieur, à faire briller le talent de Léonor, de tout son éclat.

M. DUPAS.

Oui, madame; et le mien aussi, je vous en réponds. (*M. Verteuil paraît.*)

SCÈNE IX.

M.me BEAUMONT, M. VERTEUIL, LÉONOR, M. DUPAS.

M.me BEAUMONT, *prenant M. Verteuil par la main.*

Venez vous asseoir à mon côté, M. Verteuil. Je veux que vous voyez danser Léonor; c'est un vrai zéphyr. M. Dupas, cette allemande nouvelle de votre composition.

LÉONOR.

Mais je ne la danserai pas toute seule.

M.me BEAUMONT.

M. Dupas la dansera avec toi; je vais la fredonner. N'ayez pas peur; je vous conduirai bien.

M. VERTEUIL.

Permettez-moi, madame, de demander de préférence un menuet.

M. DUPAS.

Je ne pourrai y mettre beaucoup de grâce, s'il faut que je joue en même temps.

M. VERTEUIL.

Ce n'est pas de vos grâces qu'il s'agit, monsieur; c'est de celles de Léonor.

M. DUPAS.

Vous en jugerez beaucoup mieux dans une entrée de Chaconne.

M. VERTEUIL.

De Chaconne, dites-vous? Fi donc!

M. DUPAS.

Quoi! monsieur, la haute danse?

M. VERTEUIL.

Léonor ne doit pas figurer sur un théâtre. C'est un menuet que j'ai demandé.

M. DUPAS.

Comme il vous plaira, monsieur. Allons, mademoiselle. (*Léonor danse le menuet. M Dupas la suit en jouant de sa pochette. Il s'interrompt de temps en temps pour lui dire :*) portez votre tête plus haute... Les épaules effacées..... Déployez mollement vos bras.... En cadence.... Un air noble; voyez-moi.

M. VERTEUIL, *quand le menuet est fini.*

Fort bien, Léonor, fort bien. (*A M. Dupas.*) Monsieur, votre leçon est finie pour aujourd'hui. (*M. Dupas fait un salut profond à la compagnie, et se retire.*)

LÉONOR, *bas d madame Beaumont.*

Eh bien! ma tante; vous voyez les grands complimens que j'ai reçus?

Mme BEAUMONT.

Quoi! M. Verteuil, vous n'êtes pas enchanté, ravi, transporté! Vous n'y avez sûrement pas fait attention, où vous êtes encore fatigué de votre voyage...

M. VERTEUIL.

Pardonnez-moi, madame; j'ai déjà marqué ma satisfaction à Léonor. Mais voulez-vous que j'aille m'extasier sur un pas de danse? Je réserve mon enthousiasme pour des perfections plus dignes de l'exciter.

SCÈNE X.

Mme BEAUMONT, M. VERTEUIL, LÉONOR, DIDIER.

DIDIER, *s'élançant dans le salon, court vers M. Verteuil, lui saute au cou et l'embrasse avec tendrese.*

O mon cher M. Verteuil, mon tuteur, mon père, quelle joie j'ai de vous voir !

Mme BEAUMONT.

Que veut dire cette pétulance ? Est-ce qu'il faut étouffer ses amis ?

M. VERTEUIL.

Laissez-le faire, madame. Les transports de sa joie me flattent bien plus que des révérences froides et compassées. Viens, mon cher Didier, que je te presse contre mon cœur. Quels doux souvenirs tu me rappelles ! Oui, les voilà ces traits nobles et cette figure aimable qui distinguaient ton père.

Mme BEAUMONT.

Pourquoi n'avoir pas mis votre habit de taffetas et votre veste brodée ? on ne fait pas des visites en frac.

DIDIER.

Mais, ma tante, pour m'habiller, il m'aurait fallu un peu de frisure ; c'est un quart d'heure au moins que j'aurais perdu. Non, je n'aurais jamais eu la patience d'attendre.

M. VERTEUIL.

J'aurais bien eu du regret aussi, je l'avoue, de

voir un quart d'heure plus tard cet excellent enfant.

Mme BEAUMONT.

Eh bien! monsieur, vous n'avez donc rien à nous dire, à votre sœur ni à moi? Vous ne nous avez pas seulement souhaité le bonjour.

DIDIER.

Daignez me pardonner, ma chère tante; j'étais si joyeux d'embrasser mon tuteur! (*A Léonor, en lui tendant la main.*) Tu ne m'en veux pas, Léonor?

LÉONOR, *sèchement*.

Non, monsieur.

M. VERTEUIL.

Veuillez l'excuser, madame, à ma considération. Je serais fâché d'être pour lui un sujet de reproche.

Mme BEAUMONT, *à part*.

Je n'y saurais tenir plus long-temps. (*A M. Verteuil.*) Voulez-vous bien permettre, monsieur? j'aurais quelques ordres à donner à la maison.

M. VERTEUIL.

Ne vous gênez pas, madame, je vous en supplie.

Mme BEAUMONT, *bas à Léonor*.

Est-ce que tu veux être témoin de leur insupportable entretien? (*Haut.*) Suivez-moi, Léonor, j'ai besoin de vous.

LÉONOR.

Non, ma tante; je resterai avec M. Verteuil, s'il a la bonté de me le permettre.

M. VERTEUIL.

Très-volontiers, mon enfant. (*Madame Beaumont sort avec un air de dépit.*)

SCÈNE XI.

M. VERTEUIL, LÉONOR, DIDIER.

M. VERTEUIL.

Eh bien! mon cher Didier, est-on content de toi dans ta pension?

DIDIER.

C'est à mon maître de vous le dire. Je ne me crois pourtant pas mal dans son amitié.

M. VERTEUIL.

Quelles sont à présent tes études?

DIDIER.

Le grec et le latin, d'abord; ensuite la géographie, l'histoire et les mathématiques.

LÉONOR, *à part*.

Voilà bien des choses dont je savais à peine le nom.

M. VERTEUIL.

Et y fais-tu quelques progrès?

DIDIER.

Oh! plus j'apprends, plus je vois que j'ai encore à m'instruire. Je ne suis pas le dernier de mes camarades, toujours.

M. VERTEUIL.

Et le dessin, la danse, la musique?

DIDIER.

De tout cela un peu aussi. Je m'applique davantage dans cette saison à la musique et au dessin, parce que le maître dit qu'il ne faut pas faire trop d'exercice dans l'été. En revanche, pendant l'hiver, je pousse plus vigoureusement la danse, parce que l'exercice convient mieux alors.

M. VERTEUIL.

Voilà qui me paraît fort bien entendu.

DIDIER.

D'ailleurs, je ne peux pas y donner beaucoup de temps. Je ne m'en occupe guère que dans mes heures de récréation, ou après avoir fini mes devoirs. L'essentiel, dit le maître, est de former mon cœur, et d'enrichir mon esprit de belles connaissances; pour vivre honorablement dans le monde, me rendre utile à mon pays et à mes semblables, et devenir heureux moi-même par ce moyen.

M. VERTEUIL *le prenant dans ses bras.*

Embrasse-moi, mon cher Didier.

LÉONOR, *à part.*

Si c'est là l'essentiel, ma tante l'a bien négligé.

DIDIER.

Oh! mon cher M. Verteuil, je ne suis pas tout-à-fait si bon que vous l'imagineriez peut-être.

M. VERTEUIL.

Comment cela, mon ami?

DIDIER.

Je suis un peu étourdi, un peu dissipé. Par exemple, je brouille quelquefois mes heures, et je fais dans l'une ce que j'aurais dû faire dans l'autre; j'ai de la peine à me corriger de quelques mauvaises habitudes; et je retombe par légèreté dans des fautes qui m'ont causé dix fois du repentir.

M. VERTEUIL.

Et y retomberas-tu encore?

DIDIER.

Vraiment non, si j'y pense; mais j'oublie presque toujours mes bonnes résolutions.

M. VERTEUIL.

Je suis fort aise, mon ami, que tu remarques toi-même tes défauts. Reconnaître ses défauts est le premier pas vers le bien. Qu'en penses-tu, Léonor?

LÉONOR.

Je pense que je ne suis ni étourdie, ni dissipée, et que je n'ai pas les défauts de mon frère.

M. VERTEUIL.

D'autres, peut-être?

LÉONOR.

Ma tante ne m'en a jamais rien dit.

M. VERTEUIL.

Elle devrait être la première à les apercevoir. Mais la tendresse nous aveugle quelquefois sur les imperfections de nos amis. Je ne dis pas cela pour te fâcher.

LÉONOR, *à part*.

Le vilain homme! il flatte mon frère, et il n'a que des choses désagréables à me dire.

M. VERTEUIL.

Restez ici, mes enfans; je vais voir si mon domestique a tiré mes effets de ma valise. J'ai quelque chose pour vous, et je serai bientôt de retour. (*Il sort.*)

DIDIER.

Oui, oui, nous vous attendons. Ne tardez pas long-temps.

SCÈNE XII.

LÉONOR, DIDIER.

LÉONOR.

Il peut garder ses cadeaux. Ce sont de belles choses, je crois, qu'il nous apporte.

DIDIER.

Que dis-tu, Léonor? Tout ce que tu as dans ton appartement et sur ta personne, ne te vient-il pas de notre cher bienfaiteur? Ah! quand il ne me donnerait qu'une bagatelle, je serais toujours sensible à sa bonté.

LÉONOR.

Non, je suis si dépitée contre lui, contre moi, contre ma tante!... Je crois que je battrais tout l'univers.

DIDIER.

Comment? et moi aussi? Qu'as-tu donc, ma pauvre sœur? (*Il lui prend la main.*)

LÉONOR.

Si tu avais été aussi maltraité!

DIDIER.

Toi, maltraitée? Et par qui? ma tante ne te laisse pas prendre l'air, de peur de t'enrhumer; et je crois qu'elle mettrait volontiers la main sous tes pieds, pour t'empêcher de toucher la terre.

LÉONOR.

Oui; mais M. Verteuil! c'est un homme si grossier!

DIDIER.

Comme tu parles, ma sœur? Il est au contraire si indulgent, si bon!

LÉONOR.

Je n'ai rien fait à sa fantaisie : mon chant, mon dessin, ma danse, tout cela n'est rien pour lui, il méprise ce que je fais, et me parle de choses essentielles que j'aurais dû apprendre.

DIDIER.

Écoute; je crois qu'il a raison.

LÉONOR.

Il a raison? et ma tante, elle a tort, n'est-ce pas? Qu'est-ce qu'il entend par ses choses essentielles?

DIDIER.

Je peux te le dire sans être bien savant.

LÉONOR.

Oh! oui, toi; qu'est-ce donc?

DIDIER.

Dis-moi, Léonor, lis-tu quelquefois?

LÉONOR.

Sans doute, quand j'ai le temps.

DIDIER.

Et que lis-tu, alors ?

LÉONOR.

Des comédies pour aller au spectacle, ou un gros recueil de chansons pour les apprendre par cœur.

DIDIER.

Vraiment, voilà de bonnes lectures pour ton âge! Crois-tu qu'il n'y ait pas de livres plus instructifs?

LÉONOR.

Quand il y en aurait, où trouver un moment pour les lire? Ma toilette du matin et mon déjeûner m'occupent jusqu'à dix heures. Ensuite vient le maître de danse jusqu'à onze; après lui le maître de dessin. Nous dînons. A quatre heures ma leçon de musique; et puis je m'habille pour le soir; puis nous allons faire des visites, ou nous en recevons; et puis nous voilà au bout de la journée.

DIDIER.

Est-ce tous les jours la même chose?

LÉONOR.

Sans contredit.

DIDIER.

Oh bien! mon maître a des filles, grandes à peu près comme toi; mais leur temps est tout autrement partagé que le tien.

LÉONOR.

Comment donc, mon frère?

DIDIER.

D'abord à six heures, l'été, à sept heures, l'hiver, elles sont habillées pour tout le jour.

LÉONOR.

Elles ne dorment donc point, ou elles sont assoupies dans la journée?

DIDIER.

Elles sont plus éveillées que toi. C'est qu'elles se couchent à dix heures.

LÉONOR.

A dix heures au lit?

DIDIER.

Sûrement; pour se lever de bonne heure le lendemain. Tandis que tu dors encore, elles ont déjà reçu des leçons de géographie, d'histoire et de calcul. A dix heures elles prennent l'aiguille ou la navette; et, vers midi, elles s'occupent avec leur mère de tous les détails de la maison.

LÉONOR, *d'un air de mépris.*

Est-ce qu'on en veut faire des femmes de charge?

DIDIER.

J'espère qu'une si bonne éducation leur procurera un sort plus heureux. Mais ne doivent-elles pas savoir commander aux domestiques, ordonner un repas, conduire un ménage?

LÉONOR.

Et l'après-midi, s'occupent-elles encore?

DIDIER.

Pourquoi non? Elles ont leur écriture et leur clavecin. Le soir on se rassemble autour d'une table; et l'une d'elles lit à haute voix les *Conversations d'Émilie* ou le *Théâtre d'Éducation*, tandis que les autres travaillent au linge du ménage ou à leurs ajustemens.

LÉONOR.

Elles ne prennent donc jamais de récréation?

DIDIER.

Que dis-tu? elles s'amusent mieux que des reines. Tous ces travaux sont entremêlés de petits jeux, d'entretiens agréables. Elles rendent aussi et reçoivent quelquefois des visites ; mais toujours leur sac à ouvrage à la main. Je ne les ai jamais vues oisives un moment.

LÉONOR.

Ah! c'est apparemment ce qu'entendait M. Verteuil. Ma tante dit cependant que c'est une éducation commune, qui ne convient qu'à des enfans de bourgeois.

DIDIER.

Oui! comme nous le sommes. Mais quand elles seraient de condition, ces instructions-là ne leur seraient pas inutiles. Il faut bien qu'elles connaissent le travail d'une maison, pour le faire exécuter par leurs domestiques. Si elles n'y entendent rien, tout le monde s'accordera pour les tromper; et plus elles seront riches, plus tôt elles seront ruinées.

LÉONOR.

Tu m'épouvantes, mon frère. J'ignore absolument tout cela. A peine sais-je manier une aiguille. Cependant je viens d'apprendre que nous n'avons rien que ce que nous tenons de M. Verteuil.

DIDIER.

Tant pis, ma chère Léonor; car s'il venait à nous abandonner, ou si nous avions le malheur de le perdre... Mais peut-être que ma tante est riche!

LÉONOR.

Oh! non, elle ne l'est pas; elle me l'a dit tout à l'heure. A peine aurait-elle de quoi vivre elle-même. Que deviendrions-nous tous les deux?

DIDIER.

Je serais un peu embarrassé d'abord. Mais je mettrais ma confiance en Dieu, et j'espère qu'il ne m'abandonnerait pas. Il se trouve toujours des personnes généreuses dont nous gagnons l'amitié par nos talens, et qui se font un plaisir de nous employer. Par exemple, dans quelques années, lorsque je serais un peu plus avancé dans ce que j'apprends, je pourrais montrer à des enfans moins instruits que moi ce que je saurais. Je m'instruirais tous les jours davantage, et, avec du courage et de la conduite, l'habitude du travail et de l'application, on s'ouvre tôt ou tard un chemin pour arriver à la fortune.

LÉONOR.

Et moi, que me serviraient mon chant et mon clavecin, mon dessin et ma danse? Je mourrais de misère avec ces vaines perfections.

DIDIER.

Voilà pourquoi notre tuteur demandait si l'on ne t'avait pas fait apprendre des choses plus utiles que celles qui ne servent qu'au plaisir et à l'agrément.

LÉONOR.

Oui, et quelquefois au chagrin; car lorsque je danse, ou que je fais de la musique dans la société, et si l'on ne me donne pas autant de louanges que je m'en crois digne, je suis d'une humeur..... Je t'avouerai que je m'y ennuie aussi fort souvent.

DIDIER.

Et de quoi vous entretenez-vous donc?

LÉONOR.

De modes, de parure, de comédies, de promenade, d'histoire de la ville. Nous répétons dans une maison ce que nous avons appris dans l'autre; mais tout cela est bientôt épuisé.

DIDIER.

Je le crois. Ce sont des sujets bien pauvres, quand on pense à tout ce que la nature offre d'admirable à nos yeux, et à tout ce qui se passe autour de nous dans la grande société de l'univers. Voilà les objets dignes de nous occuper, et qui peuvent nous apprendre à réfléchir sur nous-mêmes.

LÉONOR.

Tu viens de m'en convaincre. Quoique plus jeune de deux ans, tu es déjà bien plus formé que moi. Oh! combien ma tante a négligé de choses utiles dans mon éducation!

SCÈNE XIII.

Mme BEAUMONT, LÉONOR, DIDIER.

Mme BEAUMONT, *qui a entendu les dernières paroles de Léonor.*

Et quelles sont donc les choses utiles que j'ai négligées dans ton éducation, petite ingrate? Mais je m'aperçois que c'est ce vaurien de Didier?

DIDIER.

Votre serviteur très-humble, ma chère tante; je vais rejoindre M. Verteuil dans son appartement. (*Il sort.*)

SCÈNE XIV.

Mme·BEAUMONT, LÉONOR.

Mme BEAUMONT.

Ce petit coquin! Son tuteur une fois parti, qu'il s'avise de remettre le pied dans ma maison! Mais Qu'est-ce donc qu'il t'a conté, pour te faire croire que ton éducation était négligée?

LÉONOR.

Cela est vrai aussi, ma tante. Les connaissances essentielles qu'une jeune personne bien élevée doit posséder, m'en avez-vous fait instruire?

Mme BEAUMONT.

Eh! ma divine Léonor! que manque-t-il à tes perfections, toi qui es la fleur de toutes nos jeunes demoiselles?

LÉONOR.

Oui, je sais les choses qui ne sont propres qu'à m'inspirer de la vanité; mais celles qui ornent l'esprit : la géographie, l'histoire, le calcul, en ai-je seulement une idée?

Mme BEAUMONT.

Pédanterie que tout cela! je serais au désespoir de t'avoir fait rompre la tête de ces balivernes. Elles ne sont bonnes, tout au plus, que pour un écolier de latin. As-tu jamais entendu rien de pareil dans les cercles de femmes où je te mène?

LÉONOR.

J'en conviens. Mais pourquoi, du moins, ne m'avoir pas fait connaître les travaux dont une personne de mon sexe doit s'occuper? Sais-je manier l'aiguille ou la navette? serais-je en état de conduire un ménage?

Mme BEAUMONT.

Aussi n'ai-je pas voulu faire de toi une marchande de modes ou une Cendrillon.

LÉONOR.

Mais si nous venions à perdre M. Verteuil, si je tombais dans la misère, quelles seraient mes ressources pour gagner ma vie?

Mme BEAUMONT.

Oh! s'il ne tient qu'à cela, je puis, d'un seul mot, calmer tes inquiétudes. L'argent ne te manquera jamais; tu nageras dans l'abondance. J'ai si bien tourmenté M. Verteuil pour qu'il t'instituât son héritière, qu'il va faire aujourd'hui son testament en ta faveur. Mais le voici qui vient lui-même. Je te laisse avec lui Il veut t'instruire de ses dispositions. (*Elle sort.*)

SCÈNE XV.

M. VERTEUIL, LÉONOR, DIDIER.

DIDIER, *courant à Léonor.*

Tiens, tiens, ma sœur, regarde. (*Il lui fait voir une montre.*)

LÉONOR.

Comment! une montre d'or.

DIDIER.

Oui, comme tu vois. O M. Verteuil! je suis transporté de plaisir. Permettez-vous que j'aille la faire voir à mon maître? Je cours, et je reviens comme le vent.

M. VERTEUIL.

Je le veux bien. Dis-lui que je ne te l'ai pas donnée pour flatter puérilement ta vanité; mais pour t'apprendre à distinguer les heures de tes exercices et t'empêcher de les confondre.

DIDIER.

Oh! cela ne m'arrivera plus maintenant.

M. VERTEUIL.

Demande-lui congé pour la journée, et annonce-lui ma visite dans l'après-midi.

DIDIER.

Fort bien, fort bien. (*Il sort en courant.*)

SCÈNE XVI.

M. VERTEUIL, LÉONOR, *qui paraît triste et pensive.*

M. VERTEUIL.

Qu'as-tu donc, ma chère Léonor? Pourquoi cet air abattu?

LÉONOR.

Ce n'est rien, monsieur, rien du tout.

M. VERTEUIL.

Es-tu fâchée de ce que ton frère a une montre?

LÉONOR.

Elle lui durera long-temps, je crois! Il saura bien comment la gouverner.

M. VERTEUIL.

Je viens de lui en apprendre la manière, et ce n'est pas difficile. Tu sais qu'il en avait grand besoin.

LÉONOR, *d'un ton ironique.*

Certainement! je n'en ai pas besoin, moi.

M. VERTEUIL.

Je l'ai pensé. Il y a une pendule dans la maison.

LÉONOR.

Cependant mes égales ont aussi des montres dans notre société.

M. VERTEUIL.

Tant mieux; tu pourras leur demander l'heure qu'il est.

LÉONOR.

Et quand les autres me le demanderont, à moi, je pourrai leur dire que je n'en sais rien.

M. VERTEUIL.

Léonor! Léonor! Tu es une petite envieuse. Mais, pour te faire voir que je ne t'ai pas oubliée.... (*Il lui donne un étui.*)

LÉONOR, *en rougissant.*

O M. Verteuil!

M. VERTEUIL.

Eh bien! tu ne sais pas l'ouvrir? (*Il l'ouvre lui-même, et en tire des boucles d'oreilles de diamans.*) Es-tu contente, à présent?

L'AMI DES ENFANS.

LÉONOR.

Oh! si vous étiez aussi content de moi!

M. VERTEUIL.

Je ne puis te cacher que je ne le suis pas tout-à-fait. Nous voilà seuls; il faut que je te parle avec franchise. Ma chère tante n'a rien épargné pour te procurer des talens agréables; je reconnais, à ces soins, son goût et sa tendresse. J'aurais seulement désiré qu'elle se fût occupée de t'en donner en même temps de plus solides.

LÉONOR.

Mon frère me l'a déjà fait sentir. Mais qui pourrait m'instruire de ce que j'ignore?

M. VERTEUIL.

Je connais une digne personne qui prend en pension de jeunes demoiselles pour les former dans tout ce qui convient à ton âge et à ton sexe.

LÉONOR.

Ma tante m'a pourtant dit que vous me mettriez en état de n'en avoir pas besoin.

M. VERTEUIL.

J'entends. Eh bien! je te laisse la liberté de suivre le genre de vie qu'elle t'a fait prendre, puisqu'il s'accorde avec tes goûts. Repose-toi sur ma tendresse. Après ma mort tu posséderas tous mes biens.

LÉONOR.

Tous vos biens, M. Verteuil?

M. VERTEUIL.

Oui, Léonor. Hélas! je crains qu'ils ne puissent encore suffire pour t'empêcher de vivre dans la misère.

LÉONOR.

Que me dites-vous?

M. VERTEUIL.

Es-tu en état de te rendre à toi-même le plus léger service? de travailler de tes mains; je ne dis pas à la moindre partie de ta parure, mais à tes premiers vêtemens?

LÉONOR.

Je ne l'ai jamais appris.

M. VERTEUIL.

Il te faudra donc sans cesse autour de toi une foule de personnes pour suppléer à ton ignorance et à ta paresse. Es-tu assez riche du bien de ton père pour les soudoyer?

LÉONOR.

Vous m'avez dit que non, M. Verteuil.

M. VERTEUIL.

D'ailleurs, quand viendra l'âge de t'établir, quel est l'homme raisonnable qui te prendrait pour des talens frivoles, inutiles à son bonheur? Tu ne peux être recherchée que par rapport à la fortune dont tu apporterais la possession avec ta main. Ainsi, je me vois de plus en plus dans la nécessité de t'assurer la mienne.

LÉONOR.

Mais, mon frère Didier?

M. VERTEUIL.

Il faudra bien qu'il se contente de ce que je ferai pour lui pendant ma vie, et de ce que tu voudras bien faire toi-même en sa faveur après ma mort. Qu'il s'instruise dans tous les moyens honorables de se former un état; je lui en ai donné un exemple, il n'a qu'à le suivre. Je te laisse réfléchir sur mes intentions; je veux les communiquer à ton frère aussitôt qu'il sera de retour. (*Il sort.*)

SCÈNE XVII.

LÉONOR, *seule.*

Oh! quelle joie, héritière de tous les biens de M. Verteuil! Voilà ce que ma tante désirait avec tant d'ardeur. Je voudrais bien savoir ce que va dire mon frère. Il sera jaloux; mais je ne l'oublierai pas, certainement, pourvu qu'il me reste encore quelque chose après tous mes besoins. J'entends M. Verteuil qui revient avec lui. Je vais me cacher dans ce cabinet pour les écouter. (*Elle sort, sans être aperçue de M. Verteuil, ni de son frère.*)

SCÈNE XVIII.

M. VERTEUIL, DIDIER.

M. VERTEUIL.

Ton maître est donc bien aise que je t'aie fait ce cadeau?

DIDIER.

Oui, mon cher tuteur, il en est enchanté; mais pour moi, cela me fait de la peine, à présent.

M. VERTEUIL.

Pourquoi donc, mon ami?

DIDIER.

La pauvre Léonor! Elle est peut-être fâchée de ce que j'ai une montre, et de ce qu'elle n'en a point. Je ne voudrais pas vous paraître indifférent pour vos bienfaits; mais si j'osais vous prier.....

M. VERTEUIL.

Généreux enfant; va, sois tranquille. Elle a reçu des boucles d'oreilles qui valent deux fois ta montre.

DIDIER.

O mon cher M. Verteuil! combien je vous remercie!

M. VERTEUIL.

Et je ne bornerai pas à ces bagatelles les témoignages de mon amitié.

DIDIER.

Ah! tant mieux! tant mieux!

M. VERTEUIL.

Je vois avec regret que son éducation n'est propre qu'à lui préparer des chagrins.

DIDIER.

Oui, ma chère tante imagine qu'un peu de dessin, de danse et de musique, est tout ce qu'il y a de nécessaire dans le monde pour être heureux.

M. VERTEUIL.

C'est à de frivoles agrémens qu'elle sacrifie le soin de cultiver son esprit, et d'inspirer à son cœur les vertus qui peuvent seules lui attirer une véritable considération. Comme la raison de Léonor a été négligée, elle se contente aujourd'hui de quelques malins applaudissemens par lesquels on se joue de sa vanité. Mais lorsque, dans le progrès des années, elle verra combien d'instructions utiles, et quel temps précieux elle a perdus, c'est alors qu'elle rougira d'elle-même, et qu'elle maudira ses lâches flatteurs, qui paieront sa haine par leurs railleries et leurs mépris.

DIDIER.

Oh! mon Dieu, vous me faites frémir pour elle.

M. VERTEUIL.

Et puis, qui voudra se charger d'une femme remplie d'orgueil et dépourvue de connaissances, qui, loin de pouvoir établir l'ordre et l'économie dans une maison, renverserait la fortune la mieux assurée, par le goût du luxe et une profonde incapacité; également indigne de l'estime de son époux, de l'attachement de ses amis, et du respect de ses enfans? Il faudra donc qu'elle demeure sur la terre, étrangère à tout ce qui l'entoure. Que deviendra-t-elle alors sans mes secours?

DIDIER.

Oh! je vous en conjure, ne lui retirez pas vos bontés!

M. VERTEUIL.

Non; je veux au contraire assurer dès aujourd'hui son destin.

DIDIER.

Oui, mon cher monsieur Verteuil, procurez-lui une éducation plus soignée. Elle ne manque point d'intelligence, et j'ose vous répondre de la bonté de son cœur.

M. VERTEUIL.

Je le voudrais; mais, dans son amollissement, pourra-t-elle adopter des principes plus sévères? Non, je vois qu'il vaut mieux m'occuper d'elle pour le temps où je ne serai plus.

DIDIER.

Ne me parlez point de ce malheur, je vous prie. Les larmes me viennent aux yeux d'y penser. Non, vous vivrez encore long-temps pour notre avantage; le ciel ne voudra pas nous ravir si tôt un second père.

M. VERTEUIL.

Je suis sensible à ta tendresse; mais la prévoyance de la mort n'en avance point le moment fatal. Le sort de ta sœur me cause de plus vives inquiétudes. Enfin, j'ai résolu de lui laisser tout ce que je possède, pour qu'elle ait au moins de quoi se préserver de l'indigence.

DIDIER, *lui prenant la main.*

Oh! je vous remercie mille et mille fois. Combien je me réjouis! Irai-je lui annoncer cette heureuse nouvelle? Mais, non, il vaut mieux qu'elle l'ignore. Qu'elle apprenne d'abord des choses utiles, comme si elle devait vivre de son travail; elle en saura gouverner plus sagement sa fortune. O ma chère sœur! je puis donc espérer de te voir heureuse!

M. VERTEUIL.

Tu es un bien digne enfant! Ta raison ne me

charme pas moins que ta générosité. Viens, mon cher Didier, que je t'embrasse. — Moi, ne te rien laisser, et donner tout à ta sœur! Comment pourrais-je commettre une telle injustice? Cette pensée était bien loin de mon esprit; je voulais seulement te mettre à l'épreuve. C'est toi qui seras mon héritier universel; et je cours faire mon testament à ton avantage.

DIDIER.

Non, non, monsieur Verteuil; gardez vos premières intentions. Laissez tout à ma sœur; j'en deviendrai plus studieux et plus appliqué. J'acquerrai des talens utiles; je serai un honnête homme; avec cela, je ne suis pas inquiet de mon avancement.

M. VERTEUIL.

Rassure-toi sur le compte de Léonor; je lui laisserai un petit legs, pour qu'elle ne manque jamais du nécessaire.

DIDIER.

Eh bien! faisons un échange. Le petit legs à moi, comme un souvenir de votre amitié, et le reste pour ma sœur.

SCÈNE XIX.

M. VERTEUIL, DIDIER, LÉONOR, *qui s'élance hors du cabinet, et court se jeter au cou de son frère.*

LÉONOR.

O mon frère, mon cher Didier! ai-je mérité de ta part?...

DIDIER.

Tout, ma chère Léonor, si tu veux répondre à mes souhaits, et à ceux de notre digne bienfaiteur.

LÉONOR.

Oui; je le ferai. Je vois combien la différence de notre éducation a élevé ton âme au-dessus de la mienne, quoique je sois l'aînée... Disposez de moi, monsieur Verteuil, selon votre amitié. Je veux aussi m'instruire, et prendre mon frère pour modèle.

M. VERTEUIL.

Tu feras ton bonheur, si tu persistes dans cette sage résolution. Mais d'où naît ce changement dans tes idées?

LÉONOR.

Ah! je viens d'entendre les vœux de Didier. Son noble désintéressement, son sacrifice généreux, j'ai tout entendu. Je n'ai plus contre lui aucun sentiment de jalousie. Il sera toujours mon guide et mon meilleur ami.

DIDIER.

Oui, ma sœur, je veux l'être; j'en ferai toute ma gloire, tout mon plaisir.

M. VERTEUIL.

De quels doux sentimens vous me pénétrez l'un et l'autre! O chers enfans! je ne sens plus de regret de n'en avoir pas un moi-même. Vous êtes dans mon cœur comme si je vous avais donné le jour. Je crois voir votre père qui, du haut du ciel, tressaille de joie de m'avoir laissé ces gages de sa tendresse. (*Léonor et Didier lui serrent les mains, et les arrosent de larmes.*)

LÉONOR.

Ne perdons pas un moment, mon cher bienfaiteur. Où est la personne dont vous m'avez parlé pour une meilleure éducation.

M. VERTEUIL.

Je te la ferai bientôt connaître. Je me propose de passer encore quelques jours auprès de vous, pour préparer loin de l'esprit de votre tante à seconder mes desseins. Il faut être bien attentifs à ne pas l'offenser; elle mérite toujours vos respects et votre reconnaissance. Elle s'est méprise, Léonor, sur le véritable objet de ton bonheur; mais ses plus vifs désirs n'en étaient pas moins de te rendre heureuse.

LÉONOR.

Oui, je le sens; mais je renonce dès aujourd'hui à toutes les futilités dont elle m'avait occupée. Plus de musique, de danse, ni de dessin.

M. VERTEUIL.

Non, ma chère amie; cultive toujours ces talens aimables; songe seulement qu'ils ne forment pas tout le mérite d'une femme. Ils peuvent la faire recevoir avec agrément dans la société, la délasser des travaux de sa maison, et lui en faire aimer le séjour; ajouter un lien de plus à l'attachement de son mari, la guider dans le choix des maîtres qu'elle donne à ses enfans, et accélérer leurs progrès. Ils ne sont dangereux pour elle que lorsqu'ils lui inspirent une vanité ridicule, qu'ils lui donnent le goût de la dissipation et du mépris pour les fonctions essentielles de son état. Ce sont des fleurs dont il ne faut pas ensemencer tout son domaine, mais qu'on peut élever, pour ses plaisirs, à côté du champ qui produit d'utiles moissons.

LA BONNE MÈRE.

Imitation d'un sonnet de Filicaja, poëte italien.

Vois la tendre mère entourée
Des enfans qu'elle a mis au jour!
Auprès d'eux, son âme enivrée
Tressaille et de joie et d'amour.
Avec douceur sa main légère,
En flattant l'un, donne à son frère
Une étreinte contre son cœur :
L'autre sur ses genoux s'élance ;
Son bras l'aide ; un pied qu'elle avance
Sert encor de siége à sa sœur.

Dans un regard, une caresse,
Dans leurs baisers, dans leurs soupirs,
Son cœur sait lire avec adresse
Tous leurs mille petits desirs.
Ils parlent tous. Et, sans rien dire,
Elle répond par un sourire
A leurs mots demi-prononcés.
Elle veut prendre un air sévère,
Et l'on voit combien elle est mère
Dans ses yeux même courroucés.

C'est ainsi que la Providence
Veille sur le sort des humains,
Et que son amour leur dispense
Les trésors ouverts dans ses mains.
Les grands, les maîtres de la terre,
Le pauvre en son humble chaumière,
Elle écoute tous les mortels;
Et sa bonté constante et sûre
Partage à toute la nature
Ses dons et ses soins paternels.

Que jamais l'honneur ne l'accuse
D'indifférence ou de rigueur,
Si quelquefois elle refuse
Une grâce chère à son cœur;
Ce n'est que pour nourrir ton zèle
Et pour le rendre plus fidèle
Qu'elle diffère à t'exaucer;
Ou plutôt sa bonté suprême
Te fait une grâce, alors même
Qu'elle semble te refuser.

Par M. BONNEVILLE.

PERSONNAGES.

JÉROME GUÉRIN, laboureur.
NICOLE GUÉRIN, sa femme.
COLETTE, leur fille.
BARBE, mère d'Isidore.
ISIDORE.
CHARLES GUÉRIN, capitaine de cavalerie, fils de Jérôme.
BONIFACE, magister.
UN SERGENT DES RECRUES.
DES SOLDATS.
DES PAYSANS.

La scène est sous un berceau, devant la chaumière de Jérôme Guérin.

LE BON FILS.

Drame.

ACTE PREMIER.

SCÈNE PREMIÈRE.

ISIDORE.

Je ne l'ai pas vue hier de toute la journée. Il y a plus d'un an que je n'avais passé un jour entier sans la voir. Que peut-il donc lui être arrivé? Tout est paisible dans sa cabane. Ah! Colette, peux-tu dormir tranquille lorsque tu sais combien je dois souffrir?..... Est-ce qu'elle ne m'aime plus? est-ce qu'elle en aimerait un autre que moi? Ah! Colette! Colette!

SCÈNE II.

ISIDORE, COLETTE.

COLETTE, *en le contrefaisant.*
Ah! Isidore! Isidore!... Allons, me voici.

ISIDORE.

Vous voilà bien joyeuse, Colette!

COLETTE.

Es-tu fâché que j'aie du plaisir à te voir?

ISIDORE.

Vous n'en auriez pas eu hier, sans doute; et c'est ce qui vous a fait manquer au rendez-vous.

COLETTE.

Eh bien! vas-tu me gronder? Crois-tu que je n'aie pas autant souffert que toi?

ISIDORE.

Oh! c'est-il bien vrai, Colette? Je suis à présent aussi joyeux que j'étais fâché tout à l'heure. Mais, qu'est-ce qui t'a donc empêché de venir?

COLETTE.

Tu sais que c'était hier le premier jour du mois, et que les lettres de mon frère arrivent toujours, sans manquer, ce jour-là.

ISIDORE.

Eh bien?

COLETTE.

Je cours sur les quatre heures à la poste voisine pour chercher la lettre, la porter à mon père, et t'aller trouver. On me dit à la poste d'attendre, et que le courrier ne peut tarder. J'attends en m'impatientant. Mon père, inquiet de mon retard, arrive bientôt après. Au bout d'un quart d'heure survient aussi ma mère; pouvais-je les quitter? Nous attendons encore. Le soir approche. On nous dit que le courrier n'arrivera que dans la nuit. Nous nous retirons bien affligés. Fallait-il laisser mon père et ma mère se désoler tout seuls, pour courir après toi? Là, voyons, pouvais-je le faire?

ISIDORE.

Non; tu as toujours raison; je ne te gronde plus. Mais pourquoi ces airs d'impatience? où veux-tu donc aller?

COLETTE.

Voir si la lettre est arrivée. Mon père et ma mère sont dans une inquiétude terrible. Ils aiment tant mon frère, et mon frère les aime tant!

ISIDORE.

Et toi, Colette, m'aimes-tu bien aussi?

COLETTE.

Mon frère qui n'était que simple soldat, et qui est devenu capitaine!

ISIDORE.

Oui, Colette; mais...

COLETTE.

Qui a aujourd'hui cinquante, cent, deux cents cavaliers à ses ordres.

ISIDORE.

Il est bien heureux, ton frère.

COLETTE.

Qu'il doit avoir bonne grâce sur son cheval, avec son uniforme en or! Oh! c'est une belle chose, Isidore, que d'être capitaine! Conçois-tu bien cela?

ISIDORE.

Hélas! je ne le conçois que trop bien. Il va peut-être maintenant rougir de me voir entrer dans sa famille, moi qui n'ai ni uniforme en or, ni deux cents cavaliers à mes ordres.

COLETTE.

Non, Isidore, ne te rends pas malheureux par tes craintes. Mon frère honore et respecte l'état où mon père a vécu soixante ans. C'est l'état qu'il aurait eu lui-même, si l'on n'était venu l'enlever à la charrue. Il ne choisira pas dans un autre état un époux à sa sœur.

ISIDORE.

Ah! Colette, que tu me ravis!

SCÈNE III.

JÉROME, COLETTE, ISIDORE.

JÉRÔME.

Est-tu déjà de retour? Où est cette lettre? Voyons.

COLETTE.

Mon père, je ne suis pas encore allée à la poste.

JÉRÔME.

Et tu restes là à jaser?

COLETTE.

J'allais partir; j'y cours de toutes mes jambes. Viens avec moi, Isidore.

JÉRÔME.

Oui, c'est le moyen d'être bientôt de retour. Allez ensemble; mais ne vous amusez pas en chemin. Colette, tu diras, en passant, au magister Boniface de venir me lire la lettre que tu nous rapporteras.

SCÈNE IV.

JÉROME.

Que ce courrier me donne de chagrin par son retardement! Je n'ai pu me tranquilliser de toute la nuit, ni consoler ma pauvre femme. Ah! mon cher fils, que ta tendresse nous cause tour à tour de plaisir et d'inquiétude!

SCÈNE V.

JÉROME, NICOLE.

NICOLE.

Eh bien! cette lettre ne vient donc point? Je ne sais quelle crainte me tourmente.

JÉRÔME.

Ne t'impatiente pas, ma chère femme, nous allons recevoir de ses nouvelles. Nous le reverrons bientôt lui-même, j'en suis sûr. Ah! je le demande tous les jours à Dieu.

NICOLE.

Il est soldat, mon ami; un soldat n'est pas sûr un moment de sa vie. Combien cela me désole! Souvent, lorsqu'on nous lit ses lettres, et que tu crois que je pleure de joie, c'est de chagrin que je pleure. Il me vient en pensée que c'est peut-être sa dernière. Et cet argent qu'il nous envoie toujours, je ne puis y toucher que mon cœur ne se serre.

C'est avec cet argent, me dis-je à moi-même, que le roi paie son sang; et nous, qui sommes ses père et mère, nous pouvons le prendre et le dépenser à nous donner nos aises! Ah! mon ami, quand aurons-nous la paix?

JÉRÔME.

On dit qu'elle est déjà faite, et même que les régimens s'en retournent dans leurs quartiers.

NICOLE.

Ah! si c'était vrai!

JÉRÔME.

Cela est sûr, ma chère femme; tu peux y compter. Nous aurons la paix avant que nous nous en doutions; et alors notre Charlot viendra en garnison dans quelque ville voisine; et nous, nous irons nous y promener une fois la semaine.

NICOLE, *avec transport.*

Ah! deux, trois fois, mon ami! Une fois n'est pas assez. Quelle joie de le voir! Mais qui sait si nous le reconnaîtrons!

JÉRÔME.

Ah! je reconnaîtrai bien mon fils, peut-être!

NICOLE.

En habit d'officier, mon ami, tout galonné d'or, avec un ruban à la boutonnière, et une croix!

SCÈNE VI.

JÉROME, NICOLE, BONIFACE.

BONIFACE.

Bonjour, père Jérôme; bonjour, mère Nicole.

JÉRÔME et NICOLE.

Bonjour, notre magister. (*Ils le prennent par la main.*)

BONIFACE.

Eh bien! vous avez donc reçu des nouvelles de votre fils? Où est sa lettre, que je vous la lise?

JÉRÔME.

Nous ne l'avons pas encore reçue, et je suis dans une impatience...

BONIFACE.

Je le crois bien; quand ce ne serait que pour l'honneur de recevoir des nouvelles d'un capitaine. Mais comment diantre est-il parvenu jusque-là? Je n'en sais rien, moi; car vous m'avez soufflé sa dernière lettre, pour vous la faire lire par M. le bailli.

NICOLE.

Vous ne le savez donc pas, M. Boniface? Oh! conte-lui un peu cela, mon ami.

BONIFACE.

Oui, voyons, voyons. Contez-moi cela, père Jérôme.

JÉRÔME.

Tenez, mon cher M. Boniface, voici ce que c'est.

Dans la dernière bataille..... là..... près de..... je ne me souviens jamais du nom, tout son régiment était culbuté, la plupart des officiers tués ou blessés; mon fils avait reçu un coup de feu; mais il n'y fit pas attention. Il rassembla, comme il put, trois cents hommes (*avec plus de vivacité*), les mena à l'ennemi, tomba dessus le sabre à la main. Il eut un cheval tué sous lui; il s'en fit donner un autre, et il sortit du feu avec cinquante hommes. Son général vit tout cela, le nomma sur-le-champ capitaine, et lui donna la croix, en l'assurant qu'il aurait soin de sa fortune. — Oui, monsieur le magister, c'est comme je vous le dis; voilà ce que mon fils a fait.

BONIFACE.

Oh! c'est un brave garçon! je m'en étais déjà aperçu lorsqu'il était à l'école. Quand les enfans du village jouaient entre eux, c'était toujours Charlot qui menait la bande; lorsqu'ils avaient des querelles, c'était toujours lui qui frappait le plus fort. C'était déjà en lui, père Jérome : cela lui est tout naturel.

JÉRÔME, *en riant.*

N'est-ce pas?

SCÈNE VII.

JÉROME, NICOLE, COLETTE, BONIFACE.

COLETTE, *en courant.*

Mon père! mon père! voici la lettre, la voici! Voici aussi votre argent du moins. Il y a douze écus.

JÉRÔME.

Un louis, veux-tu dire?

COLETTE.

Non, non, le maître de la poste y a regardé deux fois. Douze écus.

JÉRÔME.

Le bon Charlot! Je peux bien vivre avec un louis, peut-être.

COLETTE.

Et du vin encore, mon père! Le marchand de vin qui a un gros nez rouge-bleu, s'est trouvé en même temps que moi à la poste. Il venait de recevoir l'ordre de vous en livrer un panier tout plein. Isidore est allé le chercher.

BONIFACE.

Un panier tout plein?

JÉRÔME.

Il y aura quelque chose de cela pour vous, M. Boniface. Mais, il faut en attendant, que vous buviez avec moi le peu qui nous est resté du dernier, pendant que vous nous lirez la lettre. Va, ma bonne femme; apporte-nous de ce vin, et trois verres, avec quelque chose pour déjeûner. Et toi, Colette, donne ici une table et trois chaises; dépêche-toi.

NICOLE et COLETTE, *en s'en allant*.

Mais, au moins, ne lisez pas sans nous, je vous prie.

BONIFACE.

Soyez tranquilles. Est-ce que je sais lire à jeûn?

SCÈNE VIII.

JÉROME, BONIFACE, COLETTE, *qui va et vient.*

JÉRÔME.

Ouvrez toujours la lettre, M. le magister; nous ne la lirons pas pour cela. Je suis pourtant bien curieux de savoir ce qu'il dit de la paix, et s'il viendra bientôt.

BONIFACE.

De la paix, dites-vous? On en parle beaucoup; mais je ne saurais le croire. On enrôle toujours à force; et, ce matin même, ne vient-il pas d'arriver un sergent avec quelques soldats.

JÉRÔME.

Pour recruter?

BONIFACE.

Vraiment oui. Et s'ils allaient vous enlever le prétendu de votre fille! Prenez-y garde, père Jérôme, prenez-y garde; c'est un jeune drôle bien découplé.

COLETTE, *qui s'est approchée pour écouter.*

Oh! mon Dieu! que dites-vous, M. Boniface?

JÉRÔME.

Ne crains rien, ma fille; tu sais qu'il est exempt.

BONIFACE.

A la bonne heure. Mais ouvrons..... Quelle belle écriture a votre fils! Comme c'est propre et lisible! c'est pourtant à moi qu'il en a obligation. (*Il crache et commence à lire.*)

« MON TRÈS-CHER PÈRE. »

JÉRÔME, *avançant la tête vers le magister pour mieux entendre.*

O mon bon Charlot!

BONIFACE.

« Comme la paix vient d'être signée, c'est la dernière fois que je vous écris du camp pour......»

JÉRÔME.

Dieu soit loué! nous l'avons donc enfin la paix! Comme ma bonne femme va être bien aise!

BONIFACE, *lisant.*

« Pour vous envoyer l'argent du mois que vous avez bien voulu accepter. »

JÉRÔME.

Oui, mon fils.

BONIFACE, *lisant.*

« Ces jours passés, mon père, j'ai goûté le plus grand plaisir que j'ai jamais eu de ma vie. Il faut que je vous le conte. »

JÉRÔME, *avec joie.*

Ah! voyons! voyons!

BONIFACE, *lisant.*

« Mon général me fit l'honneur de m'inviter à sa table......»

JÉRÔME.

A sa table! mon Charlot à sa table! Ah! comme les autres auront ouvert de grands yeux! tous ces grands officiers! Eh, eh bien?

BONIFACE, *lisant.*

« Il s'entretint long-temps avec moi, et me donna, sur ma conduite, beaucoup de louanges que je ne mérite pas. Enfin, il me demanda de quelle maison j'étais, où j'étais né, qui était mon père. »

JÉRÔME, *riant.*

Comment ! jusqu'à s'informer de moi, son général ! Eh bien ! qu'est-ce qu'il lui a répondu ? Oh ! voyons vite, mon cher monsieur Boniface.

BONIFACE, *lisant.*

« Je lui dis le nom de notre village et le vôtre ; que vous étiez un pauvre laboureur, mais que je ne vous changerais pas pour tout autre au monde, malgré votre état. »

JÉRÔME, *levant les mains.*

Bonté divine ! Il me semble l'entendre.

BONIFACE, *lisant.*

« Mon général fut touché de mon amour pour vous. Il prit le verre qu'il avait devant lui, me porta votre santé en présence de toute la table, en m'ordonnant de vous le faire savoir, et de vous assurer de sa bienveillance. »

JÉRÔME, *sautant de joie.*

Oh ! cela est-il possible, M. Boniface ! Son général ! Quelque prince !

BONIFACE.

Oui, comme vous venez d'entendre, il a bu a votre santé.

JÉRÔME, *il court hors de lui-même vers la cabane, et*
s'écrie :

Femme ! femme ! laisse tout cela, ma chère femme. Viens vite ! viens vite !

NICOLE, *de l'intérieur de la cabane.*

Qu'est-ce que c'est, mon ami?

JÉRÔME.

Mais viens donc que je te conte; viens, te dis-je, viens donc.

SCÈNE IX.

JÉROME, BONIFACE, NICOLE.

JÉRÔME, *embrassant Nicole.*

Ah! ma bonne chère femme, quel fils tu m'as donné!

NICOLE, *posant sur la table le déjeûner, dont le magister s'empare sans faire semblant de rien.*

Qu'y a-t-il donc, mon cher homme? Je suis déjà toute tremblante d'aise? Avons-nous la paix?

JÉRÔME.

C'est bien autre chose! Oui, la paix; et notre fils a dîné à la table de son général; et son général s'est informé de notre village et de moi; et mon fils lui a répondu que je n'étais qu'un pauvre laboureur, mais qu'il ne me changerait pas pour tous les pères du monde. Ah! je pleure de joie! et là-dessus son général a bu publiquement à ma santé, et m'a fait assurer de sa bienveillance. (*Nicole frappe ses mains à plusieurs reprises.*) Oui, ma chère femme, il faut à présent que nous buvions à la santé de notre général. — Allons; toi, prends cela, femme; et vous, mon cher maître d'école, prenez celui-ci, et moi, celui-là. Choquons tous ensemble. (*Il ôte son chapeau.*) — (*Tous à la fois.*) Vive notre général!

BONIFACE.

Ma foi, il n'en boit pas de meilleur.

JÉRÔME.

Ecoutez donc, monsieur Boniface; il faudra, s'il vous plaît, que vous écriviez à mon fils, comme quoi j'ai pris ma revanche de son général; qu'il le remercie de ma part, et qu'il l'assure que je l'aime de tout mon cœur. N'y manquez pas, au moins. Il ne serait peut-être pas mal de lui écrire à lui-même en droiture.

BONIFACE.

Bon père Jérôme, y pensez-vous?

NICOLE.

Mais si la paix est faite, mon ami.

JÉRÔME.

Sans doute qu'elle est faite, puisque notre fils nous l'écrit.

NICOLE, *avec tendresse, s'appuyant sur le bras de Jérôme, et laissant éclater sa joie.*

Il reviendra donc bientôt, mon cher ami? Il ne manquera sûrement pas de venir nous voir. Nous le verrons donc enfin.

JÉRÔME.

Doucement, notre femme, nous allons entendre tout cela.

NICOLE.

Ah! s'il pouvait venir avant le mariage de Colette, ce serait un double plaisir.

JÉRÔME.

Patience, patience. M. Boniface aura la bonté de continuer.

NICOLE.

Oui, oui, continuez, je vous prie; peut-être qu'il nous apprendra quelque autre chose.

BONIFACE. *Il cherche, en se rasseyant, où il en est resté.*

Nicole passe de son côté, et lui prête attention.

De m'inviter à sa table.... Où en suis-je resté?... A votre santé.... En m'ordonnant.. Oui, c'est ici. « En m'ordonnant de vous le faire savoir, et de vous assurer de sa bienveillance. Il ne me fut pas possible de me contenir davantage, tant j'étais ému. Je m'élançai de ma place, etc.... »

SCÈNE X.

JÉROME, NICOLE, COLETTE, BONIFACE.

COLETTE, *sanglotant et criant.*

Au secours! au secours! mon père! les enrôleurs!

JÉRÔME.

Comment! qu'est-ce qu'il y a?

NICOLE, *courant avec inquiétude à Colette.*

Remets-toi donc, ma fille; qu'est-il arrivé?

COLETTE.

Les enrôleurs nous enlèvent Isidore.

BONIFACE.

Quoi! et le vin qu'il porte aussi?

NICOLE.

Oh Dieu ! quel malheur !

JÉRÔME.

De force ! à présent que la paix est faite ! Il faut qu'il y ait quelque coquinerie là-dessous.

COLETTE.

Mais allez donc, mon père ; voyez si vous pourrez le faire relâcher. Vous êtes aussi bien son père que le mien. Ce sergent aura du respect pour vous. j'en suis sûre. Tout le monde vous respecte.

JÉRÔME.

Innocente que tu es ! comme si tout le monde était de notre village !

SCÈNE XI.

JÉROME, NICOLE, BARBE, BONIFACE, COLETTE.

BARBE.

Je n'en suis plus. Je suis morte de douleur.

NICOLE.

Ah! que je vous plains, ma bonne mère Barbe ! Au moins si notre fils était à présent ici pour nous tirer de peine.

JÉRÔME.

Femme, apaisez-vous, apaisez-vous ; le mal n'est peut-être pas si grand que vous l'imaginez. Est-ce qu'on arracherait un fils unique de la charrue? Cela serait inouï. J'y vais. Je leur parlerai.

COLETTE.

Et moi aussi, mon père; je vous suis. Je prierai, je pleurerai, je crierai jusqu'à ce qu'on nous le rende.

SCÈNE XII.

NICOLE, BONIFACE.

NICOLE.

Ah! pourquoi la vieillesse ne me permet-elle pas de le suivre? Mais vous, M. Boniface, vous qui parlez comme une harangue, que n'allez-vous leur en imposer?

BONIFACE.

Non, non; mon devoir est de m'attacher aux plus affligés, et je ne vous quitte pas.

NICOLE, *avec inquiétude.*

Ciel! n'entends-je pas déjà du bruit dans le village? pourvu qu'il n'arrive pas de malheur à mon pauvre homme! Allez voir un peu, monsieur le magister.

BONIFACE.

Y pensez-vous? Moi, moi?

NICOLE.

Vous êtes un homme comme il faut, monsieur; un homme savant.

BONIFACE.

Oui-dà; c'est justement le pis. Ces bourrus ne demandent pas mieux que de tomber sur nous autres savans. Mêlez-vous de vos livres, me diraient-ils, de par tous les diables. De mon côté, je suis un peu vif; qui sait ce qu'il en arriverait. Non, non; il faudrait n'avoir jamais fourré le nez dans la science.

NICOLE.

Vous êtes de nos amis, monsieur Boniface, et vous ne voulez pas nous secourir?

BONIFACE.

Mais soyez donc raisonnable, après tout, mère Nicole. Songez donc à mon état. Je puis bien vous donner des conseils, des consultations en français et en latin, tant que vous en voudrez; mais des secours, vous savez bien que ce n'est pas mon office.

NICOLE.

Je n'aurais jamais attendu cela de vous. Eh bien, je vais tâcher de m'y traîner, moi.

SCÈNE XIII.

BONIFACE, *seul*.

Oui, m'aller fourrer parmi ces jeunes drôles! Je n'ai que vingt marmots dans mon école, et ces espiègles me lutinent toute la journée. Jugez, quand je serais au milieu d'une troupe de grands pendards. Je n'aurais pas là de verges pour leur en imposer. Je pense qu'il vaut mieux achever cette bouteille, et finir en même temps la lettre.... Je suis curieux de savoir.... (*Il verse du vin dans son verre, commence à lire tout bas.*) (*Haut.*) Le six! Oh! oh! c'était hier. (*Il continue de lire avec empressement.*) Le sept ! Ah ! les voilà tous hors d'embarras ! (*Il avale son vin.*) Il n'y a pas un instant à perdre. (*Il verse une seconde fois du vin, et le boit.*) Je cours les rappeler. (*Il verse et boit une troisième fois.*) Les momens sont précieux. (*Il regarde à travers la bouteille, et, voyant qu'il n'y reste plus rien, il court vers la porte en criant :*) Jérôme ! Nicole ! ils sont trop loin ; ils ne m'entendent pas. Oh ! cette nouvelle va me réconcilier avec Nicole. Quel dommage ce serait de se brouiller avec ces bonnes gens, qui viennent de recevoir un panier plein de nectar de cette excellence !

ACTE II.

SCÈNE PREMIÈRE.

JÉROME, NICOLE, BARBE, COLETTE, UN SERGENT, DES SOLDATS, DES PAYSANS.

LE SERGENT, *aux soldats.*

Qu'on me l'emmène; allons, qu'est-ce que ces piailleries?

LES PAYSANS, *l'un après l'autre.*

Prendre le dernier d'une famille!.... un fils unique!.... Non, le roi ne l'entend pas comme cela... Il ne saurait le prétendre.

LE SERGENT.

Vous avez beau dire, vous autres mamans (*frappant sur la poche*), j'ai mes ordres ici, cela suffit.

LES PAYSANS, *l'un après l'autre.*

Vos ordres! vos ordres!... Il n'y a rien de cela dans vos ordres.... On n'a jamais donné ordre de laisser un champ à l'abandon.

JÉRÔME, *faisant signe aux paysans de se taire.*

Écoutez, mon cher monsieur; avec de bonnes paroles on fait bien des choses.

LE SERGENT.

De bonnes paroles? Je n'entends que cela. Voyons de quel poids sont les vôtres.

JÉRÔME.

Tenez, monsieur le sergent, j'aime le roi de tout mon cœur; et si je n'étais sûr que la paix fût faite, et qu'il fût hors d'embarras; si je le voyais tellement embourbé qu'il eût peine à se tirer d'affaire...

LE SERGENT.

Est-ce là tout? Qu'est-ce que tout cela signifie?

JÉRÔME.

Mais écoutez seulement, monsieur le sergent.

LE SERGENT, *s'appuyant sur sa canne.*

Eh bien?

JÉRÔME.

Ce jeune homme est le prétendu de ma fille; c'est un fils unique; mais, malgré tout cela, je serais le premier à vous dire : Emmenez-le avec vous. Que peut-il avoir de plus pressé que d'aller se battre pour son roi? Prenez-moi aussi, vous dirais-je; ma tête est déjà toute grise; mon visage est couvert de rides; mais je ne suis encore ni assez vieux, ni assez cassé pour ne pas me battre comme un autre. La gloire de mon fils m'a donné de la vigueur. Je me battrai tant que je serai en état de porter un fusil, et lorsque je n'en pourrai plus de vieillesse et de fatigue, j'exhorterai encore les jeunes gens qui seront à mes côtés à se comporter bravement. Si j'en voyais quelqu'un qui eût envie de lâcher le pied, je me jetterais à travers son chemin, et il faudrait, avant de pouvoir s'enfuir, qu'il passât sur le corps d'un pauvre vieillard. Oui, sur mon âme, monsieur le sergent, voilà ce que je dirais, si les choses en étaient à cette extrémité.

LE SERGENT.

Et moi, je dirais, vieux bonhomme, que vous ne savez ce que vous dites.

JÉRÔME, *s'avançant d'un pas.*

Monsieur le sergent, votre conduite pourrait vous coûter cher. Si vous faites le maître avec nous, nous saurons bien trouver le vôtre, quelque part; et si j'écrivais à mon fils le capitaine.....

LE SERGENT.

Vous, un fils capitaine? mais quand vous en auriez dix, je n'ai autre chose à vous dire, sinon qu'il me faut Isidore ou de l'argent.

JÉRÔME.

Comment, monsieur, vous prenez aussi de l'argent? et vous le prenez des propres sujets du roi?

LE SERGENT.

Moi, tout comme le roi; excepté que je prends la peine de le lever moi-même. Trente écus, ou il marchera.

JÉRÔME.

Trente écus! comment les trouver dans tout le village?

NICOLE.

Ah! par pitié, monsieur le sergent....

LE SERGENT.

Pitié! nous nous embarrassons bien de la pitié, nous autres soldats. Si vous étiez en pays ennemi donc, ce serait bien pis. Là, il n'y a point de quartiers; il faut donner de l'argent, ou ses oreilles.

NICOLE, *tressaillant d'horreur.*

O mon Dieu!

LE SERGENT.

Parbleu! le moyen de conserver de la pitié dans un camp! On vous casse bras et jambes comme rien; on ne voit que cela tous les jours..... Enfin, je vous donne encore un quart d'heure; après quoi, de l'argent, ou Isidore. Marche. (*Il sort avec ses soldats.*)

COLETTE.

Donnez-moi le bras, mère Barbe, que je vous aide à le suivre. Ah! ne le quittons pas.

JÉRÔME, *aux paysans.*

Et vous aussi, suivez-le, mes amis. (*Les paysans sortent.*)

SCÈNE II.

JÉROME, NICOLE.

NICOLE.

O mon Dieu! quelle méchanceté! N'aurons-nous jamais un jour tout entier de bonheur?

SCÈNE III.

JÉROME, NICOLE, BONIFACE, *essoufflé.*

JÉRÔME.

Vous nous avez donc abandonnés, monsieur Boniface!

BONIFACE.

Comment diantre? Il y a un quart d'heure que je cours après vous.

JÉRÔME.

Qu'y a-t-il donc de nouveau? vous avez l'air tout joyeux. Ignorez-vous qu'on ne veut pas relâcher Isidore?

BONIFACE.

On ne veut pas? Ah! on ne veut pas! Oh! je saurai bien vous le faire rendre, moi. (*Frappant sur la lettre.*) Le voici, le voici dans la lettre.

NICOLE.

Dans la lettre? Dans la lettre de mon fils?

BONIFACE.

Oui, il y est. Votre fils arrive aujourd'hui.

JÉRÔME.

— Aujourd'hui, monsieur Boniface?

BONIFACE.

Écoutez seulement. (*Il lit.*)

« Notre régiment, mon père, a aussi l'ordre de retourner dans ses quartiers. Le six du mois prochain, l'escadron que je commande passera devant votre village. » Voyez-vous, père Jérôme, c'est comme qui dirait hier.

JÉRÔME.

Est-il possible? que me dites-vous là?

NICOLE.

Hier? et il n'est pas encore ici?

BONIFACE.

Attendez, attendez. Écoutez la suite. (*Il continue.*)

« Au plus tard, mon père, ce sera le sept au matin. Et comme alors je ne serai éloigné que d'un quart de lieue de votre village, je laisserai mon escadron au lieutenant, pour vous aller trouver. J'aurai au moins le plaisir de vous embrasser. »

JÉRÔME, *avec vivacité.*

Oh! quel plaisir! Il vient donc! Je vais au-devant de lui, notre chère femme; j'irai jusqu'à la prairie. Je veux l'appeler, lui tendre les bras; je veux lui crier, du plus loin que je le verrai : Mon fils! mon cher fils!

NICOLE.

Ne me quitte pas, mon ami; comment pourrais-je te suivre, moi qui suis si faible? Faut-il qu'il imagine que je l'aime moins que toi?

BONIFACE.

Oui, oui, restez, père Jérôme. Donnez-moi seulement vos douze écus; donnez vite.

JÉRÔME.

Pourquoi donc, mes douze écus?

BONIFACE.

Pour retenir le sergent, sous prétexte d'un à-compte des trente écus qu'il demande. Et lorsque ensuite votre fils viendra.....

JÉRÔME.

Fort bien. Les voilà, monsieur Boniface. Courez, voyez ce que vous pourrez faire. Car, moi, je ne puis en ce moment penser qu'à mon fils. (*Boniface sort en courant.*)

SCÈNE IV.

JÉROME, NICOLE.

NICOLE.

Au moins, ne t'en vas pas, mon ami, je t'en prie. Je ne saurais rester après toi. Il vaut mieux que tu montes sur cette petite coline. Tu le verras encore plutôt de là.

JÉROME.

Tu as raison, ma femme. Ah! tout mon sang me bout dans les veines d'impatience et de plaisir.

NICOLE, *pendant que Jérôme monte sur le coline.*

Il revient donc, enfin. O ciel, il revient pour la première fois, après tant d'années si longues! Ah! comme le cœur me bat! J'ai eu une grande joie quand il est venu au monde; mais celle-ci est plus grande encore. (*Elle crie à Jérôme.*) Eh bien! mon cher homme, ne vois-tu rien?

JÉROME, *sur la pointe des pieds, et tenant sa main sur ses yeux.*

Pas encore, ma chère femme; le soleil m'éblouit.

NICOLE, *allant vers la coline.*

Pourvu que nous ne nous soyons pas réjouis mal à propos. Descends un peu, et donne-moi la main pour monter. Je suis sûre que je le verrai de plus loin que toi.

JÉROME.

Quel nuage de poussière? Est-ce un troupeau?

Non, je vois reluire des armes. Les voici qui viennent par la montagne, les chevaux les uns contre les autres. Ce sont eux, ce sont eux.

NICOLE.

Et notre fils?

JÉRÔME.

Il ne saurait être bien loin.

NICOLE.

Attends, attends. (*Elle s'efforce en vain de monter la coline*

JÉRÔME.

Mais qui est-ce qui vient vers nous au grand galop! il entre dans le village. (*Jérôme jette son chapeau en l'air.*) Femme! femme! le voilà qui saute à bas de de son cheval. C'est notre Charlot.

NICOLE.

Oh! bon Dieu! je suis toute hors de moi! Il faut que j'aille à sa rencontre. — (*Elle court vers le chemin, en tendant ses bras; on entend ces cris répétés.*) Mon fils! Ma mère!

SCÈNE V.

JÉROME, NICOLE, LE CAPITAINE.

LE CAPITAINE, *entrant dans le moment où Jérôme vient de descendre.*

Mon digne et respectable père! (*Ils se jettent dans les bras l'un de l'autre.*)

JÉRÔME.

Ah! mon fils! (*L'embrassant une seconde fois.*) Encore une fois, mon fils. C'est à présent que je m'aperçois que je n'ai plus mes forces. Je ne saurais te serrer dans mes bras comme je le voudrais. Mais mes larmes te disent ce que je ne te puis t'exprimer. Tu as un père reconnaissant.

NICOLE, *lui mettant une main sur l'épaule, et tenant de l'autre une des siennes.*

Oh! pour cela, oui, mon fils; et une mère qui ne l'est pas moins.

LE CAPITAINE.

Que me parlez-vous de reconnaissance? Mes chers parens! est-ce donc vous qui m'avez des obligations?

JÉRÔME.

Paix, mon cher fils. Je veux dire devant tout le monde que tu m'as bien plus rendu que je ne t'ai donné. Tu fais toute ma consolation, tout le bonheur de ma vieillesse. C'est toi qui me fais vivre, qui prolonges mes jours.

NICOLE.

Tu nous fais mille plaisirs, que je ne saurais te rendre.

LE CAPITAINE.

Et ne sont-ce pas les plus grands plaisirs que je puisse me faire à moi-même? Mon bonheur en serait-il un, si votre tendresse ne vous le faisait partager avec moi? Oui, croyez-moi, mes bons, mes chers parens, je n'ai jamais cessé de penser à vous, de rapporter tout à vous. Lorsqu'il m'est arrivé quelque chose d'heureux, je me suis fort peu soucié de l'avantage qui devait m'en revenir. Le plus grand plaisir que j'en ressentais, c'était de penser à celui que vous en auriez. Mais de tous ceux que j'ai goûtés dans ma vie, il n'y en a jamais eu de si grand, de si touchant pour mon cœur, que celui dont je jouis en ce moment où je vois vos yeux remplis de larmes. (*Leur prenant la main à chacun, et les regardant tour-à-tour.*) O mes honnêtes parens! je ne saurais me rassasier de vous voir. — Mais, remettez-vous, remettez-vous. Je ne puis m'arrêter long-temps. Que faites-vous? Comment passez-vous votre vieillesse? Comment vivez-vous? Où est ma sœur, que je n'ai connue qu'au berceau? faites-la-moi voir.

JÉRÔME.

Elle nous donne bien de la consolation; et nous allons la marier, si tu l'approuves. Je cours te la chercher, mon fils, j'y cours. (*Se retournant après avoir fait quelques pas.*) Mais je suis si troublé..... Il faut que je te dise auparavant......

NICOLE.

Sans toi, peut-être, elle allait devenir bien malheureuse. Son prétendu, mon cher fils.....

JÉRÔME.

Il vient de nous être enlevé par un sergent, qui malheureusement est encore ici. Il attend, pour le délivrer, trente écus que je lui ai fait promettre, espérant que tu allais venir. Oh! quel bonheur que tu nous sois arrivé aujoud'hui!

LE CAPITAINE.

Allez, allez, mon père, tâchez de l'attirer dans ce

lieu sans lui dire que j'y suis. N'en dites rien non plus à ma sœur.

JÉRÔME.

Bon Dieu! comment pourrais-je m'en tenir? J'aimerais bien mieux, crier à tous ceux que je rencontrerai : Il est ici! il est ici! (*Il sort.*)

SCÈNE VI.

NICOLE, LE CAPITAINE.

LE CAPITAINE, *regardant tout autour de lui, et prenant ensuite sa mère par la main.*

Que ce séjour est charmant! Ce n'est que dans ce moment que je reconnais le lieu de ma naissance! Voilà la cabane après laquelle j'ai tant soupiré! Voici l'endroit où nous nous asseyions sur la verdure avec nos voisins dans les belles soirées d'été! Voilà encore cette colline que j'avais choisie pour mes jeux! O douces années de mon enfance! De tout ce que je vois ici, ma mère, il n'y a rien qui ne me rappelle quelques marques de votre tendresse. Mais quoi! vous ne me dites rien?

NICOLE.

Ma joie est trop grande, mon cher fils, elle ne saurait sortir de mon cœur. Je voudrais être seule, et pouvoir pleurer tout à mon aise. D'ailleurs aussi, je pense.....

LE CAPITAINE.

Ne vous contraignez pas, ma mère; que voulez-vous dire?

NICOLE.

Que tu n'es plus notre égal à présent; que tu es trop au-dessus de nous.

LE CAPITAINE.

Moi, trop au-dessus de vous! Oh! étouffez cette pensée : les liens que la nature a formés entre nous ne sont-ils pas les plus tendres? Ne doivent-ils pas m'être toujours sacrés? Ne suis-je pas bien sûr qu'il n'y a pas de cœurs au monde auxquels je sois aussi cher qu'aux vôtres? Et le mien ne doit-il pas vous être plus attaché qu'à tout autre dans l'univers? (*Il l'embrasse.*) Ah! croyez, ma mère, que je vous aime toujours aussi vivement, aussi tendrement que jamais.

NICOLE.

Oui, je te crois; aussi l'ai-je bien mérité. Je ne pense qu'à toi. Je ne rêve que de toi. Combien de nuits j'ai passées auprès de ton père à me désoler! Je craignais toujours de ne plus te revoir avant de mourir.

SCÈNE VII.

NICOLE, LE CAPITAINE, COLETTE.

COLETTE, *courant à sa mère, sans voir le capitaine.*

Qu'est-ce que c'est donc, ma mère? Savez-vous pourquoi mon père m'a commandé de courir ici? (*Apercevant le capitaine, d'un air craintif.*) Ah! un officier!

LE CAPITAINE, *bas à Nicole.*

Ma mère est-ce là ma sœur ? (*Nicole lui fait signe que oui. Il va pour l'embrasser.*) L'aimable physionomie !

COLETTE, *se défendant.*

Fi donc, monsieur l'officier !

NICOLE, *à Colette.*

Comment, Colette, à ton frère !

LE CAPITAINE, *à Nicole.*

Quels grands yeux elle me fait ! (*à Colette.*) Oui, Colette, ton frère ; et je me flatte que c'est ton frère chéri.

COLETTE.

Quoi ! ma mère, ce bel officier, c'est mon frère Charlot ?

LE CAPITAINE, *en l'embrassant.*

Quelle aimable naïveté !

COLETTE, *courant toute joyeuse vers sa mère.*

Ah ! ma mère ! nous n'avons donc plus rien à craindre. Isidore est à nous.

SCÈNE VIII.

JÉROME, NICOLE, LE CAPITAINE, BONIFACE, BARBE, COLETTE, ISIDORE, LE SERGENT, et quelques PAYSANS.

JÉRÔME, *montrant son fils.*

Tenez, monsieur le sergent, voilà celui qui vous paiera les trente écus.

SERGENT, *consterné.*

Que vois-je, un officier! (*Il ôte son chapeau avec respect. Colette court à Isidore. Les paysans, tantôt se regardent les uns les autres, tantôt regardent le capitaine, et se donnent à entendre que c'est le fils de Jérôme.*)

JÉRÔME.

Oui, c'est lui, mes enfans, c'est mon fils. Réjouissez-vous tous avec moi. Comment pourrais-je seul suffire à ma joie!

LE CAPITAINE, *au sergent.*

Vous avez usé de violence, mon ami. Où sont vos ordres?

LE SERGENT, *les lui remettant d'un air troublé.*

Les voici, monsieur le capitaine.

LE CAPITAINE.

De quelle compagnie êtes-vous?

LE SERGENT.

De la compagnie du capitaine Martineau.

LE CAPITAINE, *après avoir regardé les ordres.*

Et vous osez produire de pareils ordres! Je connais votre capitaine, et je vous connais aussi, vous. Quel était votre projet? D'extorquer de l'argent des sujets du roi; et de profiter ensuite du voisinage de la frontière pour déserter?

LE SERGENT, *d'un air suppliant.*

Monsieur le capitaine!

LE CAPITAINE.

Taisez-vous, misérable. Vous abusez du noble état de soldat. Vous ne l'avez regardé que comme un privilège qui vous donnait la facilité d'exercer plus librement vos brigandages. Il est temps que vous en receviez le châtiment. (*Aux paysans qui sont au fond du théâtre.*) Ayez soin de le garder jusqu'à nouvel ordre. Arrêtez aussi ses complices, et conduisez-les avec lui chez le juge. (*Quelques-uns des paysans emmènent le sergent.*)

SCÈNE IX.

JÉROME, NICOLE, LE CAPITAINE, BONIFACE, BARBE, COLETTE, ISIDORE, et quelques PAYSANS.

LE CAPITAINE.

Approche, ma chère sœur. Est-ce là ton prétendu? Il est d'une jolie tournure. Je sais gré à Colette de son choix.

COLETTE, *en rougissant.*

Oh! je le crois bien! N'est-il pas vrai, mon frère?

ISIDORE.

Quoi! monsieur le capitaine, vous voulez bien l'approuver? moi qui ne suis qu'un laboureur?

LE CAPITAINE.

Et qu'était mon père? N'es-tu pas né d'honnêtes parens?

NICOLE, *lui présentant Barbe.*

Oui, mon fils, voilà sa mère Barbe; c'est la plus brave femme de tout le canton.

LE CAPITAINE.

Que je l'embrasse et la félicite. Mes enfans, je ne

serai pas tout-à-fait heureux, si je ne suis de vos noces. Je me charge de tous les frais.

BARBE et ISIDORE.

Ah! monsieur le capitaine!

LE CAPITAINE.

Mais n'aperçois-je pas là monsieur Boniface?

BONIFACE, *s'avançant.*

Oui, monsieur le capitaine, prêt à vous servir.

LE CAPITAINE.

Eh! c'est ma plus ancienne connaissance. (*Il lui tend la main.*) Je me reproche de l'avoir fait un peu enrager autrefois.

BONIFACE.

Oublions le passé; le présent m'est trop honorable, monsieur le capitaine. Savez-vous bien que c'est moi qui leur ai lu toutes vos lettres? J'ai répandu votre gloire dans tout le pays. Vraiment il m'en revenait un peu aussi pour ma part.

LE CAPITAINE.

Oui, monsieur Boniface, je le reconnais avec plaisir. Vos instructions ne m'ont pas été inutiles dans mon avancement.

BONIFACE, *lui fait une inclination pédantesque, et se relève en se rengorgeant.* (*A part.*)

Qui croirait que j'ai donné le fouet à un capitaine?

LE CAPITAINE.

Mon père, tous ces honnêtes gens sont-ils de ce hameau?

JÉRÔME.

Oui, mon fils; ce sont nos voisins. Ils ont tous eu bien des soins pour notre vieillesse.

LE CAPITAINE.

Je vous en remercie, mes bons amis.

LES PAYSANS, *s'approchant familièrement.*

Le brave monsieur! Il ne nous méprise pas. Soyez mille fois le bien-venu, monsieur le capitaine. Nous avons toujours eu bien du plaisir quand nous avons appris de vos nouvelles. (*Le capitaine prend chacun d'eux par la main.*)

JÉRÔME.

Tout ce que je vois de toi, mon cher fils, m'enchante et me fait croire le bien que j'en ai entendu dire. Tu t'es sûrement toujours comporté en honnête homme dans ton métier de soldat.

LE CAPITAINE.

Toujours, mon père. C'est à vos leçons et à celles de ma mère que je le dois. Il n'y a aucun endroit dans le monde où l'on puise maudire ma mémoire. Mais je me flatte qu'il y en a plusieurs où on la bénira. (*Il regarde à sa montre.*) Mais, mon temps est écoulé. Il faut que je vous quitte, mes chers parens.

NICOLE.

Quoi! déjà! déjà!

JÉRÔME.

Encore un moment. A peine avons-nous eu le temps de nous regarder.

LE CAPITAINE.

Il faut absolument que je rejoigne la marche. Soyez bien persuadés que mon cœur seul suffirait pour me retenir, si mon devoir ne m'appelait ailleurs. Mais oserais-je vous demander une chose avant de vous quitter?

JÉRÔME et NICOLE.

Tout, mon fils, tout.

LE CAPITAINE.

Eh bien! mes chers parens, venez vous établir chez moi. Disposez de ma maison, comme vous disposez de mon cœur. Ne vivons plus séparés. Que tout ce que j'ai soit à vous.

JÉRÔME et NICOLE.

Mon cher fils...

LE CAPITAINE.

Vous hésitez? Ah! il faut que votre consentement soit tout-à-fait volontaire. Ce ne serait pas un bonheur pour moi, dès que ce n'en serait pas un pour vous.

JÉRÔME.

Ecoute, mon fils; nous sommes vieux, et nous attendons la mort. Laisse-nous mourir ici, où nous avons vécu. Laisse-nous mourir dans cette cabane, qui nous est si chère ; c'est dans cette cabane que tu es né. Pourvu que tu nous y viennes voir souvent, c'est tout ce que nous demandons.

LE CAPITAINE.

Oh! sûrement, sûrement, mon père.

NICOLE.

Et nous, mon cher fils, nous te rendrons tes visites. Ce sera autant de jours de fêtes pour nous; et, pendant tout le chemin, nous remercierons le ciel de nous avoir donné un tel fils.

PERSONNAGES.

LE PRINCE LOUIS, du sang royal,
UN OFFICIER de la suite du prince.
M. DE GERVILLE.
Mme DE GERVILLE.
DIDIER,
EUGÉNIE,
CÉCILE, } leurs enfans.
MARIANNE,
FRÉDÉRIC,

La Scène est à la campagne, à l'entrée d'un bosquet.

LE CONGÉ.

Drame.

SCÈNE PREMIÈRE.

(*Eugénie est assise sur un tronc d'arbre renversé. Elle épluche des fraises qu'elle a sur ses genoux, dans le creux de son chapeau de paille. Didier lui en porte dans le sien. Les fraises sont proprement arrangées dans les deux chapeaux sur une couche de feuilles de vigne.*)

DIDIER, EUGÉNIE.

DIDIER.

Tiens, ma sœur, j'espère que nous en aurons une jolie provision.

EUGÉNIE.

Je ne sais plus où mettre les miennes; mon chapeau est déjà tout plein.

DIDIER.

Cécile va nous apporter une corbeille. A quoi s'amuse-t-elle donc? Tu peux, en attendant, les mettre dans ton tablier.

EUGÉNIE.

Oui, cela ferait un beau gâchis! pour remplir

mon tablier de taches! Et maman, que dirait-elle? Sais-tu ce qu'il faut faire? Ton chapeau est le plus grand, je vais y mettre ce qu'il y a dans le mien. Tu le prendras, et tu iras y en chercher de nouvelles, tandis que j'éplucherai celles-ci.

DIDIER.

C'est bien dit. Cécile viendra dans l'intervalle, et alors il y en aura, je crois, assez.

EUGÉNIE.

Quand elles seront toutes ensemble, on verra mieux ce qu'il y en a.

DIDIER.

Ce qui sera de trop plein dans la corbeille sera pour nous.

EUGÉNIE.

Je crois que nous n'aurons guère envie d'en manger aujourd'hui. Ah! mon frère, c'est le dernier repas que nous ferons de cette année avec notre papa; et qui sait si nous le reverrons jamais?

DIDIER.

Tranquillise-toi, ma sœur, tout le monde ne meurt pas dans une bataille.

EUGÉNIE.

Maudite guerre! Si les hommes n'étaient pas si méchans! s'ils s'avaient s'aimer comme des frères et des sœurs?

DIDIER.

Bon! ne nous querellons-nous pas tous les jours pour des bagatelles? Chacun de nous croit avoir raison, et souvent on ne sait de quel côté elle se trouve. Il en est de même parmi les hommes.

EUGÉNIE.

Ils devraient bien au moins se raccommoder comme nous. Nos querelles ne coûtent jamais de sang.

DIDIER.

Parce que papa ou maman les terminent. Mais les hommes ne sont pas des enfans. Ils ne se laissent pas commander quand ils ont la force en main. Et puis, lorsqu'on nous fait une injustice, ne devons-nous pas la repousser! Faut-il nous laisser ravir impunément ce qui nous appartient?

EUGÉNIE.

Tu parles toujours comme un soldat.

DIDIER.

Puisque je dois l'être! Tiens, ma sœur, tu as beau dire, c'est une belle chose que la guerre. Sans elle, comment ferions-nous pour vivre? Serait-ce notre petit bien qui nous nourrirait? Mais ne pleure donc pas; tu me fais de la peine.

EUGÉNIE.

Ah! laisse-moi pleurer, tandis que nous sommes tout seuls. J'aime mieux que mes larmes coulent devant toi, que devant nos pauvres parens. Je craindrais trop de les affliger.

DIDIER.

Allons, allons, sèche tes pleurs; occupe-toi pour te distraire. Moi, je vais remplir mon chapeau.

EUGÉNIE.

Va-t'en de ce côté là-bas. Il ne reste plus rien ici à recueillir.

SCÈNE II.

EUGÉNIE, *après un moment de silence.*

Ah! si j'étais assez instruite pour savoir prier Dieu, peut-être qu'il m'exaucerait! Si j'étais du moins assez grande pour aller me jeter aux genoux du roi, je suis sûre qu'il accorderait à mes prières le congé de mon papa? Ne l'a-t-il donc pas assez bien servi pendant toute sa vie? (*Elle épluche des fraises en soupirant. Le prince Louis arrive, suivi d'un officier housard. Il s'arrête en voyant Eugénie.*)

SCÈNE III.

LE PRINCE LOUIS, UN OFEICIER, EUGÉNIE.

LE PRINCE, *bas à l'officier.*

Voyez donc cette charmante petite fille. Ne me découvrez pas; je veux lui parler. (*A Eugénie, en lui frappant sur l'épaule.*) Tu travailles de bon cœur, ma chère enfant?

EUGÉNIE, *surprise.*

Oh! monsieur, vous m'avez fait peur.

LE PRINCE.

Je t'en demande pardon, ce n'était pas mon dessein. Pour qui prépares-tu donc ces fraises? Elles doivent être bien bonnes, épluchées d'une main si blanche et si grassouillette.

EUGÉNIE.

Oserai-je vous en offrir? (*Elle lui présente le chapeau.*) Ne craignez rien, elles sont propres. Excusez-moi seulement de n'avoir pas une meilleure assiette. (*Le prince en prend trois. Elle en présente aussi à l'officier, qui en prend deux.*)

LE PRINCE.

Je n'en ai jamais mangé de si bonnes. Sont-elles à vendre?

EUGÉNIE.

Non, monsieur, quand vous m'en donneriez je ne sais combien.

LE PRINCE.

Tu as raison ; elles sont sans prix, cueillies d'une si jolie petite main.

EUGÉNIE.

Comme vous me parlez, monsieur! Oh! ce n'est pas cela. Elles seraient bien à votre service, et toutes celles encore que mon frère et ma sœur pourraient cueillir jusqu'à ce soir. Mais (*en s'essuyant les yeux*) elles sont pour notre bon papa. Ce sont aujourd'hui les premières que nous cueillons pour lui, et les dernières peut-être qu'il mangera avec nous.

LE PRINCE.

Il est donc malade? et vous craignez apparemment pour sa vie?

L'OFFICIER.

Je me flatte que sa maladie n'est pas encore tout-à-fait désespérée, puisqu'il songe à manger des fraises.

EUGÉNIE.

Vous n'y êtes pas, monsieur. Il est bien vrai qu'il a été malade, tout cet hiver, d'un cruel rhumatisme; il n'en est pas même encore entièrement guéri. Mais, guéri ou non, il faut qu'il parte demain.

LE PRINCE.

En quoi ce départ est-il donc si nécessaire ?

EUGÉNIE.

C'est que son régiment passe dans ce village, et il doit le rejoindre à la marche.

LE PRINCE.

Son régiment ?

EUGÉNIE.

Oui, le régiment du prince Charles.

LE PRINCE, *bas à l'officier.*

Je parierais que c'est une fille du capitaine Gerville.

EUGÉNIE, *qui l'a entendu.*

Hélas! oui, messieurs, c'est le nom de mon papa. Le connaissez-vous?

LE PRINCE.

Si nous le connaissons! Monsieur et moi nous sommes ses camarades.

EUGÉNIE.

O Dieu! Le régiment est-il si près? est-ce qu'il passe aujourd'hui?

LE PRINCE.

Non, mon enfant, ce n'est que demain. Nous avons pris les devans par ordre du prince. Une roue de notre voiture s'est brisée le long de ce bosquet;

nous y sommes entrés pour chercher de l'ombre. Tout doit être maintenant réparé. Ce petit sentier ne conduit-il pas au grand chemin ?

EUGÉNIE.

Non, monsieur, il mène tout droit au village.

LE PRINCE.

Et ce village appartient sans doute à votre bon papa ?

EUGÉNIE.

O mon Dieu ! que n'est-il aussi riche que vous le pensez ! Mais, non, il ne possède qu'une maisonnette, un petit jardin, ce bosquet et la prairie voisine. Lorsqu'il n'est pas au camp ou en garnison, c'est ici qu'il passe sa vie avec nous et notre maman.

LE PRINCE.

Il a donc été malade cet hiver ?

EUGÉNIE.

Hélas ! oui, monsieur, à notre grand chagrin : il ne pouvait, de douleur, remuer aucun de ses membres. De plus, une vieille plaie qu'il avait à la tête s'est rouverte : et maintenant qu'il est près de se rétablir, il faut qu'il aille s'exposer à de nouveaux maux !

LE PRINCE.

Pourquoi, dans cet état, ne pas demander son congé ? Il aurait pu fournir des attestations suffisantes de chirurgien.

EUGÉNIE.

C'est bien aussi ce qu'a fait maman ; mais ses

lettres sont restées sans réponse. Le roi n'a pas voulu l'en croire, ou le prince, à qui appartient le régiment, est-il peut-être si dur....

LE PRINCE.

Je crois bien que le roi ni le prince ne consentiraient qu'avec peine à perdre un aussi bon officier que votre papa, de qui, mes jeunes camarades et moi, nous pouvons recevoir de si utiles instructions.

EUGÉNIE.

Effectivement, vous paraissez bien jeune. Avez-vous encore votre papa et votre maman?

LE PRINCE, *un peu embarrassé.*

Sans doute.

EUGÉNIE.

Qu'ils doivent avoir pleuré, lorsque vous vous êtes séparé d'eux! Comment ont-ils pu y consentir? Je sais ce qu'il nous en a coûté, à maman et à nous, lorsque mon frère aîné est parti pour entrer à l'École militaire. Et ce n'est rien pourtant en comparaison de la guerre.

LE PRINCE.

Mon père est aussi au service.

EUGÉNIE.

Oh! les pères qui sont soldats sont tous un peu durs. Ce que je dis là pourtant n'est pas vrai de mon papa. Il est si indulgent, si bon et si tendre! Un enfant n'a pas une âme plus douce. Il n'y a que l'honneur sur lequel il est intraitable. Aussi, je pense que c'est sa faute, s'il n'a pas son congé.

LE PRINCE.

Comment cela?

EUGÉNIE.

C'est qu'il ne l'a pas demandé sérieusement. Il disait toujours qu'on le regarderait comme un lâche, s'il se retirait pendant la guerre. Il ne demandait que d'avoir assez de force pour monter à cheval, et pouvoir verser la dernière goutte de son sang au service de son pays. Eh bien! le voilà satisfait; mais nous, nous pauvres enfans, nous n'avons plus de père!

LE PRINCE.

Ton père, jusqu'à présent, est toujours sorti de danger : pourquoi n'en réchapperait-il pas encore? Rassure-toi, mon enfant, tous les mousquets ne portent pas.

EUGÉNIE.

Mais ceux qui portent tuent leur homme. Et, dans le nombre, ne peut-il pas y en avoir un qui atteigne mon papa?

LE PRINCE.

Il n'est que trop vrai. Mais quelle est cette jolie petite demoiselle que je vois venir?

EUGÉNIE.

C'est ma sœur Cécile.

SCÈNE IV.

LE PRINCE, L'OFFICIER, EUGÉNIE, CÉCILE.

EUGÉNIE.

Te voilà donc à la fin? Tu as été bien long-temps.

CÉCILE.

C'est que, malgré moi, j'aidais à maman à faire les malles de mon papa.

EUGÉNIE.

Donne-moi, je te prie, ta corbeille.

CÉCILE.

Tiens. Avez-vous, vous autres, de quoi la remplir?

EUGÉNIE.

Tu vas voir. (*Elle secoue dans la corbeille les fraises qui étaient dans le chapeau de Didier.*) Vous voulez bien me permettre, messieurs?

LE PRINCE.

C'est trop juste. (*A l'officier.*) Voilà deux enfans d'une bien aimable figure!

CÉCILE, *bas à Eugénie.*

Qui sont ces messieurs?

EUGÉNIE, *bas à Cécile.*

Deux officiers du régiment de mon papa.

CÉCILE.

Est-ce qu'ils viennent le chercher?

EUGÉNIE.

Non, non. Ils vont attendre le prince dans la ville prochaine.

CÉCILE.

Ah! fut-il à mille lieues avec son régiment!

EUGÉNIE.

Doucement donc, Cécile! Si ces messieurs nous entendaient.

CÉCILE.

Qu'ils m'entendent s'ils veulent! Comment, ils viendront m'enlever mon papa, et je n'aurai pas la liberté de me plaindre!

LE PRINCE, *à l'officier.*

Il me paraît que nous ne sommes pas regardés ici de trop bon œil.

L'OFFICIER.

Que tardez-vous à vous faire connaître?

LE PRINCE.

Non, non, leur franchise m'amuse, et leur tendresse pour leurs parens pénètre mon cœur de la plus douce volupté.

EUGÉNIE, *à Cécile*

Le pauvre Didier se fatigue, tandis que nous nous amusons ici à babiller. Je vais l'aider à faire sa cueillette. Toi, reste auprès de ces messieurs, et songe à bien ménager tes paroles.

CÉCILE.

Va, va, je sais comment il faut leur parler.

EUGÉNIE.

Messieurs, voici ma sœur Cécile que je vous présente.

CÉCILE, *d'un air décidé.*

Votre servante, messieurs.

LE PRINCE.

Elle a une petite physionomie aussi résolue que la tienne est douce est timide.

EUGÉNIE.

Je la laisse avec vous pour avoir l'honneur de vous entretenir. Moi, je vais aider mon frère, afin de retourner plus tôt vers mon papa. Me permettez-vous de lui annoncer votre visite ? Je suis persuadée qu'il s'en réjouirait.

CÉCILE.

Non, non, messieurs, il ne s'en réjouirait pas; aucun de nous ne s'en réjouirait. Nous voulons être à nous tout seuls aujourd'hui.

EUGÉNIE.

Je vous prie de vouloir bien excuser cette folle.

CÉCILE.

M'excuser ? Ces messieurs savent bien que, lorsqu'il y a des étrangers à table, les petites filles n'osent pas ouvrir la bouche; et moi, j'ai mille choses à dire mon papa, qui, autrement, étoufferaient mon cœur.

LE PRINCE.

Rassurez-vous, mes enfans, vous ne serez point troublés dans vos doux entretiens. (*Eugénie leur fait une révérence gracieuse et s'éloigne.*)

SCÈNE V.

LE PRINCE, L'OFFICIER, CÉCILE.

CÉCILE.

Mais, dites-moi donc, messieurs, à quoi pense le roi, de nous prendre notre papa, à nous, pauvres enfans? Croit-il que nous n'avons pas besoin d'un père pour nous élever?

LE PRINCE.

Oui; mais crois-tu aussi qu'il n'ait pas besoin de braves soldats pour combattre ?

CÉCILE.

Et quelle nécessité de se battre? Mon papa, lorsqu'il nous donne une bonne éducation, n'est sûrement pas inutile à son pays.

LE PRINCE.

Surtout si tes frères et tes sœurs en ont su profiter comme toi.

CÉCILE.

Vous croyez peut-être vous moquer? Je sais bien qu'on me trouve un peu revêche dans la famille; et l'on dit même qu'avec une cocarde j'aurais fait un très-bon soldat.

LE PRINCE.

Ah! ah! une petite amazone? Tu aurais été vraiment fort redoutable.

CÉCILE.

Oh! si j'avais une épée, on ne se jouerait pas de moi.

LE PRINCE.

S'il ne tient qu'à cela, voici la mienne. Je vais t'armer chevalier.

CÉCILE.

Je le veux bien. J'aurai du plaisir à l'être de votre façon.

LE PRINCE, *lui ayant présenté son épée, veut l'embrasser.*

Voici la première cérémonie.

CÉCILE, *le repoussant.*

Doucement, doucement, s'il vous plaît.

LE PRINCE.

Oh! tu es une charmante enfant! (*Il veut encore l'embrasser.*)

CÉCILE, *se sauvant en criant.*

Didier! Eugénie!

LE PRINCE.

Qu'as-tu à craindre de moi?

CÉCILE.

Moi, vous craindre! Oh! non, non; seulement ne m'approchez pas de plus près, ou je cours à mon papa. Il est officier comme vous, et il ne souffrirait pas qu'on fâchât sa petite Cécile.

LE PRINCE.

Que le ciel me préserve d'avoir la pensée de te fâcher. Ce n'était qu'un simple badinage.

SCÈNE VI.

LE PRINCE, L'OFFICIER, EUGÉNIE, DIDIER, CÉCILE.

DIDIER, *qui s'avance fièrement.*

N'as-tu pas crié, Cécile? Je viens à ton secours.

LE PRINCE.

Contre nous, mon petit ami.

DIDIER.

Contre tous ceux qui feront crier ma sœur.

CÉCILE.

Grand merci, mon frère. Ce cri m'est échappé. Je n'ai pas besoin de ton bras. Vois-tu? En voici déjà un de désarmé. (*Elle rend l'épée au prince.*) Allons, monsieur, pour cette fois, je vous fais grâce de la vie. Mais n'y revenez pas. Vous m'entendez?

LE PRINCE.

Tu es une petite créature bien extraordinaire.

EUGÉNIE.

Je suis charmée qu'elle l'entende de votre bouche. Mais à présent, messieurs, nous avons cueilli assez de fraises pour être en état de vous en offrir. (*Elle leur présente la corbeille.*) Prenez, prenez, je vous en prie.

LE PRINCE.

Non, non, nous nous garderons bien d'y toucher. Elles ont une destination trop respectable.

EUGÉNIE.

Ce que vous prendrez ne sera rabattu que sur notre portion. Il n'y aura pas grand mal quand nous n'en mangerions pas aujourd'hui. Vous êtes du régiment de notre papa, et c'est notre devoir de vous faire tous les honneurs qui dépendent de nous.

CÉCILE, *tirant un bouquet de son sein, et le présentant au prince.*

En ce cas-là, je vais vous donner ce bouquet que j'avais cueilli pour moi. Mon papa et ma maman en ont eu de ma main, sans quoi vous n'auriez pas celui-ci. Mais il m'appartient, je vous le donne.

LE PRINCE.

Et moi, je l'accepte avec tous les transports du plaisir et de la reconnaissance.

CÉCILE.

Il s'est un peu flétri au soleil. Si vous vouliez attendre un moment, j'irais vous en faire un tout frais de jasmin, de violette et de chevrefeuille. J'en ai par buissons dans mon jardin.

EUGÉNIE.

Tu sais, le rosier qui fleurit sous mes fenêtres ? tu peux y prendre toutes les roses épanouies d'aujourd'hui.

CÉCILE.

Et bien ! voulez-vous ?

LE PRINCE, *attendri.*

Quoi ! vous auriez cette bonté, mes charmantes enfans ! Mais, non, je vous remercie. Le plaisir de causer avec vous me touche plus que toutes les fleurs de l'univers.

CÉCILE.

Il me vient une pensée, mon jeune officier. Vous savez peut-être comment on doit s'y prendre pour sortir avec honneur de son régiment. Ne pourriez-vous pas nous donner un bon conseil pour en tirer honorablement notre papa?

EUGÉNIE.

Oui, si vous pouviez nous le dire, nous vous donnerions de bon cœur tout ce que nous possédons.

DIDIER, *qui s'est amusé jusqu'à ce moment à jouer avec la dragonne de l'épée du prince, et à considérer attentivement son chapeau, son uniforme, et toute sa personne.*

Oui, si vous savez nous faire rendre notre papa; mes timbales, mon esponton, ma giberne, tout cela est à vous.

CÉCILE, *d'un air mystérieux.*

Et moi, je vous donnerais de moi-même ce que vous vouliez me prendre tout à l'heure.

LE PRINCE.

Tant de biens à la fois! Ah! croyez que si je savais un moyen....

EUGÉNIE, *tristement.*

Vous n'en savez donc pas? Ainsi nous ne faisons que vous affliger, de ne pouvoir nous aider à sortir de peine.

CÉCILE.

Oh! je ne lâche pas sitôt prise. Le prince, colonel du régiment, doit passer ici près. Eh bien! nous trois, avec mon petit frère et ma plus jeune sœur, nous irons nous jeter à ses pieds, nous nous attacherons à ses habits, et nous ne nous relèverons pas avant qu'il nous ait accordé notre demande.

EUGÉNIE.

Oui, ma sœur. Il verrait nos larmes, il entendrait nos vœux et nos prières ; nous lui dirions combien notre papa a été malade cet hiver, combien il est faible encore, et tout ce que nous aurions à souffrir de nous en séparer. Croyez-vous qu'il fût assez cruel pour nous renvoyer impitoyablement.

LE PRINCE.

Non, je ne puis le croire ; mais il ne doit venir nous joindre qu'à l'entrée de la campagne. Par bonheur, le prince son fils suit le régiment en qualité de volontaire.

DIDIER, *qui l'a toujours regardé avec un air pensif.*
De volontaire ?

LE PRINCE.

Oui, pour apprendre sous les yeux de son père le métier de la guerre. Je puis vous répondre qu'il s'intéressera vivement en votre faveur.

EUGÉNIE.

Êtes-vous bien avec lui ?

LE PRINCE, *en souriant.*

Oui, lorsque j'ai fait mon devoir.

EUGÉNIE.

Ah ! de grâce, parlez-lui pour mon papa. Qu'il le conserve à une famille qui ne vit que par lui. Vous-même, monsieur, cherchez à adoucir son service ; et s'il est malade ou blessé.... (*Les sanglots l'interrompent.*)

CÉCILE.

Blessé? N'attendez pas qu'il le soit. S'il y a un sabre levé sur sa tête, courez vous mettre au-devant du coup.

LE PRINCE, *à part.*

Que j'ai de peine à me déguiser plus long-temps! (*Haut.*) Non, tendres et nobles petites âmes, ne craignez rien pour ses jours; j'en réponds sur ma vie.

EUGÉNIE, *essuyant ses larmes.*

Je puis donc compter sur vous! Ah! que vous me charmez! Ne nous oubliez pas pour cela auprès du prince. Qu'il nous renvoie bientôt notre papa.

CÉCILE.

Dites-lui que toute une couvée naissante a besoin encore des ailes de son père pour se fortifier. Dites-lui qu'une petite fille de sept ans lui souhaite toute sorte de bonheur, s'il lui rend un père qu'elle aime et dont elle a besoin.

EUGÉNIE.

Nous vous quittons sur cette douce espérance. J'aurais encore mille choses à vous dire; mais votre cœur vous les dira. Notre papa nous attend peut-être; et nous devons le perdre demain.

LE PRINCE.

Allez, allez, mes chers enfans; mais daignez accepter quelque marque légère de ma reconnaissance, pour l'agréable demi-heure que je viens de passer avec vous. Tiens, ma douce Eugénie, prends cette bague. (*Il en tire une de son doigt.*) Elle est trop large pour toi ; mais un joaillier la mettra à son point

EUGÉNIE, *refusant sa bague.*

Non, non, monsieur ; on serait peut-être mécontent de moi à la maison ; et, surtout à la veille de perdre mon papa, je ne voudrais, pour rien au monde, avoir le moindre reproche à mériter de sa part.

LE PRINCE.

Il faut absolument que tu la prennes. Je me charge de tout auprès de lui lorsqu'il viendra au régiment. (*Il la lui fait accepter.*)

EUGÉNIE.

Eh bien ! il vous la reportera, s'il trouve mauvais que je l'aie reçue. S'il n'en est pas fâché, je serai bien aise de m'honorer toute ma vie de votre souvenir.

CÉCILE, *prenant la main d'Eugénie.*

Allons, ma sœur, il est temps de nous retirer.

LE PRINCE.

Et toi, Cécile, est-ce que tu serais fâchée de te souvenir de moi ? Tiens, ma chère enfant, voici un étui de cuivre doré, avec une pierre de composition.

CÉCILE, *le regardant.*

Il n'y a que vos paroles de fausses dans tout cela. Je suis sûre que c'est de l'or, et un véritable diamant. Je n'en veux pas. Vous avez pris cela dans quelque pillage ; mon papa est aussi capitaine que vous, et il n'a pas de ces cadeaux à faire. Il n'a jamais rien pillé, lui.

LE PRINCE.

Sois tranquille. Il n'y a pas là plus de sang qu'à mon épée. Des bijoux me seraient inutiles à la guerre. Si tu ne veux pas accepter celui-ci, garde-le moi jusqu'à mon retour.

CÉCILE.

A la bonne heure.

LE PRINCE.

N'aurais-tu pas un baiser à me donner pour mes sûretés ?

CÉCILE.

Non, non ; vous avez entendu mes conditions. Pas à moins.

LE PRINCE.

Eh bien ! je vais faire tous mes efforts pour le gagner.

CÉCILE.

Je vous le garde jusqu'à ce moment. Viens avec nous, mon frère.

DIDIER.

Allez d'abord ; je vais vous suivre. J'ai quelque chose à dire en secret à cet officier.

LE PRINCE.

Je suis à toi dans l'instant, mon petit ami. — (*L'officier, qui s'est éloigné dans le cours de la scène, revient auprès du prince, lui remet un portefeuille, et s'entretient tout bas avec lui.*)

CÉCILE, *bas à Didier.*

Est-ce que tu veux en avoir aussi ton cadeau ?

EUGÉNIE, *bas à Didier.*

Fi donc ! mon frère. Je te croyais trop fier pour cela.

DIDIER.

Fi! mes sœurs, d'avoir eu de moi cette pensée. J'ai quelque chose de bien autrement important à lui demander.

CÉCILE.

Si j'avais le cœur de me divertir, je rirais de l'air de gravité que tu prends pour traiter ton affaire d'importance.

DIDIER.

Et toi, si tu n'étais pas ma sœur, tu me le paierais cher de m'avoir soupçonné d'escroquerie.

CÉCILE, *s'éloignant avec Eugénie.*

Songe à te bien tirer de tes grandes affaires.

SCÈNE VII.

LE PRINCE, L'OFFICIER, DIDIER.

LE PRINCE.

Je suis fort aise, mon cher Didier, que tu veuilles rester avec moi. Nous n'avions pas assez bien fait connaissance. On vient de me dire que ma voiture n'est pas encore prête. Ainsi nous avons quelques instans à causer ensemble.

DIDIER.

Tant mieux. Mais ne vous imaginez pas que je reste pour avoir quelque chose de vous.

LE PRINCE.

Comment donc?

DIDIER.

C'est que vous avez fait un cadeau à mes deux

sœurs, et vous pourriez penser... Mais, je vous le proteste, je ne prends rien, rien, absolument rien.

LE PRINCE.

Et, par malheur aussi, je n'ai rien de plus à t'offrir.

DIDIER.

C'est un bonheur que cela. Nous ne serons tentés ni l'un ni l'autre.

LE PRINCE, *bas à l'officier.*

J'aime à lui voir une âme aussi élevée. Que sa figure a de franchise et de noblesse !

DIDIER.

Je n'ai qu'une question à vous adresser.

LE PRINCE.

Voyons ce que c'est, mon ami.

DIDIER.

Vous m'avez dit tout à l'heure que le fils du prince marchait comme volontaire. Qu'est-ce donc qu'un volontaire ?

LE PRINCE.

C'est un soldat libre, qui n'a aucun grade dans le régiment, qui peut se reposer ou combattre, partir ou rester, comme il lui plaît.

DIDIER.

Oh ! si j'y allais, moi, ce serait pour me battre. J'aurais bien du plaisir à être volontaire sur ce pied-là.

L'OFFICIER.

Mais il faut qu'un volontaire ait de l'argent. En as-tu, mon petit ami ?

DIDIER.

Tu? tu? Je n'aime pas cela, monsieur. Mon papa est capitaine, et je suis fait pour l'être comme lui.

LE PRINCE.

C'est que nous te regardons déjà comme notre camarade.

DIDIER.

Ah! tant mieux. Tutoyez-moi maintenant tant que vous voudrez. Mais vous parlez d'argent? Le roi n'en a-t-il pas assez? Et n'est-il pas obligé de nourrir ceux qui le servent?

LE PRINCE.

Oui, mais un volontaire n'a pas de service réglé. Ainsi il est juste qu'il s'entretienne à ses dépens.

DIDIER, *fappant du pied la terre.*

Ah! que me dites-vous? Tant pis. Mais si je ne demandais que du pain de munition et de l'eau? Si je priais le régiment de me recevoir à la place de mon papa?

LE PRINCE.

Pauvre enfant! comment figurerais-tu à la tête d'une compagnie? Il faut de l'expérience et de la représentation.

DIDIER.

Si je n'en ai pas assez pour commander, j'en aurai assez pour obéir. Qu'on me fasse commencer par où l'on voudra, pourvu que je serve.

LE PRINCE.

Serais-tu seulement en état de suivre la marche?

DIDIER.

J'irais tant que je pourrais; et quand je serais

rendu, on me jetterait dans un fourgon de bagage; ou je marcherais avec l'artillerie, à cheval sur un canon. Auriez-vous peur que je restasse en maraude? Oh! je saurais bientôt vous vous rattraper.

LE PRINCE.

Mais si tu servais à la place de ton père, il faudrait toujours te séparer de lui.

DIDIER.

Et comptez-vous pour rien ma joie de le rendre à mes sœurs et à maman, et d'assurer le repos de sa vieillesse? Il me semble que le roi ne perdrait pas au change. Mon papa, malheureusement, ne sera bientôt plus en état de servir; et moi, dans peu d'années, je puis être tout ce qu'il a été. La guerre est ma folie. Je sais toutes les chansons grenadières, et je leur fais des accompagnemens sur mon tambour. Tenez, en voici un recueil, je vous le donne. Je n'en ai plus besoin, je le sais par cœur.

LE PRINCE.

Oh! tu me ravis! Je veux t'en donner un autre à mon tour. (*Il ouvre son portefeuille et tire des papiers.*)

DIDIER.

Pour une chanson; je puis la recevoir.

LE PRINCE.

Tiens, en voici d'abord une pour ton père.

DIDIER.

Mon papa ne sait plus chanter. Il n'aime que la musique du canon.

DE PRINCE.

N'importe. Je suis sûr que vous aurez du plaisir

tous deux, rien qu'à la lire seulement. Celle-ci est pour toi.

DIDIER, *sautant de joie.*

Ah! grand merci. Voyons si je la sais.

LE PRINCE.

Non; tu la liras quand nous serons partis. (*Il met les deux papiers ensemble, et les lui donne.*) Mets cela dans ta poche, et prends bien garde à le perdre. Adieu, mon petit ami, songe que je te retiens pour mon camarade.

DIDIER, *lui saute au cou, le serre et l'embrasse.*

Oui, oui, je le suis. Je vous aimerai toujours. Je veux, à ma première bataille, combattre à votre côté.

L'OFFICIER.

Nous allons t'annoncer d'avance au régiment.

DIDIER.

Parlez-lui bien de moi, je vous en prie. Oh! comme je vais me dépêcher de grandir!

LE PRINCE, *en s'éloignant, à l'officier.*

Je sens combien le cœur de leur père doit saigner de quitter de si aimables enfans. Retirons-nous un peu à l'écart pour observer celui-ci, et jouir de ses premiers transports. — (*Ils entrent dans le bosquet. Didier les suit de l'œil, jusqu'à ce qu'ils soient un peu éloignés.*)

SCÈNE VIII.

DIDIER, *agité, tantôt s'assied sur un tronc d'arbre, tantôt se lève et se promène.*

A quoi pense-t-il, de vouloir faire chanter mon

papa? (*Il tire les papiers de sa poche.*) Ah! ah! celle-ci est cachetée. Il faut qu'il y ait quelque drôlerie. Voyons toujours la mienne. (*Il l'ouvre.*) Cela ne m'a pas l'air d'une chanson. Les mots vont tout du long de la ligne (*Il lit.*) « Bon pour cent louis d'or que le trésorier « de ma maison..... » Je ne connais point d'air qui puise aller sur ces paroles. (*Il continue.*) « paiera au « porteur de ce billet. »

Prince CHARLES.

Il s'est moqué de moi en me donnant cela pour une chanson de guerre. Il n'y a que des paroles d'argent. Il faut qu'il se soit trompé. Courons après lui. (*Il se met à courir, en criant.*) Monsieur l'officier! monsieur l'officier!

SCÈNE IX.

M. DE GERVILLE, *avec un visage abattu et marchant avec peine*; Mme DE GERVILLE, EUGÉNIE, CÉCILE, DIDIER, MARIANNE, *tenant son père par la main*; FRÉDÉRIC, *dans les bras de sa mère.*

M. DE GERVILLE.

Où est-il? où est-il? (*Il aperçoit Didier.*) Mon fils, où donc est le prince?

DIDIER, *regardant autour de lui.*

Je n'ai pas vu le moindre prince, mon papa.

CÉCILE.

Ce joli monsieur qui causait avec vous.

EUGÉNIE.

Celui qui m'a donné cette bague. Il n'y a qu'un prince, dit mon papa, qui m'ait pu faire un si beau présent.

DIDIER, *d'un air dépité.*

Étourdi que je suis, de ne l'avoir pas reconnu!

EUGÉNIE.

O l'excellent jeune homme!

CÉCILE.

Si bon, si familier! ô mon joli petit étui! je te garderai toute ma vie.

M. DE GERVILLE.

Y a-t-il long-temps qu'il s'en est allé?

DIDIER.

Tout à l'heure. Je courais après lui lorsque vous êtes venu.

M. DE GERVILLE.

Par bonheur, je le joindrai demain dans la ville prochaine, et je pourrai lui exprimer toute ma reconnaissance. Je suis pourtant fâché qu'il ne loge pas cette nuit chez nous. N'en auriez-vous pas été charmés, mes enfans?

DIDIER.

Oui, mon papa. Il m'appelle déjà son camarade.

CÉCILE.

Oh! moi, quoique je l'aime, je suis bien aise qu'il s'en soit allé. Nous n'aurions pu vous caresser à notre aise devant lui.

Mme DE GERVILLE.

Cécile a raison. Je n'aurais pas été libre de mêler

mes larmes avec les vôtres, mes chers enfans. Il aurait fallu étouffer nos soupirs.

M. DE GERVILLE.

C'est pour cela que je l'aurais encore souhaité. La violence que vous auriez fait à votre douleur m'eût donné la force de retenir la mienne; et puisqu'il faut que je vous quitte...

MARIANNE, *prenant des deux mains celle de son père, et la baisant.*

Oh! ne parle pas de nous quitter, mon papa! — (*Le petit Frédéric s'écarte du sein de sa mère, et tend ses bras vers son père, qui le prend à son cou et l'embrasse.*)

M. DE GERVILLE.

Chers enfans! peut-être n'est-ce pas pour long-temps que je vous laisse. La paix ne doit pas être éloignée. Elle est l'objet de tous les vœux de notre roi bienfaisant. Oui, je l'espère, je reviendrai bientôt auprès de vous.

Mme DE GERVILLE.

Mais tu pars; et, en attendant, qui nous consolera de ton absence?

EUGÉNIE.

Que je lui rendrais avec plaisir sa bague, pour qu'il vous laissât avec nous!

CÉCILE.

Et moi donc, son étui!

DIDIER.

Et moi, son panier de louis d'or! Tenez, mon papa, voyez ce qu'il m'a donné pour une chanson. (*Il lui remet un papier.*)

M. DE GERVILLE, *rendant Frédéric à sa mère.*

Voyons donc ce que c'est. (*Il lit, joignant ses mains.*) Quelle bonté dans ce jeune prince, et quelle manière noble d'obliger! Il t'a donné un mandat que son père lui avait sans doute remis pour ses plaisirs.

DIDIER.

Quoi! il m'aurait attrapé! Rendez-lui de ma part son argent. Mais ce n'est pas tout, il m'a donné aussi une chanson pour vous.

M. DE GERVILLE.

Une chanson pour moi, Didier? Tu rêves, mon fils?

DIDIER, *tirant un papier cacheté de sa poche.*

Vous allez voir.

LES ENFANS, *se souriant les uns aux autres.*

Une chanson! une chanson! (*Ils se pressent d'un air de curiosité autour de leur père.*)

M. DE GERVILLE.

Ciel, le cachet du roi. (*Il ouvre le paquet d'une main tremblante, jette les yeux sur les premières lignes, et s'écrie :*) O ma chère femme! mes chers enfans, réjouissez-vous, réjouissez-vous.

Mme DE GERVILLE.

Pourvu que tu restes. Il n'y a que cela dont je puisse me réjouir.

M. DE GERVILLE, *reprenant la lettre.*

Laissez-moi la lire tout entière. (*Tous se pressent à ses côtés dans un profond silence. Il lit quelques lignes.*) O l'excellent roi! (*Il continue.*) Non, c'est trop. Dans un songe, où mon imagination exaltée eût formé les plus brillantes chimères, je n'aurais jamais espéré rien de si flatteur.

Ensemble.

Mme DE GERVILLE.
Je meurs d'impatience, mon ami.
EUGÉNIE.
Qu'est-ce, mon cher papa ?
CÉCILE.
Que vous nous tenez en peine !
DIDIER.
Voyons donc votre chanson, à vous.
MARIANNE.
Papa, mon papa, eh bien ?

M. DE GERVILLE, *se jetant au cou de sa femme.*

Tu me gardes, ma chère femme. *Il se baisse, et ramasse dans ses bras tous ses enfans.*) Je ne vous quitte plus, mes chers enfans. (*Il se jette sur le sein de sa femme, qui pose à terre le petit Frédéric.*)
Oui, oui ; lis toi-même.

Mme DE GERVILLE, *à demie évanouie.*

Je suis toute tremblante. Je ne saurais.—(*Les enfans sautent tous les uns autour des autres, serrent leur père et leur mère, baisent leurs habits, frappent dans leurs mains, et font éclater leur joie par tous les transports imaginables.*) Nous gardons notre papa ! nous gardons notre papa !

M. DE GERVILLE.

Oui, vous me gardez, et sans que je quitte absolument le service. D'une manière si honorable !

Mme DE GERVILLE, *se ranimant.*

Et comment, comment, mon ami ?

M. DE GERVILLE.

Le roi, touché de ma maladie, me dispense de cette campagne. Mais (ce sont ses paroles), pour me récompenser de mes glorieux services, il m'accorde le gouvernement d'une citadelle, avec le titre de colonel.

Mme DE GERVILLE.

Quoi, mon ami!...

EUGÉNIE.

O joie sur joie!

CÉCILE.

Aussi, mon cher papa, il n'y a pas d'homme comme vous dans le monde.

DIDIER.

Et vous voilà, colonel.

M. DE GERVILLE.

Je vais donc être pleinement heureux pour le premier moment de ma vie. (*A madame de Gerville.*) Me le pardonneras-tu, ma chère femme? Je n'avais pourtant fait aucune démarche pour avoir mon congé.

Mme DE GERVILLE.

Va, je te connaissais. J'ai pris ce soin pour toi.

EUGÉNIE.

Ah! le méchant papa! Si maman et le roi n'avaient pas songé à nous plus que lui!...

CÉCILE.

Vous nous aviez donc trompés? Ce n'est pas bien, au moins.

M. DE GERVILLE.

Vraiment oui. Mais que voulez-vous? Une mauvaise honte de soldat! Hélas! cependant je n'aurais

L'AMI DES ENFANS.

pu rendre à mon pays des services bien longs et bien utiles. Je le sens trop, mon corps n'est plus en état de supporter le poids des armes.

Mme DE GERVILLE.

Et tu m'aurais porté la mort dans le cœur ; tu aurais réduit ces innocentes créatures à l'état d'orphelin, si la Providence n'en avait pas mieux disposé pour nous et pour toi! Allons, tout est pardonné. Mais où retrouver le généreux prince ? Que je voudrais le remercier et le retenir cette nuit auprès de nous.

DIDIER.

Nous allons courir sur tous les chemins.

M. DE GERVILLE.

Allez, allez. Que je souffre de ne pouvoir vous suivre !

CÉCILE.

Il aura maintenant trois baisers pour un. — (*Les enfans se disposent à courir. Le prince s'élance du bosquet.*)

SCÈNE X.

LE PRINCE, L'OFFICIER, M. DE GERVILLE, Mme DE GERVILLE, EUGÉNIE, CÉCILE, DIDIER, MARIANNE, FRÉDÉRIC.

LE PRINCE, *saisissant Cécile.*

Je te prends au mot. (*Il embrasse Cécile trois fois.*)

EUGÉNIE et DIDIER.

Le prince ! le prince !

CÉCILE, *un peu décontenancée.*

Vous m'avez presque fait peur avec vos baisers.

Mme DE GERVILLE.

O mon digne prince ! comment vous remercier ? Vous me rendez un époux, et vous leur rendez un père.

LE PRINCE.

Tous ces bienfaits sont de notre juste monarque. Je n'ai fait que solliciter son choix pour être l'instrument de ses grâces. Privé de l'espérance de profiter, sous les yeux de M. de Gerville, de ses exemples et de ses leçons, j'ai voulu du moins adoucir mes regrets, en venant porter le bonheur dans le sein de sa respectable épouse et de ses aimables enfans. C'est une joie que je n'oublierai jamais. (*Il tend la main à M. de Gerville, qui la serre et la baise.*)

M. DE GERVILLE.

Il faut avoir la bonté de votre cœur, pour vous réjouir du bonheur d'une petite famille qui vous est si étrangère.

Mme DE GERVILLE.

Vous avez fait de si riches cadeaux à mes enfans !

EUGÉNIE.

Je rougis d'avoir accepté cette bague. Je ne la croyais pas si précieuse.

LE PRINCE.

C'est qu'elle s'est embellie dans tes mains. Je ne la reconnais plus.

CÉCILE.

En ce cas-là, je ne vous parlerai pas de votre étui; vous pourriez aussi ne pas le reconnaître.

DIDIER.

Pour moi, je vous rends votre chanson. Ce n'est pas apparemment celle que vous vouliez me donner.

LE PRINCE.

Excuse ma méprise; mais puisqu'elle est faite, mon père a si généreusement fourni à mon équipage, que je puis bien me charger de celui d'un jeune enseigne.

DIDIER.

Enseigne? Est-ce dans votre compagnie?

LE PRINCE.

Oui, mon petit ami.

DIDIER.

Ah! que je suis aise! Je serai auprès de vous, et le nom de mon père ne se perdra pas dans le régiment.

M. DE GERVILLE.

Vous nous accablez de tant de grâces! M'en refuserez-vous une, bien touchante pour mon cœur?

LE PRINCE.

C'est moi qui vous supplie de me l'accorder, en vous demandant cette nuit un asile pour mon compagnon de voyage et pour moi. (*M. et madame de Gerville s'inclinent d'un air respectueux*); pourvu cependant que Cécile n'en soit pas fâchée.

CÉCILE.

Oh! puisque vous n'emmenez pas notre papa, restez tant que vous voudrez.

EUGÉNIE.

J'espère qu'au moins à présent vous mangerez de mes fraises ?

CÉCILE.

Vous nous les rendez aussi douces que vous avez failli nous les rendre amères.

DIDIER.

Oui, mon prince, venez en manger chez nous, en attendant que je me sois assez distingué pour mériter d'en aller manger sous votre tente.

FIN DU TOME DEUXIÈME.

TABLE
ET
MORALITÉS
DU DEUXIÈME VOLUME.

LA LEVRETTE ET LA BAGUE............*Page* 5

Un juste orgueil, un amour-propre bien entendu, nous disent que se venger du mal par des bienfaits, c'est en même temps assurer son repos et prouver sa générosité. Jésus, ainsi que nous l'avons déjà vu, est le seul qui, de cette maxime de morale, ait fait un précepte de religion. Pardonnez, faites du bien à ceux qui vous ont offensés, a-t-il dit; et chaque jour nous répétons ces paroles divines de sa prière : *Dimitte nobis debita nostra, sicut et nos dimittimus debitoribus nostris. Seigneur, remettez-nous nos offenses, comme nous les remettons à ceux qui nous ont offensés.*

JACQUOT............................. 42

La philosophie, qui, parlant au nom du bien général et de l'intérêt particulier, conseille l'humanité, n'est pas toujours entendue; mais on obéit à la religion, qui, au nom de Dieu, commande la charité. Quelle est la supériorité de l'Évangile, qu'accommodé à notre faiblesse, de nos devoirs il fait des plaisirs; et des vertus faciles qu'il ordonne, la garantie de notre bonheur!

LES BOTTES CROTTÉES. 60

Une conduite sage relève la plus humble condition, et décore l'état le plus bas ; tandis que l'orgueil, et les vices qui en sont la suite, ternissent une naissance illustre, et dégradent le rang le plus haut. Tel savoyard, sous ses haillons enfumés, porte une âme héroïque; tel prince recèle un cœur vil ou méchant sous son écharpe dorée.

LES CAQUETS. 62

Trop parler est voisin de mal parler : ce défaut fait oublier les plus belles qualités ; et ceux qui en sont atteints deviennent la première victime de leur intempérance. Écoutons donc avec recueillement, redisons avec choix, et écoutons-nous avec discrétion.

UN BON CŒUR FAIT PARDONNER BIEN DES ÉTOURDERIES. 69

Sans doute un étourdi, dont le cœur sensible et franc s'ouvre aisément aux vertus, est préférable à celui dont l'abord posé promet la prudence, et dont l'âme double médite la fourberie. Mais un défaut n'étant point une qualité, heureux celui qui joint à des sentimens honnêtes la sagesse qui en dirige l'emploi.

LE SORTILÉGE NATUREL. 109

On ne peut trop répéter aux hommes que la véritable noblesse est dans la pratique de la vertu. Il faut leur dire souvent aussi que l'œil d'un Dieu est incessamment fixé sur toutes leurs actions ; et que, tôt ou tard, mais toujours, sa main toute-puissante déchire le voile dont l'hypocrisie enveloppe les mauvaises.

L'EMPLOI DU TEMPS. 140

La plus légère infraction à ses devoirs est moins dangereuse en soi que funeste dans ses conséquences. On commence par une petite faute, on finit par les grands crimes, en s'y acheminant par les vices. Notre illustre Racine a exprimé cette pensée dans ces beaux vers :

> Quiconque a pu franchir les bornes légitimes
> Peut violer enfin les droits les plus sacrés ;
> Ainsi que la vertu, le crime a ses degrés.
>
> PHÈDRE.

LE FORGERON................................. 151

L'opulent n'a pas le droit exclusif de la bienfaisance, qui ne réside pas plus dans sa libéralité que dans les intentions généreuses du pauvre ; et la morale fait plus de cas du denier de la veuve que du talent du publicain.

L'ORPHELINE BIENFAISANTE.................... 153

La bienfaisance, comme le prêt à usure, rapporte cent pour un.

LE PÈRE DE FAMILLE........................... 156

Que de difficultés dans le choix d'un état! Une fois adopté, d'après son goût et ses moyens, marchez-y d'un pas ferme, sans écouter les clameurs de la médiocrité ou de l'envie. Si le siècle est injuste, votre conscience vous acquitte, et Dieu vous a vu.

JULIEN ET ROSINE............................. 161

La charité, si touchante par elle-même, semble avoir emprunté la figure des anges, pour intéresser encore davantage quand elle est exercée par des enfans.

LA SÉPARATION................................ 163

Le cri du sang est plus éloquent que tout l'art des rhéteurs. On ne dénoue pas les nœuds formés par la nature ; il faut les rompre, et, en les brisant, on déchire les cœurs qu'ils tenaient attachés.

LES MAÇONS SUR L'ÉCHELLE. 168

L'existence et le bonheur de tous se forment du concours de chacun. Aidons, secourons les autres, si nous voulons en attendre aide et secours.

PHILIPPINE ET MAXIMIN. 171

La beauté, sans la bonté, est une fleur sans parfum. Heureuse la personne qui, au lieu de montrer ses charmes sur son visage, les porte dans son cœur ! La douce violette, si modeste et si recherchée, est son image. Comme elle, brillant peu, sans la désirer pour le plaisir qu'elle promet, on l'estime pour celui qu'elle fait.

L'AGNEAU. 175

Ne rougissons pas d'étendre jusqu'aux animaux le doux sentiment de l'humanité. La main qui les a placés parmi nous a établi entre nous et eux des rapports directs, et dont nous profitons. La vache nous donne son lait, la poule ses œufs, le cochon son lard, l'abeille son miel, la brebis ses toisons. De quelle utilité nous sont les cornes du bœuf qui tire la charrue, la vigueur du cheval qui traîne nos voitures, la fidélité du chien qui protége notre existence, et jusqu'à l'hypocrisie du chat qui la garantit contre la dent rongeante des souris ? Songeons, d'ailleurs, que les animaux doués comme nous de sensibilité, comme nous aussi fuyent la douleur et cherchent le bien-être. Augmentons le nôtre en le partageant, et semons des bienfaits pour recueillir de la reconnaissance.

LE CEP DE VIGNE. 176

Ne jugeons pas des choses sur l'apparence, ni des hommes sur la figure. Cette boîte magnifique, qui, dans les mains d'un fat, éblouit vos regards, est d'or faux ; et ce corps, disgracié par la nature, renferme l'âme d'un héros et le génie d'un sage.

CAROLINE 180

TABLE. 433

LE FERMIER.................... 181

(Même moralité que celle du drame intitulé : *La Vanité punie*. Voyez le tome Ier et la table.)

LE LIT DE MORT................ 194

Le tableau pathétique de la vertu en inspire le goût, parce que le peintre qui le trace en montre les avantages, qui sont la plus victorieuse réfutation du vice.

PASCAL....................... 209

C'est, pour ainsi dire, dès le berceau qu'il faut effacer la première trace des inclinations vicieuses. Autrement, elles s'approfondissent avec l'âge ; ce qui n'était que travers devient vices ; le vice conduit rapidement au crime, et la mort des scélérats termine précisément une vie que l'éducation plus sévère eût dirigé à la vertu.

JACINTHE.................... 220

> Du devoir il est beau de ne jamais sortir ;
> Mais plus beau d'y rentrer avec le repentir.
>
> MARMONTEL.

> Dieu fit du repentir la vertu des mortels.
>
> VOLTAIRE.

LES DOUCEURS DU TRAVAIL........ 223
LE NID DE MOINEAUX............. 232
LES DEUX POMMIERS.............. 237

> Travaillez, prenez de la peine ;
> C'est le fonds qui manque le moins.
>
> LAFONTAINE.

SI LES HOMMES NE TE VOIENT PAS, DIEU TE VOIT. 240

Maxime qu'il ne faut jamais effacer de sa mémoire, et

moins encore de son cœur. En s'en rappelant, le bien qu'on fait est mieux, et le mal devient moindre.

LA PETITE FILLE TROMPÉE PAR SA SERVANTE. . . . 247

C'est un grand talent que de savoir placer sa confiance. De lui souvent dépendent toutes les actions de la vie, nos infortunes ou notre bonheur.

LE VIEILLARD MENDIANT. 261

Celui dont les roses de l'innocence embellissent et parfument le chemin de la vie, arrive sans regret, et s'endort sans douleur dans le sein de la mort. O mort! tu n'es hideuse que pour le méchant! Lorsque tu visites le lit de l'homme de bien, couronné de douces violettes, tu t'assieds à son chevet; et, d'une main caressante; tu lui montres le ciel ouvert, et Dieu qui lui tend les bras.

LES DOUCEURS DE LA SOCIABILITE 268

Le commerce de la vie ne peut exister sans un échange réciproque et continuel de bienveillance. Qui met beaucoup dans cet arrangement, retire beaucoup; mais souvent il ne revient rien à celui qui ne met que peu.

LES PÈRES RÉCONCILIÉS PAR LEURS ENFANS. 271

De sages parens ne rougissent pas de recevoir de leurs enfans d'utiles leçons, et surtout d'en profiter. La sagesse n'est pas toujours la campagne des années; et l'empire des passions est si impérieux, que ceux qui en sont les esclaves font des fautes à tout âge. Honneur à qui les avoue! bonheur à qui les répare.

L'ÉDUCATION A LA MODE. 308

C'est une grande erreur et un malheur presque toujours irréparable, que d'assujettir l'éducation, qui doit créer des hommes, aux bizarreries de la mode, qui les dégrade. Toute éducation est mauvaise, qui, s'écartant des plans de la nature, oublie que c'est par les mœurs et une instruction bien entendue; que de jeunes rejetons ont fait de glorieuses et solides branches de l'arbre social.

LE BON FILS. 355

Si, comme l'a si bien dit le poète :

Le chef-d'œuvre du Ciel est le cœur d'une mère.
VOLTAIRE.

Le cœur d'un fils, sanctuaire des vertus comme le cœur d'une mère est celui de la tendresse, doit être la leçon vivante, l'admiration et le modèle de toute la terre.

LE CONGÉ. 393

Historiens, peintres, artistes! offrez à la vénération des peuples, éloges des gouvernemens, un spectacle que le ciel se complaît à montrer à la terre : une famille indigente, vertueuse et tendrement unie, dont les nobles libéralités d'un souverain, qui se cache, font cesser l'indigence, récompensent la vertu, et, en resserrant son union, assurent pour jamais sa félicité.

FIN DE LA TABLE DU DEUXIÈME VOLUME.